Par des sentiers resserrés

Du même auteur

Maxime le Confesseur : la charité, avenir divin de l'homme, préface du père Marie-Joseph Le Guillou o.p., Beauchesne, coll. « Théologie historique » n° 38, 1976.

L'Esprit qui dit : « Père ! » et le problème du Filoque, préface du père Louis Bouyer de l'Oratoire, Téqui, coll. « Croire et savoir », 1981. Traduit en espagnol.

Dieu sans idée du mal, Critérion, 1982 ; Desclée, 1990. Traduit en espagnol et en polonais.

L'Église, la société libre et le communisme, préface de M. Alain Besançon, Julliard, coll. « Commentaire », 1984.

L'unique Israël de Dieu : approches chrétiennes du mystère d'Israël, Critérion, 1987.

Moines dans l'assemblée des fidèles à l'époque des Pères (IVe-VIIIe siècles), avec Frère Jean Legrez, Beauchesne, coll. « Théologie historique » n° 87, 1992.

Ce Dieu qui passe par des hommes : I Les alliances d'Adam à Moïse, conférences du Carême de 1992 à Notre-Dame de Paris, Mame, 1992.

Ce Dieu qui passe par des hommes : II Jésus-Christ, unique médiateur entre Dieu et les hommes, conférences du Carême de 1993 à Notre-Dame de Paris, Mame, 1993.

Ce Dieu qui passe par des hommes : III L'Église, sacrement du salut des hommes, conférences du Carême de 1994 à Notre-Dame de Paris, Mame, 1994.

La politique du meilleur possible, préface de M. Alain Besançon, Mame, 1994.

L'Épouse du Dieu vivant : Marie, plénitude trinitaire de l'Église, Saint-Maur, Parole et Silence, 2000.

À l'heure de notre mort : accueillir la vie éternelle, Éditions de l'Emmanuel, 2001.

Le dessein de Dieu à travers ses alliances : catéchèses pour adultes, Éditions de l'Emmanuel, 2003.

Le monde invisible des anges : leur mission dans le plan de Dieu, Éditions de l'Emmanuel, 2004.

Les ouvrages collectifs et les préfaces dont le frère Jean-Miguel Garrigues est l'auteur sont mentionnés en fin d'ouvrage.

Jean-Miguel Garrigues

Par des sentiers resserrés

Itinéraire d'un religieux en des temps incertains

PRESSES
DE LA
RENAISSANCE

Ouvrage réalisé
sous la direction éditoriale d'Alain Noël

Nihil obstat :
4 novembre 2006, fr. Jean-Hugo Tisin o.p., cens. dep.
31 octobre 2006, fr. Benoît-Dominique de La Soujeole o.p., cens. dep.

Imprimi potest :
7 novembre 2006, fr. Gilbert Narcisse o.p., prieur provincial

Si vous souhaitez être tenu(e)
au courant de nos publications,
envoyez vos nom et adresse, en citant ce livre,
aux Éditions des Presses de la Renaissance,
12, avenue d'Italie, 75013 Paris.
Et, pour le Canada,
à INTERFORUM Canada Inc.,
1050, boulevard René-Lévesque Est,
Bureau 100,
H2L 2L6 Montréal, Québec.

Contactez notre site Internet :
www.presses-renaissance.fr

ISBN 978.2.7509.0350.3

À Eugénie

« Car ton amour, Seigneur, est meilleur
que la vie. »

Psaume 63, 4

Avant-propos

Une vie atypique suscite souvent de la curiosité et parfois de l'intérêt. En arrivant à Bordeaux il y a quelques années, j'ai fait la connaissance, à l'occasion d'un cycle de conférences du couvent des dominicains, de Philippe Pouzoulet et d'Alexandre Bienvenu, qui allaient devenir des amis et, par la suite, mes deux interlocuteurs dans ce livre d'entretiens. Le premier, converti dans sa jeunesse à la foi chrétienne et arrivé au milieu d'une vie familiale et professionnelle riche et variée, m'avait suivi de loin depuis des années par connaissances et publications interposées. Il voulait en savoir plus sur l'itinéraire d'une existence qui l'intriguait par ce qu'il en connaissait déjà. Le second, étudiant en rédaction d'une thèse de doctorat en droit, reprenait une pratique religieuse interrompue à l'adolescence, se préparait au mariage et se demandait si l'expérience humaine et spirituelle d'un homme plus âgé que lui de plus d'une génération n'aurait pas quelque chose à lui dire en ce moment décisif de sa vie. Ils me proposèrent donc de me faire parler de mon itinéraire personnel devant un dictaphone, au rythme d'une rencontre mensuelle.

De mon côté, j'ai toujours eu un grand bonheur à raconter ma vie à des amis, car je définis l'amitié comme le désir de confier à un autre ce qui nous tient le plus à cœur. De plus, exposer (dans les deux sens du terme) mon histoire devant des personnes plus jeunes que moi, la première de presque une, la seconde de presque deux générations, était un projet qui m'intéressait. Le dialogue entre les générations, tellement mis à mal depuis les années 1960, me paraît en effet une condition de possibilité indispensable pour la transmission d'une mémoire commune, laquelle est à la base de toute culture. Je me suis donc livré volontiers aux questions que me posaient Philippe et Alexandre.

Je n'ai pas hésité, à travers ces entretiens, à faire œuvre de mémorialiste, alors que je viens seulement d'atteindre la soixantaine. Parler de soi-même est redoutable à bien des égards et certains l'ont déclaré, non sans raisons, haïssable. Je crois que, si l'on se résout à en courir le risque, il faut le faire avant d'être vieux, car la sénilité, qui précède de beaucoup le gâtisme, commence très tôt à effacer la mémoire et à replier la personne sur son moi, hypertrophié par une vanité inévitable à un moment où elle sent par ailleurs tant de choses commencer à lui échapper. N'étant pas sûr de n'avoir pas déjà été atteint par ce mal, j'ai préféré revenir sur ma vie avant que les ravages du temps n'aient trop gâté ma mémoire et mon jugement. Je me suis hâté aussi pour une autre raison. Depuis la révolution culturelle des années 1960, la mémoire se transmet de moins en moins entre les générations, les nouvelles disqualifiant par avance les précédentes en les traitant de « ringardes ». De ce fait, les jeunes générations glissent elles-mêmes vers la déculturation et l'infantilisme. Aussi, j'en suis convaincu, l'époque dont j'ai été le témoin est en train de devenir incompréhensible et donc insignifiante pour bien de mes lecteurs potentiels. Il me faut donc parler tant qu'il y a des oreilles pour entendre.

Toute relecture du passé implique nécessairement, en effet, une interprétation qui est conditionnée par un point de vue subjectif, même de celui qui a été directement témoin des événements. Conditionnée, mais non déterminée, sauf erreur de détail : je livre ici non la vérité exhaustive, ni « ma vérité » réduite à mon vécu, mais *ma part de vérité*. En attendant le Jugement dernier, c'est à l'historien de la pondérer en fonction de ce qui est consigné dans d'autres documents complémentaires. Cette part de vérité, je peux aujourd'hui la dire avec un cœur paisible et non sans un certain recul par rapport à celui que j'étais quand je réagissais à chaud. C'est le cas en particulier pour tout ce qui concerne le séisme de mai 1968, qui m'apparaît maintenant comme une crise morale et religieuse de notre civilisation, à propos de laquelle toute recherche de « coupables » me semble relever d'un manichéisme dérisoire parce qu'il ignore que l'histoire, dans son immanence insondable, est plus du ressort de la tragédie que de l'épopée, n'en déplaise aux auteurs de westerns ou de bandes dessinées.

En publiant ce livre j'ai voulu contribuer à combler un manque : les générations antérieures à mai 1968 n'ont pas voulu, ou su, ou pu transmettre à celles qui les ont suivies ce qu'elles avaient appris, tant dans l'ordre de la connaissance que dans celui de l'expérience ; il en est résulté une pauvreté qui rend certains avides de témoignages, au point de les faire s'intéresser aujourd'hui à la moindre interview d'un footballeur. Me souvenant que saint Thomas d'Aquin considérait l'enseignement, non comme une œuvre artistique, mais comme l'œuvre de miséricorde par excellence, je me suis donc incliné devant cette pauvreté propre à notre situation historique. Je me suis prêté à ce partage, non sans crainte et tremblement, en me confiant à l'intercession du vénérable John Henry Newman, dont j'essaie de suivre, à ma modeste mesure, l'*Apologia pro vita sua*.

Je voudrais donner un avertissement et adresser un remerciement. Dans ce livre de souvenirs, je n'ai cité le nom que de ceux que leur vie ou leur œuvre avait déjà fait passer dans le domaine public. Qu'il me soit enfin permis de dire ici ma reconnaissance à mon amie Cécile Reboul, qui a relu ce texte et a allégé ce que mon français garde encore du baroque propre à ma langue maternelle.

Chapitre premier

Entre l'Espagne et la France : de la mère à l'épouse

Philippe : Vos origines nous ramènent à l'Espagne. Votre prénom le laisserait deviner, mais, sur cette origine, vous restez discret. La quatrième de couverture de vos livres comporte très peu de choses sur vos racines espagnoles. Pourquoi cela ?

Fr. Jean-Miguel : J'y vois plusieurs raisons. La plus déterminante est sans doute le choix que j'ai fait à dix-neuf ans de devenir religieux en France, où mon nom a été aussitôt prononcé à la française, car c'est un nom languedocien. Ma famille, venue probablement il y a très longtemps du Languedoc, est la seule à le porter à Madrid où il est, bien évidemment, prononcé à l'espagnole. Comme il est, au contraire, très courant dans le sud de la France, il me permettait d'entrer dans la vie religieuse comme « Monsieur Tout-le-monde », alors qu'en Espagne il me désignait comme appartenant à une famille qui était présente dans la vie publique du pays. Là-bas, estimai-je, ce nom aurait enfermé par avance ma vocation religieuse et mon futur ministère sacerdotal dans un rôle social conventionnel. Je ne voulais pas devenir religieux sur une scène espagnole et dans un establishment madrilène où j'aurais été encadré dans un rôle socialement préétabli.

L'autre raison de mon choix fut certainement mon biculturalisme. Certes, je suis totalement espagnol par mes parents et par mon éducation familiale. Cependant je ne suis pas né en Espagne, mais à Istanbul, à cause de la carrière d'un père diplomate. Je suis donc un « enfant de la balle », destinée étrange et pas entièrement heureuse qui est celle de tous les enfants de ces nomades d'une espèce particulière, que ma mère appelait « les Gitans de luxe ». Comme nombre d'entre eux, je ne sais pas très bien d'où je suis, puisque, au cours de mes premières années, j'ai beaucoup plus vécu hors d'Espagne qu'en Espagne. Mon acculturation française a pour moi une origine immémoriale, puisque je suis arrivé à Paris à l'âge de trois ans et que j'y suis resté jusqu'à l'âge de sept ans. Je n'ai donc pas, à proprement parler, appris le français ; je n'ai effectivement aucun souvenir d'un temps où je n'aurais pas su le parler. Jusqu'au baccalauréat ma scolarité a été française, dans des lycées français, même quand, après avoir quitté Paris, nous avons vécu à Rome, puis à Madrid. La plupart de mes camarades et amis ont été des enfants français. La France ne m'est donc jamais apparue comme un pays étranger.

Son caractère étranger, je dirais même son étrangeté, ne se manifeste à moi qu'en un second temps. En effet, par les ressorts cachés de mon affectivité, je suis foncièrement espagnol, alors que ma culture et ma manière de penser sont beaucoup plus françaises, en raison de la formation scolaire, puis ecclésiastique, que j'ai reçues. Ce n'est qu'à certains moments de crise, dans le domaine des passions et non de la raison, qu'apparaît en moi une tension, ou en tout cas une distance, par rapport au tempérament français. Mais je peux très bien vivre pendant de longues périodes sans en avoir conscience, complètement coulé dans une identité française, qui d'ailleurs a fini par devenir officiellement mienne quand, après trente ans comme résident étranger en France, j'ai acquis la nationalité française tout en conservant la nationalité espagnole de ma naissance.

Philippe : Pouvez-vous citer un exemple où vous réagissez de manière espagnole dans une situation française ?

Fr. Jean-Miguel : Les Français sont très marqués, et cela saute aux yeux pour quelqu'un qui ne vient pas d'une famille française, par ce que j'appellerais volontiers des manières et des mœurs de cour, dont Versailles a fixé pour toujours le paradigme dans leur inconscient collectif. Les rapports interpersonnels sont donc médiatisés par une politesse qui vient de la cour et qui s'est prolongée dans ce milieu si typiquement français qu'est le salon. On y procède par approches indirectes et l'Espagnol, qui offre et cherche un contact immédiat, est ressenti aussitôt comme étranger ; en retour il se découvre tel, si acculturé soit-il. Dans ces relations très policées, où tout est dit de manière nuancée et dans un style subtilement mesuré voire circonspect, l'Espagnol se sent passionné, violent et, pire que tout, excessif. Une parole qui m'a toujours accablé, car elle signait pour moi l'impossibilité d'être totalement accepté par les Français, est le mot bien connu de Talleyrand : « En France tout ce qui est excessif est insignifiant. » Je sais que, dès que je suis affectivement concerné par une situation, je réagis d'une manière que les Français ressentent comme excessive. Nous Espagnols, qui n'avons pas vraiment eu dans notre histoire culturelle un modèle de cour comme celui de Versailles, nous avons d'entrée de jeu entre nous des rapports plus spontanés et plus directs. Nos manières sont sans doute plus frustes, mais aussi moins convenues. C'est, à mon avis, la raison pour laquelle notre premier contact est spontanément bon avec les Nord-Américains, alors que les Français nous intimident et nous agacent de prime abord, probablement parce qu'ils nous complexent par des manières trop compliquées pour nous.

Philippe : N'est-on pas là en présence de la différence entre la profondeur espagnole et la superficialité française ?

Fr. Jean-Miguel : Ce serait très injuste de réduire cette différence à cela. Bien sûr, l'on peut trouver en France, particulièrement dans un certain parisianisme, une fuite dans la superficialité de salon. Il n'empêche que ce sont des écrivains français, tels Balzac et Proust, qui ont fait la satire la plus impitoyable de cette mondanité. En même temps, il s'est toujours trouvé des Français pour savoir concilier les relations sociales et une authentique recherche intellectuelle, artistique, voire spirituelle. Que l'on pense au salon « dévot » de Madame Acarie au XVIIe siècle où, en plus de la maîtresse de maison, future carmélite et bienheureuse, on pouvait croiser des saints, tels François de Sales ou Vincent de Paul.

La différence porte plutôt sur le style culturel. Pour la saisir, il suffit de penser que l'Escurial est contemporain du château de Fontainebleau. Cet Escurial, palais-monastère d'où la pauvre Isabelle de Valois, cette fille d'Henri II qui avait quitté les châteaux de la Loire pour épouser toute jeune Philippe II d'Espagne, écrivait à sa mère Catherine de Médicis que la seule distraction, en dehors des offices religieux, c'était d'assister du haut des fenêtres à la tonte des troupeaux de moutons en transhumance, qui faisaient halte sous les murs du château.

La France a développé une sociabilité raffinée, en particulier à travers des modalités subtiles de conversation. La conversation espagnole est le plus souvent soit un partage bruyant et désordonné, où tout le monde se coupe la parole, d'anecdotes et d'impressions subjectives, soit un récit filé, souvent avec art, par un conteur que tout le monde écoute médusé. C'est ce qu'on appelle la *tertulia*, laquelle est éminemment une conversation de café, où les Espagnols parlent pour le plaisir de raconter et de se raconter, un peu comme je le fais ici. L'Espagnol, peut-être par sa part arabe, est un conteur qui se plaît à évoquer des choses concrètes et des événements singuliers. En revanche, la conversation française est un échange où tout est analysé méthodiquement, non sans une certaine abstraction, au point que l'Espagnol a l'impression que l'on y « coupe les cheveux en quatre ». Les Français ont l'esprit formé à l'analyse par le classicisme du *Discours de la méthode*, tandis que les Espagnols sont chez eux dans le foisonnement tumultueux d'une culture baroque.

Alexandre : Mais ne trouve-t-on pas aussi en Espagne l'expression d'une sociabilité plus complexe, une sociabilité de cour, à travers le jeu de regards que Vélasquez a rendu dans ses *Ménines* ?

Fr. Jean-Miguel : Justement, voyez quelle cour il y montre : un salon pratiquement vide et nu, comme la chambre de Philippe II à l'Escurial, qui est une vraie cellule monastique. La différence est abyssale par rapport aux châteaux de la Loire ou au palais de Versailles, en raison entre autres de la pauvreté de l'Espagne. Cette Espagne, où l'or des Amériques arrivait pour repartir aussitôt, était pauvre, et la cour vivait dans l'austérité par goût, mais aussi par nécessité. Mon père s'amusait à comparer le menu de Don Quichotte, un hidalgo pourtant, qui ne mangeait de viande que de pigeon, et une seule fois par semaine, avec celui que Sully, presque à la même époque, voulait assurer au paysan français : « la poule au pot » chaque dimanche. L'Espagnol qui parcourt la campagne française est toujours écrasé par sa fécondité. Pour citer à nouveau Sully : « Pâturage et labourage sont les deux mamelles dont la France est alimentée, les vraies mines et trésors du Pérou. » C'est une terre plantureuse par rapport à celle de l'Espagne, dont la plupart du temps les paysages sont dénudés et décharnés.

Philippe : C'est à un paysage de ce genre que renvoie votre nom de famille, puisqu'une garrigue est une terre sèche et pauvre.

Fr. Jean-Miguel : Le terme de garrigue vient du latin *quercus*, chêne, car il désigne une forêt de chênes-verts en pays languedocien. En français cela a donné différents mots, comme Quercy, Guéric, Garrigue. Une garrigue est effectivement une végétation de terre aride.

Philippe : Si on considère vos premières années, ce qui frappe, c'est que votre culture française n'est pas une culture de surcroît, mais une culture acquise dès l'origine, tout autant que votre culture espagnole. Puisque vous avez été enfant de diplomate, quelle était la culture dominante dans votre milieu familial ? Souvent ces enfants-là sont élevés dans un bain multiculturel. Vous, quelle langue parliez-vous à la maison ?

Fr. Jean-Miguel : Nous parlions toujours espagnol avec mes parents, ma sœur et mon frère. Nous avons parlé français à la table familiale pendant un an seulement, à Rome, après avoir quitté Paris, pour que mon frère cadet, trop petit pour avoir appris le français à l'école ou en jouant dans les squares parisiens, pût entrer dans les classes primaires du lycée Chateaubriand en connaissant cette langue. À Rome, j'entendais aussi parler italien à la maison, quand ma grand-mère maternelle venait nous voir, car elle aimait parler cette langue avec sa fille, étant elle-même née à Rome d'une mère italienne. Et cette langue était douce à mon cœur.

Philippe : Vous avez donc dans votre famille les trois latinités ?

Fr. Jean-Miguel : Je crois que ma part italienne compte beaucoup pour moi. C'est sans doute ma sensibilité italienne qui me fait souffrir de l'âpreté espagnole, surtout castillane. En Castille, je respire spirituellement à partir d'un paysage auquel mon âme est accordée, mais la rudesse et même la violence des rapports humains me sont souvent pénibles. Quant à l'Andalousie, terre de ma famille paternelle où j'ai passé toutes mes vacances d'adolescent, sa douceur maure parfumée de jasmin n'est pas totalement évangélisée, à mon avis, comme l'est celle, toute franciscaine, de l'Italie.

Alexandre : Comment vit-on, quand on est enfant de diplomate, la richesse de ces multiples apports culturels ?

Fr. Jean-Miguel : Comme une grande richesse, en effet, mais surtout comme un terrible déracinement. On n'a pas d'identité assurée. Car, pour appartenir à une identité, il faut être limité. Même si j'ai en moi, comme je pus le découvrir fortement en vivant un semestre aux États-Unis, une incontestable appartenance européenne et, qui plus est, latine, cette part d'indétermination entre les trois latinités qui cohabitent en mon sein n'est pas toujours facile à vivre. Je me meus à l'aise dans ces trois pays et en même temps je n'appartiens à aucun d'eux de manière exclusive. Vous étonnerai-je si je vous dis que le seul endroit dans lequel je me sente pleinement chez moi, c'est Rome ? Mais Rome ce n'est pas seulement l'Italie, Rome est d'abord le cœur de l'Église, la mère de la catholicité.

Rome correspond pour moi à des souvenirs, non pas de la petite enfance comme ceux de Paris, où j'ai vécu de trois à sept ans, mais de ce que j'appellerais volontiers mon « enfance adulte », de huit à douze ans. C'est un âge d'une grande importance pour le développement de la personnalité, car, à ce moment-là de la vie, on n'est pas encore entré dans les troubles de la puberté et en même temps on comprend déjà tant de choses, et avec un tel sérieux ! J'ai ouvert les yeux au monde à Rome. Aussi

Rome reste-t-elle la ville de mon cœur, alors que Paris est encore pour moi une ville quelque peu effrayante.

Philippe : Quel est votre rapport avec Paris, la ville de vos premiers souvenirs d'enfant ?

Fr. Jean-Miguel : Paradoxalement, et contrairement à la plupart des étrangers, mais comme certains provinciaux, j'aime beaucoup plus la « *doulce* France » que sa capitale, dont j'ai une perception un peu monstrueuse, de type balzacien. J'admire l'urbanisme de Paris, j'apprécie la beauté de certains de ses monuments, mais c'est une ville avec laquelle je n'ai jamais pu nouer en promeneur ce dialogue de complicité amoureuse que j'ai connu avec Toulouse, Aix-en-Provence ou Lyon et que je découvre aujourd'hui avec Bordeaux. Pour moi elle est trop grande, tout comme Londres, Berlin ou New York, autres mégapoles que je n'aime pas, trop nordique, trop froide, pas assez lumineuse et colorée aux yeux du Méditerranéen que je suis. Cette impression monte de mes plus anciens souvenirs d'enfant.

Alexandre : Quels sont vos premiers souvenirs parisiens ?

Fr. Jean-Miguel : Les images les plus lointaines doivent remonter à 1948, puisque nous sommes arrivés à Paris à la rentrée de 1947. Le Paris de la fin des années 1940 est encore un Paris d'après-guerre, que je me rappelle comme assez lugubre en raison du peu d'éclairage urbain (il n'était pas encore redevenu la « Ville lumière »), mais surtout d'un jour court et avare, durant son long hiver, qui devait peser sur un enfant venu d'un Madrid solaire. J'éprouve encore aujourd'hui cette impression angoissante chaque fois que l'avion descend sur Paris et, la plupart du temps, n'en finit pas de traverser l'épaisse chape nuageuse qui fait la grisaille du ciel parisien et sa lumière blafarde, sauf durant quelques jours de printemps qui sont d'autant plus magiques qu'ils sont rares.

C'est aussi un Paris que je sens comme triste, sans même savoir qu'il sort de la guerre et de l'Occupation, un Paris appauvri où les voitures sont encore pour la plupart les anciennes voitures d'avant-guerre, où l'on a dû même ressortir les fiacres. Au milieu de ces vieilleries passaient triomphalement quelques « belles américaines » qui rappelaient cruellement le décalage abyssal qui existait alors entre le niveau de vie de l'Europe et celui des États-Unis. J'ai fait la queue sur les Champs-Élysées, avec ma petite sœur et notre bonne, pour monter dans la première 2 CV qui était exposée chez Citroën. Elle représentait, avec la 4 CV de Renault, le modeste redémarrage de l'industrie automobile française.

La pauvreté était incommensurablement pire en Espagne, mais le soleil et la lumière sont de bons cache-misère. Paris, dans son faste déchu, avait quelque chose de sordide. L'éclairage au gaz était médiocre, ce qui fait que je revois toujours des rues sombres, luisantes de pluie, qui me plongent dans les ambiances glauques et angoissantes évoquées dans les romans de Patrick Modiano. Je ne puis m'empêcher de retrouver encore quelque chose de cela dès qu'à Paris le vernis du luxe se craquelle et laisse soudain apparaître la tristesse morne et l'abandon des couloirs du métro et du RER. Aujourd'hui, peut-on vivre heureux à Paris sans luxe ? Et même peut-on y vivre tout simplement, puisque le simple fait d'habiter dans Paris est devenu un grand luxe ?

Alexandre : Quels souvenirs gardez-vous de vos rapports avec les Parisiens d'alors ?

Fr. Jean-Miguel : Je ne puis taire ici quelque chose dont j'ai eu personnellement à souffrir comme enfant étranger : il y avait alors une xénophobie comme on ne l'imagine pas aujourd'hui où l'on s'en inquiète à tout propos. Elle était très forte chez les Parisiens qui sortaient de l'humiliation que leur avait fait subir l'occupation allemande puis de la gêne occasionnée par la présence d'une armée américaine à la fois libératrice et triomphale. La part de mythe que comportait le thème de la « France libre » et de la Résistance s'étant affaissée avec le départ du général de Gaulle en 1946, les Parisiens étaient moroses et parfois carrément hargneux, surtout avec les étrangers. C'est là qu'on a vu éclore, orchestré par le Parti communiste, l'antiaméricanisme le plus farouche. « Ces sales Américains ! » était une expression qu'on entendait très souvent, alors même que le plan Marshall était en pleine réalisation. J'ai l'impression que l'humiliation de l'Occupation se reportait contre ces nouveaux étrangers riches et puissants, à qui on devait, en plus, pour beaucoup, la libération et la reconstruction.

Philippe : L'Espagne a-t-elle connu aussi un antiaméricanisme ces années-là ?

Fr. Jean-Miguel : Pas vraiment. Les Espagnols partagent certes depuis longtemps avec bon nombre d'Européens une solide méfiance, voire de l'irritation, vis-à-vis de l'hégémonie américaine, qui pourtant a été pour tous bien plus douce et bienveillante que celle que les nations de notre continent ont exercée tour à tour en leur temps. Mais ils n'ont aucune acrimonie xénophobe contre les Américains comme peuple. S'ils ont un réflexe xénophobe, c'est par rapport aux Français, car ils portent encore le souvenir de l'invasion napoléonienne, mais aussi parce que la France a été jusqu'à une époque très récente, géographiquement et culturellement, leur passage obligé vers le reste de l'Europe.

Pourtant l'Espagne est le seul pays européen qui ait connu une guerre relativement récente avec les États-Unis, celle qui les a opposés à la fin du XIXe siècle, à propos de Cuba et des Philippines, guerre provoquée avec arrogance par la presse interventionniste d'un Hearst (le *Citizen Kane* d'Orson Welles !) et par le président Theodore Roosevelt. Or les Espagnols n'ont gardé aucun ressentiment de cette défaite lointaine et, après la Seconde Guerre mondiale, leur interminable attente des Américains s'exprimait à travers le titre aigre-doux d'un film néo-réaliste : *Bienvenido M. Marshall !* Ce titre pouvait signifier à la fois « Bienvenue, monsieur Marshall ! » et « Bienvenu M. Marshall ! ». Il exprimait le cri d'espoir des Espagnols, alors qu'au même moment la politique anti-franquiste de l'administration américaine excluait encore leur pays du plan portant le même nom.

Cela montre que c'est l'occupation du sol national qui traumatise durablement un peuple, même quand elle est, de fait, bienveillante. Or le sol de la France avait été traversé de part en part par l'énorme rouleau compresseur de l'armée américaine venue la libérer. Sans compter les destructions de centres urbains, terribles et meurtrières, qu'avaient provoquées les bombardements alliés accompagnant le débarquement en Normandie et la campagne de France.

Philippe : Comment cette xénophobie s'est-elle manifestée à l'égard du très jeune enfant que vous étiez à Paris ?

Fr. Jean-Miguel : Mes souvenirs me placent devant l'énigme du poids idéologique qui peut s'exercer à un certain moment sur une population. J'ai commencé l'enseignement primaire à Paris dans une école paroissiale du VIIIe arrondissement. C'est d'ailleurs la seule fois de ma vie que j'ai été dans un établissement scolaire catholique. Le VIIIe n'était certainement pas un quartier populaire. Bien qu'à l'époque les classes sociales fussent moins séparées par quartiers ; il subsistait encore quelque chose du Paris de *Pot-Bouille*. Néanmoins, la majorité de ceux qui envoyaient leurs enfants dans une école catholique de cet arrondissement ne pouvaient pas être particulièrement à gauche.

Le fait est qu'on a su que, bien qu'inscrit d'office comme *Michel* Garrigues et parlant le français comme un petit Parisien, j'étais en fait un petit Espagnol de l'Espagne de Franco. Qui l'a su ? Comment l'a-t-on su ? Cela fait partie des mystères de la divination et de la malice enfantines. Quand donc cela a été connu dans ma classe de onzième, puis de dixième, je suis devenu le souffre-douleur de tous et j'ai été régulièrement insulté et rossé comme « sale Espagnol » dans la cour de récréation.

Cette épreuve m'a permis de comprendre par la suite la situation des enfants juifs qui subissent, parfois encore aujourd'hui, ce genre de vexations dont ils ne peuvent pas comprendre la raison. Comme eux, j'ai voulu me faire accepter par le groupe humain qui me rejetait. Or, pour être reconnu et intégré, je n'avais comme terrain de lutte que le domaine du mérite. Je serai toujours reconnaissant au système scolaire français d'avoir reconnu ma dignité par le mérite. Alors que je venais d'une famille privilégiée dans mon pays d'origine, j'ai eu à me faire une place dans ma culture d'adoption. Mes bonnes notes en classe étaient une manière de dire à mes camarades : « Que vous m'aimiez ou non, vous êtes obligés de compter avec moi. » Si je relevais ce défi c'était, bien évidemment, par besoin de me faire aimer de ceux qui m'excluaient. Quant à mes camarades, il me semble aujourd'hui qu'ils reflétaient dans leur comportement à mon égard une France écorchée vive, comme je l'ai dit, d'abord par l'occupation allemande et puis, paradoxalement, par la libération américaine.

Philippe : Tout cela ne vous a pas rebuté ?

Fr. Jean-Miguel : Certes, les années d'après-guerre à Paris furent parfois assez rudes pour une famille de diplomates espagnols comme la mienne. L'ONU naissante, dont l'Espagne franquiste avait été exclue en tant qu'ancienne puissance sympathisante du Troisième Reich (alors que les Alliés venaient de la courtiser comme non belligérante pendant la guerre), avait recommandé le retrait des ambassadeurs accrédités à Madrid. La France avait en conséquence réduit sa représentation au niveau d'un chargé d'affaires et, en 1947, avait été plus loin en fermant sa frontière avec l'Espagne. Le passage du pont international à Hendaye, sévèrement gardé de part et d'autre, était assez impressionnant, car ses barrières ne se levaient que pour les rares voitures de quelques diplomates. Par ailleurs, la pauvreté en devises de l'État espagnol était telle que mon père s'attendait à ce que, d'un moment à l'autre, celui-ci ne pût plus payer ses diplomates à l'étranger.

Dans ce contexte, on peut facilement imaginer ce que je ressentais chaque année en rentrant pour les grandes vacances dans un pays qui se voyait boycotté par la communauté internationale d'alors. En un mouvement de fierté nationale habilement entretenu par le régime, les Espagnols retrouvaient un vieux réflexe d'honneur blessé en rejetant l'étranger qui leur était hostile. L'embargo, qui affamait l'Espagne, soudait paradoxalement toute la population autour de Franco. Même dans ma famille élargie, qui n'était pas particulièrement xénophobe puisqu'elle avait été proalliée pendant la guerre mondiale, mes cousins me traitaient non sans une certaine ironie d'*afrancesado*, c'est-à-dire de « francisé », terme remontant de manière significative au temps de l'occupation de l'Espagne par Napoléon et dont on usait alors pour stigmatiser les sympathisants des idées libérales venues de France, comme Goya qui mourut en exil à Bordeaux. Effectivement, j'arrivais d'une école française et bientôt je reflétai une mentalité française.

Pourtant, même dans un contexte aussi difficile, la France ne m'a pas rebuté, car tout ce que je viens de dire de notre situation familiale dans le Paris d'après-guerre n'a jamais occulté à nos yeux la très haute valeur de la culture française. Mes parents, qui parlaient couramment le français depuis leur enfance, la connaissaient et l'appréciaient bien avant d'arriver en poste à Paris. Cette admiration a fait qu'ils ont tenu absolument à ce que je fasse des études secondaires françaises, bien que cela m'imposât de travailler tous les étés pour passer en septembre les examens correspondant à la même année scolaire dans l'enseignement espagnol. Même dans les moments les plus difficiles des relations franco-espagnoles d'alors, où ils se sont parfois heurtés de la part des Français à des comportements qui les blessaient, je ne les ai jamais entendus dénigrer à la maison la culture française.

Cette magnanimité était sans doute due au recul légèrement désabusé que donne la carrière diplomatique, mais elle manifeste aussi l'ambivalence particulière des relations culturelles des Espagnols avec la France. Ces relations sont en effet marquées d'une part par la peur, consécutive au traumatisme napoléonien, de trop dépendre de celle-ci, à la manière d'une « cliente », et d'autre part par la conscience aiguë de n'avoir pas eu, jusqu'à une époque très récente, d'autre canal culturel d'accès à l'Europe que sa voisine du Nord. J'ai encore connu la dernière période de cette hégémonie culturelle française sur l'Espagne.

Alexandre : Même de la part de la France appauvrie d'après-guerre ?

Fr. Jean-Miguel : La France de l'après-guerre était comme une dame opulente qui a souffert momentanément un revers de fortune. L'Espagne, elle, venait de siècles de pauvreté endémique. Le peuple espagnol dans sa majorité connaissait encore non seulement la pénurie, mais souvent la faim. Au moment où, au début des années 1950, *L'Humanité* protestait à Paris parce que les ouvriers français ne pouvaient pas s'offrir le dimanche un croissant à leur petit déjeuner, en Espagne le beurre était quasiment introuvable et dans tout le sud du pays il n'y avait que du lait de chèvre.

Pour donner une idée de la pauvreté de l'après-guerre en Espagne, je voudrais évoquer le souvenir d'un fait qui m'a beaucoup marqué quand j'étais enfant. Je devais avoir environ cinq ans et nous étions de passage à Madrid pour les grandes vacances. Il faisait, comme d'habitude en été, une chaleur torride et la bonne nous avait emmenés, ma sœur et moi, respirer une fraîcheur toute relative au grand jardin public du *Retiro*. C'était l'heure du goûter et, tout en mangeant la banane qu'on m'avait donnée, je m'étais un peu éloigné dans une allée du parc. Je croisai un groupe d'enfants et d'adolescents d'un orphelinat, pauvres gosses reconnaissables à leur blouse grise et à leur crâne tondu à ras, dont les parents, pour beaucoup d'entre eux, étaient des *rojos* (rouges) qui avaient été exécutés ou emprisonnés à la suite de la guerre civile. Un garçon d'environ quinze ou seize ans vint à ma rencontre et se planta devant moi en regardant fixement ma banane. J'eus peur qu'il ne s'apprêtât à me l'arracher ou à me faire subir quelque autre violence. Il n'en fut rien. Avec gravité il me regarda la manger jusqu'au bout, puis il me dit soudain avec avidité : « Tu me donnes la peau ? » Je la lui tendis et il se jeta dessus voracement pour en racler avec ses dents la partie molle. Quand il eut fini, il partit sans un mot. Ce souvenir ne s'est jamais effacé en moi. Il devait être réactivé par la lecture du *Tanguy* de Michel del Castillo, qui offre une image si poignante de cette enfance espagnole de l'après-guerre civile.

Philippe : Comment avez-vous pu réussir à résoudre personnellement ce conflit culturel entre la France et l'Espagne ? Comment avez-vous dépassé ces allégeances nationales ?

Fr. Jean-Miguel : J'essayai de dépasser cet écartèlement en entrant dans le monde de la pensée, lequel transcende de soi toutes les appartenances nationales. À l'école il m'était possible, tout en restant espagnol, d'acquérir la culture française et d'être premier en français. Au Lycée français de Madrid, c'étaient toujours des Espagnols qui avaient le premier prix de français ; de même, c'étaient des Français qui avaient le prix d'espagnol. L'excellence, en effet, est une sorte de sésame, elle permet d'acquérir un droit de cité dans une culture qui n'est pas la vôtre par la naissance. C'est le désir d'obtenir ce droit qui explique cet échange paradoxal. Quand j'ai terminé mes études secondaires avec un prix d'excellence et une mention très bien au baccalauréat, j'ai su que pour moi c'était définitivement gagné.

Plus tard, je suis venu en France pour entrer dans la vie religieuse, puis, assez récemment, j'ai acquis la nationalité française. Mais cela ne m'apparaît que comme les conséquences plus ou moins rapprochées de cette victoire fondamentale. J'avais relevé et gagné au mérite le défi qu'avait représenté le rejet de mes petits camarades parisiens de l'école primaire, rejet que je ressentais comme une injustice et dont je voulais triompher avec les armes mêmes de leur culture. Je constate, par ailleurs, que mes amis de classe ont été toujours des petits Français, même plus tard à Rome ou à Madrid quand la plupart de mes camarades étaient des Italiens ou des Espagnols. Si l'Espagne devait rester ma mère, je me préparais très tôt à choisir la France pour épouse. On appartient par son être à sa famille de naissance mais on choisit de lier sa destinée à son épouse, même si cela ne s'accomplit qu'au sein d'une altérité irréductible : « L'homme quittera son père et sa mère et il s'unira à sa femme », dit le Livre de la Genèse.

Philippe : Avez-vous, remontant à votre enfance parisienne, des souvenirs d'offices religieux, par exemple des souvenirs de messes ?

Fr. Jean-Miguel : Mes premiers souvenirs d'offices religieux datent en effet de Paris. Ils se situent très précisément à Saint-Julien-le-Pauvre, cette merveilleuse petite église gothique blottie au fond d'un square tourné vers Notre-Dame, de l'autre côté de la Seine. Affectée au rite byzantin-catholique, elle devait jouer plus tard un rôle important dans ma vie, au moment où, jeune théologien attelé aux relations œcuméniques avec les orthodoxes, j'y viendrais souvent à la messe, pour m'initier à la liturgie byzantine. C'est à l'occasion des visites à Paris de mon grand-père paternel, qui aimait beaucoup ces offices en rite oriental où l'on communiait sous les deux espèces, que mes parents nous emmenaient entendre la messe dans cette église dont l'architecture les ravissait. Le petit enfant que j'étais était émerveillé par cette liturgie avec chants, encens et processions solennelles, qui me faisait pressentir quelque chose du mystère qui s'y déroulait.

Philippe : Est-ce que le fait que vous soyez né à Istanbul a pu jouer en faveur de cette attirance pour le christianisme byzantin ?

Fr. Jean-Miguel : Istanbul, dont je n'avais aucun souvenir, car nous avions quitté la Turquie quand j'avais un an et demi, était présent en moi comme un lieu mythique à travers tout ce qu'en disaient mes parents. Ils y avaient séjourné presque trois ans, et les quelques photos qu'ils en avaient rapportées représentaient pour moi, comme en un mirage, les images de cette ville où j'étais né et qui me semblait appartenir à une préhistoire de ma vie, à jamais inaccessible.

Plus tard, Istanbul devait pourtant me marquer de nouveau à travers un livre que mon père publia à Madrid quand j'étais adolescent, mais qu'il avait commencé à écrire quand il vivait là-bas, sur le traité de paix que l'Espagne avait fini par signer – dernière puissance européenne à le faire – au XVIIIe siècle avec la Turquie, son ennemie traditionnelle depuis Lépante. Ce livre, le deuxième qu'il écrivit, mon père me le dédicaça en tant que son fils premier-né, venu au monde sur les rives du Bosphore, avec ces paroles : « À Miguel, à qui le poste de son père valut de naître auprès de Sainte-Sophie, afin que son propre destin soit placé sous le signe de la divine sagesse. » Cette dédicace fut aussitôt reçue par moi comme une bénédiction paternelle, au sens fort que ce mot prend dans la Bible. Par quelle obscure intuition prémonitoire mon père avait-il appelé sur son fils, alors adolescent et peu attiré par le spirituel, la grâce d'une telle destinée ? Cette parole paternelle a éveillé en moi, du jour même où je l'ai lue imprimée en tête du livre, comme l'écho d'un mystère immémorial, caché dans ma naissance à Constantinople auprès de l'église de la Sainte-Sagesse. Cette sagesse divine, je devais, en effet, la chercher plus tard, à travers la vie religieuse, la contemplation et la théologie, justement dans la tradition des Pères de l'Orient chrétien et, plus en amont, dans le mystère d'Israël.

Alexandre : Comment avez-vous découvert que vos parents vous avaient précédé sur le chemin de la foi ?

Fr. Jean-Miguel : Ce que je porte de plus profond dans ma perception de la foi, j'ai commencé à le recevoir, je crois, quand j'étais encore dans le sein de ma mère. Ma mère, qui venait d'une famille d'artistes libres-penseurs mais s'était convertie au milieu des drames de la guerre civile espagnole, avait depuis lors mené une intense vie d'oraison avec toute la discrétion qu'impose un état de vie dans le monde. Ce fut particulièrement le cas en Turquie pendant qu'elle me portait car elle avait beaucoup de temps libre. J'ai pu constater dans mon ministère sacerdotal d'autres cas d'enfants marqués pour toujours par la vie de prière de leur mère pendant sa grossesse. Le fœtus, même s'il n'est pas capable d'un acte de raison, est néanmoins doué d'une âme spirituelle ; ce qu'il perçoit par sa sensibilité n'est donc pas animal mais déjà très profondément humain.

Ma foi est donc très intimement liée aux origines de la vie que Dieu m'a donnée à travers mes parents. Aussi ai-je été toujours très attiré par le mystère de la paternité en Dieu, qui me semble être au cœur même de la foi biblique. J'ai toujours perçu spirituellement que Dieu était toujours *déjà là* avant même que je pusse l'accueillir ou le quitter. Je me suis toujours senti précédé par lui et je puis dire avec le psaume : « C'est toi qui m'as formé les reins, qui m'as tissé au ventre de ma mère » (Ps 138). Ce thème très augustinien de la *memoria mei, memoria Dei* (« la mémoire de moi, c'est la mémoire de Dieu »), du Dieu qui prévient toujours notre acte libre par sa grâce, correspond pour moi à une expérience spirituelle fondatrice.

Ce don immémorial reçu de Dieu avant ma naissance a été ravivé par un événement qui s'est produit à Paris alors que je devais avoir dans les cinq ou six ans et dont le souvenir s'est gravé pour toujours en moi. C'était après déjeuner et mon père venait de repartir pour son bureau laissant dans le salon ma mère avec ma petite sœur et moi. Je jouais avec celle-ci quand soudain j'ai levé les yeux vers ma mère et ce que j'ai vu m'a effrayé. Assise dans son fauteuil, les mains jointes sur ses genoux et les yeux fermés, elle semblait soudain tournée vers un ailleurs invisible. Un instant, je l'ai crue morte et me suis senti abandonné. Je lui ai pris les mains en disant : « Maman, maman ! » À ce moment, elle a ouvert les yeux et m'a dit en souriant : « Je suis là, seulement je prie. » Je lui ai répondu : « Non, tu ne pries pas », car pour moi prier c'était dire une prière, comme je le faisais le soir avec elle avant de me coucher. Mais elle m'a répondu : « Un jour, tu comprendras que prier, c'est se reposer en Dieu. » Cette parole est restée toujours en moi comme la parole la plus ancienne que je porte dans ma mémoire, comme une promesse à l'aube de ma vie. Elle avait donné sens au repos que j'avais vu sur son visage et qui m'avait tout d'abord fait peur. Aussi quand récemment je l'ai vue reposant dans son cercueil, morte pour de vrai, je n'ai pas eu de mal à percevoir ce repos en Dieu à travers son visage définitivement tourné vers Lui. Lorsque à mon tour j'eus moi-même à faire oraison, ce fut comme si j'avais su depuis toujours ce que c'était. Cela m'avait été donné à travers le lien vital à ma mère.

Philippe : Votre père n'a-t-il donc joué aucun rôle dans votre foi ?

Fr. Jean-Miguel : Si, il a exercé le rôle irremplaçable de confirmer en le validant le don reçu à travers ma mère. C'est encore un événement, moins ancien mais également fondateur et dont le souvenir est aussi ineffaçable, qui a scellé en moi cette ratification de la foi. Je devais avoir autour de huit ans, nous étions à Rome et j'étais un petit bonhomme qui arrivait à l'âge de raison et acquérait déjà une certaine autonomie. Je portais très profondément en moi cette foi reçue de ma mère, mais c'était comme s'il lui manquait une confirmation, confirmation qu'obscurément j'attendais de mon père. Celle-ci est venue de manière fortuite un soir alors que nous, les enfants, étions déjà couchés et que mes parents s'étaient retirés chez eux. Étant depuis toujours brouillé avec le sommeil, je m'étais levé et j'étais sorti. En passant devant la chambre de mes parents, je vis la porte très légèrement entrebâillée. Je m'approchai : mon père était à genoux au pied du lit conjugal. Il était seul. Ma mère était sans doute sortie un moment en laissant la porte mal fermée. De toute évidence il priait, à genoux, seul. Certes, ce n'était pas la première fois que je le voyais prier à genoux. Tous les dimanches nous allions à l'église en famille et, comme tout le monde à l'époque, il s'agenouillait pendant la consécration. Mais là, il était seul, hors de tout contexte social, à genoux, tourné vers Quelqu'un d'invisible, comme ma mère jadis à Paris. C'est à ce moment que j'ai su que c'était vrai. C'était comme s'il m'avait dit : « Si je prie, moi qui ne suis pas un spirituel, tu peux vivre par toi-même, tout seul, de ce don reçu à travers ta mère. » Je crois que cette expérience m'a ouvert à la foi personnelle qui a éclos en moi avec la découverte du mystère de l'Église pendant les cinq années que nous avons vécues à Rome.

Chapitre II

Rome, mon seul chez-moi en cette terre

Philippe : Entre huit et douze ans vous avez vécu à Rome. Qu'a représenté cette ville pour vous ?

Fr. Jean-Miguel : C'est là que, comme je viens de le dire, je suis passé de la foi parentale, reçue au sein de la famille comme petite cellule domestique d'Église, à une foi en même temps personnelle et ecclésiale. Le mystère de l'Église je l'ai comme touché, à Rome et à travers elle, durant ce temps béni qui précède la puberté et que j'ai appelé déjà l'enfance adulte. Aussi, chaque fois que je retourne à Rome, j'ai l'impression de rentrer à la maison, de renouer avec mes racines spirituelles. C'est le seul lieu où cela m'arrive.

Alexandre : Comment expliquez-vous ce lien fondateur qui vous rattache à cette ville ?

Fr. Jean-Miguel : En partie sans doute par le fait que ma mère est à moitié romaine par sa propre mère et que, quand mon père a été nommé à Rome, elle y est retournée comme dans une ville peuplée de souvenirs, car, enfant, elle y était allée tous les ans avec ma grand-mère. En y arrivant, je découvrais donc comme mienne toute la part de ma famille italienne.

Mais plus profondément j'ai toujours perçu, à travers la douceur franciscaine qui a tant imprégné l'Italie, que celle-ci, et Rome tout particulièrement, est ecclésiale au point qu'elle arrive à peine à être nationale. La culture et même la manière d'être italiennes sont profondément chrétiennes et cela d'autant plus que l'Italie n'a pas à le revendiquer de manière ostentatoire, comme les pays catholiques de frontière, tels l'Espagne, la Pologne ou l'Irlande. Son catholicisme ne connaît pas non plus cette tension dramatique du christianisme français toujours marqué, depuis Pascal, par l'angoisse janséniste. C'est un catholicisme baroque, où la foi épouse le mouvement de la vie au point qu'être chrétien semble, sinon facile, du moins simple.

Philippe : Cela ne contrastait-il pas aussi avec le catholicisme espagnol, surtout à l'époque ?

Fr. Jean-Miguel : Et comment ! Je l'ai fortement perçu, alors que je n'avais pas plus de huit ans. Mes parents nous avaient envoyés, ma sœur et moi, au début des vacances d'été, auprès de mon grand-père paternel, dans une de ses propriétés du sud de l'Espagne. Or celui-ci, qui m'aimait beaucoup, se mit en tête que je fisse là-bas ma première communion, parce qu'il craignait de ne pas vivre jusqu'à la date que mes parents avaient fixée pour cette cérémonie, qui devait avoir lieu à Rome. J'avais bien envie de recevoir la communion, pourtant je refusai net de faire le pas. À cause, évidemment, de l'absence de mes parents, qui eussent été désolés de n'avoir pas été là, mais surtout parce que, dans notre campagne isolée, nous n'avions d'autre messe pendant l'été que celle d'une colonie de vacances de jeunes phalangistes. Or cette messe d'enfants et d'adolescents transformés en milice paramilitaire m'horripilait dans ma sensibilité religieuse instinctive, sans que j'en connusse alors les raisons politiques, et suscitait en moi ce rejet viscéral par lequel j'ai toujours réagi à toute forme d'embrigadement, et plus particulièrement dans l'ordre spirituel. Je ne pouvais pas supporter le contraste entre le mystère d'amour divin que je commençais à découvrir dans la messe, et d'autre part les bottes, les étendards, les cris réglementaires, les coups de clairon et les chants martiaux qui l'emprisonnaient dans une virilité trop affichée pour ne pas être caricaturale. Le national-catholicisme de ces années, je l'ai ressenti avant de savoir dire en quoi il consistait.

Philippe : Avez-vous par ailleurs connu le scoutisme catholique, en lien avec votre scolarité française ?

Fr. Jean-Miguel : Ce même refus instinctif de l'embrigadement, et tout spécialement de l'enrégimentement spirituel des enfants et des jeunes, m'a tenu éloigné du scoutisme, dans lequel je n'ai jamais voulu dépasser le grade de louveteau. Et cela malgré la présence dans la troupe de Rome d'un prêtre exceptionnel, l'abbé Bernard Jacqueline, qui était alors en même temps notre aumônier au lycée Chateaubriand. C'est à travers lui que j'ai perçu le mystère du prêtre et je crois qu'il a été pour quelque chose dans la vocation que je devais découvrir plus tard. Mais je ne pouvais pas me douter qu'il était alors à Rome le postulateur de la cause en béatification de Charles de Foucauld, lequel devait jouer un jour un rôle décisif dans ma prise de conscience de cette vocation. Le père de Foucauld vient d'être proclamé bienheureux par le pape Benoît XVI.

Philippe : Avez-vous pressenti quelque chose de cette vocation au cours de cette étape ?

Fr. Jean-Miguel : Je ne peux pas dire que j'aie jamais eu alors envie d'être prêtre, ce qui est pourtant assez fréquent chez des garçons pieux de cet âge. Je n'ai pas voulu servir la messe, je ne suis pas resté chez les louveteaux, alors que c'était l'abbé Jacqueline qui nous emmenait faire, à Subiaco et ailleurs, des excursions religieuses qui me fascinaient. En revanche, ce qui a marqué une étape décisive, c'est la retraite de profession de foi et de confirmation qu'il nous a prêchée à Rome dans un couvent situé au-dessus d'une catacombe, celle de Sainte-Agnès je crois. Il nous donnait certaines de ses instructions spirituelles dans une des salles souterraines de celle-ci et l'exemple des martyrs romains qu'il y évoquait n'a pas manqué d'avoir en moi un grand retentissement intérieur.

Je garde de ces jours le souvenir d'un moment précis qui a eu une importance fondamentale dans ma relation de foi avec Dieu. Nous sortions d'une conférence spirituelle de l'abbé et la bande d'enfants que nous étions s'est aussitôt égaillée en courant bruyamment vers le fond du jardin pour prendre un temps de récréation. Je me vois sortant le dernier, tout habité encore par les paroles de l'abbé Jacqueline, dans ce splendide jardin romain en fleur, embaumé des lilas et des glycines du mois de mai. Devant moi, une des allées conduisait vers le lieu où mes camarades s'ébattaient avec des cris joyeux. Mais, à côté, une autre s'enfonçait dans une partie du jardin silencieuse et solitaire. Cédant à une puissante inclination intérieure, je m'engageai dans cette seconde allée pour ne pas perdre l'intimité avec l'Hôte intérieur, dont les paroles du prêtre avaient éveillé en moi la perception spirituelle.

Je pressentis alors que ce choix me faisait franchir un seuil symbolique dans ma vie et, rentré à la maison, je dis un jour à ma mère, non pas que je serais prêtre ou religieux, mais que je souhaitais vivre dans l'amitié et l'intimité de Dieu. C'était là une certitude. Pourtant, elle ne s'est pas présentée à moi comme une vocation à l'état religieux ou sacerdotal. La preuve : quelques mois après, comme nous arrivions à Madrid – j'avais alors douze ans –, ma mère m'a demandé si je voulais servir la messe. J'ai refusé. Je voyais les enfants de chœur pouffer de rire en débitant à toute allure des formules latines incompréhensibles, faire les pitres derrière le dos du prêtre, boire le vin resté dans les burettes... Je n'ai de fait appris à servir la messe que des années plus tard, dans un contexte tout différent : en arrivant au noviciat. Le côté « cuisine cléricale » de l'Église, symbolisé à mes yeux par la sacristie, suscitait en moi une répugnance certaine. Paradoxalement, ce côté « fonctionnaire du culte » qu'a souvent, hélas, le personnel de l'Église, me tenait à distance au moment même où un prêtre spirituel, l'abbé Jacqueline, si marqué par le père Charles de Foucauld, me mettait sur le chemin de l'intimité avec Dieu. Un jour, ma mère lui parlait du souci qu'elle se faisait pour moi : il m'arrivait de faire l'école buissonnière pour aller au cinéma, car j'étais fou de films comme *Ivanhoé* ou *Les chevaliers de la Table ronde*. Il lui fit une réponse qui devait se révéler prophétique : « N'ayez pas de crainte pour lui. Cet enfant est dans la main de Dieu et c'est Lui qui conduira sa vie. » Il devait m'accueillir un jour à Rome, une quinzaine d'années plus tard, non sans émotion : j'étais devenu prêtre dominicain.

Philippe : Ces messes préconciliaires n'ont cependant pas empêché votre croissance spirituelle. Comment l'expliquez-vous ?

Fr. Jean-Miguel : Elles ne l'ont pas empêchée parce que la grâce de l'oraison, comme une graine depuis longtemps déposée en moi, commençait à germer. J'ai un souvenir très précis de l'église romaine où j'ai commencé à participer du fond du cœur au mystère de la messe. C'est la merveilleuse petite basilique paléochrétienne de Saint-Jean-devant-la-Porte-Latine, à côté du départ de la voie Appienne, la seule église de Rome à être consacrée à saint Jean l'Évangéliste, sur le lieu où la tradition rapporte qu'il a été plongé dans l'huile bouillante et en est réchappé vivant, pour être ensuite relégué à Patmos. J'y allais souvent le dimanche avec un ami dont je parlerai et qui n'avait plus sa mère. Là, agenouillé entre lui et son père, j'ai connu pour la première fois l'union intime du chrétien au Christ dans le sacrifice de l'eucharistie. Chaque fois que je retourne à Rome, je sens le besoin d'aller m'agenouiller dans cette humble petite basilique sous la lumière couleur de miel qui coule de ses fenêtres en albâtre, car elle exprime pour moi la face la plus intime et la plus spirituelle de l'Église de Pierre, qui est aussi celle du martyre de Paul et de Jean. C'est à travers ses vieilles basiliques du premier millénaire, où l'Orient et l'Occident chrétiens se rejoignaient encore, bien plus qu'à travers l'esthétique grandiose mais plus théâtrale de ses églises baroques, que Rome m'a toujours fait percevoir le mystère ecclésial qui l'habite.

Alexandre : On a l'impression que vos années romaines ont été plus heureuses que les années de votre petite enfance parisienne.

Fr. Jean-Miguel : Certainement ! Après le Paris sombre et morne de l'après-guerre, Rome, dans l'Italie grouillante des vespas et de la reconstruction que montrent les films néoréalistes, a représenté une remontée vers la lumière méditerranéenne et la joie de vivre. Plus profondément, Rome me donne toujours l'impression d'offrir un pressentiment du paradis, tellement la beauté y est omniprésente et gratuitement offerte à chaque coin de rue à celui qui veut bien ouvrir les yeux. On peut trouver en elle une illustration de ce que Péguy, parlant de la présence de l'Esprit-Saint dans l'histoire des hommes, appelait le spirituel dans le charnel.

Par ailleurs, je sentais mes parents si heureux, en cet âge d'or du milieu de la trentaine. La France, Paris, qui les avaient tant intéressés, les avaient aussi écrasés par l'effort qu'ils leur demandaient. Tout devait y être mérité, conquis de haute lutte, et d'autant plus quand on était des diplomates franquistes, c'est-à-dire, à l'époque, des parias : parias de luxe, mais parias tout de même. En Italie, personne ne jugeait sérieusement personne et surtout pas en politique internationale, où le pays n'était pas en mesure de donner des leçons à personne, même s'il avait terminé la guerre mondiale dans le camp des vainqueurs.

En ce qui me concerne personnellement, j'eus le grand bonheur de commencer très tôt, en tant qu'aîné, à être associé à la vie de mes parents, c'est-à-dire à leur interminable découverte de Rome et à certains de leurs voyages à travers l'Italie. En particulier, j'attendais chaque année avec impatience le mois d'août, que mon père devait passer à Rome après son mois de vacances en Espagne, pour rentrer avec mes parents et profiter à plein de ces promenades et excursions enrichies par des échanges intéressants avec de nombreux amis et visiteurs, qui étaient le plus souvent des personnes cultivées.

Alexandre : Mais aviez-vous, par ailleurs, des amis de votre âge ?

Fr. Jean-Miguel : Oh oui ! Des amis auxquels je tenais comme à la prunelle de mes yeux. J'ai toujours été un passionné d'amitié et un passionné dans l'amitié. Un ami qui me connaît bien m'a dit un jour, en me taquinant, que je mettais dans l'amitié l'intensité et la gravité de l'amour ; même si, comme on le verra par la suite, je me garde bien de les confondre. À Rome, mes amis intimes étaient des camarades de classe, toujours des Français, sans doute parce que je prenais enfin ma revanche par rapport aux petits Parisiens dont l'hostilité m'avait fait souffrir. J'étais frappé par certains regards qui révélaient, dès l'enfance, une blessure. Je pense à celui d'un garçon qui avait l'expression hallucinée des petits juifs du ghetto de Varsovie, parce qu'il avait vu sa mère brûler vive sous ses yeux. Il devint un ami très proche dont le secret, bien qu'il me restât inconnu, me fascinait. Je devais le retrouver quarante ans plus tard et c'est seulement alors que j'appris ce qu'il n'avait pas pu me dire quand il était petit. Un autre ami était un enfant rongé par une maladie qui le rendait attachant par sa vulnérabilité.

Je ne puis m'empêcher de penser que ce besoin d'amitié s'est développé en moi en même temps que le désir d'intimité spirituelle avec Dieu. Je devais désormais retrouver cela sous des modalités diverses à toutes les étapes de ma vie. J'aurais toujours besoin de partager avec des amis quelque chose de ce qui me tient le plus à cœur : en définitive, l'intimité avec Dieu. Je ne puis aimer d'amitié que dans la communion de l'amour de Dieu et en même temps l'amour de Dieu appelle en moi d'étroites relations d'amitié. À Rome, ce leitmotiv de toute ma vie, qui unit l'amour de Dieu et l'amitié de cœur, commença à s'annoncer. Il a constitué comme un fil rouge qui donne son unité à une existence qui a été par ailleurs si décousue à bien des égards.

Philippe : La Rome dans laquelle vous avez vécu entre huit et douze ans est la Rome de Pie XII. Comment la perceviez-vous alors ?

Fr. Jean-Miguel : Je parlerai plus loin de l'Église d'avant le concile, telle que j'ai pu la saisir plus tard, dans mon adolescence. Je veux en revanche dire comment l'enfant que j'étais, ainsi que l'immense majorité des catholiques qui m'entouraient voyaient le pape d'alors : Pie XII. Tous, nous étions profondément saisis par la haute figure spirituelle de celui que l'on appelait du nom qu'il porte dans la prophétie médiévale des papes attribuée à saint Malachie : *Pastor angelicus*, Pasteur angélique. Il avait en effet quelque chose d'un grand archange et, quand, haute et mince silhouette, il ouvrait tout grands ses bras comme des ailes pour donner la bénédiction, il rayonnait de lui une aura spirituelle qui impressionnait même les non-catholiques.

Certains lui reprochent aujourd'hui son hiératisme, mais ils oublient que dans le monde d'alors tous attendaient du pape qu'il fût ainsi, et que le hiératisme de Pie XII, bien qu'impressionnant, ne nuisait pas à sa spontanéité personnelle, car il était imprégné de douceur spirituelle. Pie XII était plus angélique que hiératique ; or un ange est un être spirituel, tout de lumière et de paix, mais en même temps un serviteur de Dieu penché sur les besoins des hommes. Le monde qui était sorti si meurtri de la guerre mondiale trouvait en Pie XII une sorte d'ange tutélaire, qui veillait sur lui pour le protéger. Sa manière d'exercer sa paternité consistait à manifester sensiblement cette spiritualité verticale à tant d'hommes qui ressentaient le besoin d'un axe ferme autour duquel reconstruire une Europe cassée par les horreurs du totalitarisme et de la guerre. Il fut donc père à la manière qui correspondait au monde d'alors, comme après lui Jean XXIII, Paul VI, Jean-Paul Ier, Jean-Paul II et aujourd'hui Benoît XVI l'ont été chacun d'une manière très différente, parce que adéquate à d'autres temps. Cela explique qu'au moment de la mort de Pie XII les voix les plus diverses se soient élevées pour remercier le pape.

L'enfant que j'étais l'a aussi ressenti à sa manière lors des cérémonies, comme celle de la canonisation du pape saint Pie X, où, en voyant passer Pie XII ouvrant les bras ou tendant les mains de sa *sedia gestatoria*, j'avais, comme beaucoup, l'impression que le ciel se penchait avec bonté sur la terre. Cette perception a fait éclore en moi un très grand amour pour le successeur de Pierre, amour qui n'a cessé de grandir à mesure que je découvrais de plus près l'énorme fardeau qui s'abat sur les épaules de l'homme qui est élu pape.

Philippe : De quelle manière vos parents arrivaient-ils à sauvegarder leur liberté de pensée et leurs convictions personnelles par rapport au milieu officiel de l'Espagne de Franco, et comment le perceviez-vous ?

Fr. Jean-Miguel : Il faut tenir compte tout d'abord de la manière d'être espagnole, dans laquelle le facteur interpersonnel prime, pour le meilleur comme pour le pire, sur les clivages idéologiques. Ma mère, par exemple, recevait chez nous à Paris aux pires moments de la guerre froide certains de ses cousins, républicains exilés qui devaient bientôt être interdits de séjour en France par l'OTAN en tant qu'agents du communisme international. À plus forte raison mes parents ont-ils toujours traité et reçu chez eux d'anciens amis républicains, libéraux ou socialistes, qu'ils avaient connus dans leur milieu familial ou étudiant et qui avaient choisi l'exil à la fin de la guerre civile d'Espagne. On voyait plus encore à la maison d'éminents représentants de la « troisième Espagne », tel le philosophe libéral José Ortega y Gasset, qui avait été le professeur et le maître de mon père. Ceux-ci, qui n'avaient pas voulu choisir entre les vainqueurs et les vaincus de cette guerre civile qu'ils considéraient comme une tragédie, pouvaient vivre à l'étranger grâce à leur compétence universitaire et à leurs connaissances internationales. Tous ces intellectuels, mes parents pouvaient les recevoir sans problème, parfois même en les invitant avec quelque collègue de l'ambassade plus large d'esprit que les autres. Je me souviens d'avoir rencontré à la maison bien plus tard, alors que mon père était ambassadeur auprès de l'UNESCO, le dernier président de la République espagnole en exil, grand historien et catholique de gauche, mais resté fort traditionnel en matière religieuse puisqu'il me sermonna, me reprochant d'être venu en clergyman et non en habit dominicain.

À Rome, comme conseiller culturel de l'ambassade auprès du Quirinal (République italienne), mon père participait régulièrement aux Congrès pour la paix et la civilisation chrétienne qu'organisait le maire de Florence Giorgio Lapira, un catholique démocrate-chrétien dans la ligne d'*Humanisme intégral* de Jacques Maritain, où il rencontrait des intellectuels chrétiens venus de tous les coins du monde, lesquels étaient loin de sympathiser tous avec le régime franquiste. Celui-ci, qui était en train d'opérer un timide retour dans la communauté internationale, avait évidemment intérêt de son côté à ne pas empêcher ce genre de contacts. Depuis les accords avec les Américains et l'entrée de l'Espagne à l'ONU au début des années 1950, le régime amorçait une lente mais irréversible décrispation, laquelle allait rendre possible à son tour la transition paisible que le pays connaîtrait une vingtaine d'années après vers la monarchie parlementaire.

Alexandre : Que vous ont apporté ces années romaines du point de vue de votre culture latine ?

Fr. Jean-Miguel : J'étais un enfant qui adorait écouter les adultes. Or le milieu qui m'entourait était riche de vitalité culturelle. Mon père commençait alors une carrière de conférencier et d'essayiste et ma mère s'était mise à exercer un don pour la peinture qui lui venait de plusieurs générations d'artistes. Aussi ai-je l'impression que tout ce que j'ai vu de Rome et de l'Italie à travers les yeux de mes parents et de leurs amis, tout ce que j'ai entendu de leurs conversations, m'a fait en quelque sorte sauter une étape dans ma maturation culturelle. J'ai été plongé dans une culture qui était bien au-dessus de mon âge, et cela bien plus par imprégnation que de manière scolaire.

Qu'est-ce qui me marquait plus particulièrement dans ce que je recevais ? Tout d'abord, comme je l'ai dit, la Rome chrétienne, surtout celle des catacombes et des basiliques paléochrétiennes : outre Saint-Jean-devant-la-Porte-Latine, dont j'ai déjà parlé, Sainte-Marie-Majeure et Sainte-Pudentienne sur la colline de l'Esquilin, Sainte-Marie-in-Cosmedin et Saint-Georges-en-Vélabre au pied de celle de l'Aventin, Saint-Étienne-le-Rond, Saints-Jean-et-Paul et Sainte-Marie-in-Navicella sur celle du Cœlius, Sainte-Marie-Antique, Sainte-Marie-Nouvelle et Saints-Côme-et-Damien au forum, Sainte-Cécile, Sainte-Marie-in-Trastevere et ce petit bijou caché, qu'est Saint-Benoît-in-Piscinula, dans le Trastevere, Saint-Laurent-hors-les-Murs, Sainte-Agnès et Sainte-Constance sur des voies sortant de Rome… Leurs noms résonnent toujours en moi comme un enchantement, et je ne puis passer par la Ville éternelle sans faire un pèlerinage à ces vieilles basiliques qui expriment si bien le visage humblement noble de la Rome de mon cœur, celle du premier millénaire de l'Église indivise. Parmi celles-ci, une de mes préférées était déjà, sur la colline de l'Aventin, l'église de Sainte-Sabine qui, depuis saint Dominique, est le siège du Maître et de la curie généralice de l'ordre des Prêcheurs, dont je devais un jour faire partie. Certaines d'entre elles, comme Sainte-Praxède sur la colline de l'Esquilin, manifestent dans leur architecture et leurs mosaïques une influence byzantine qui m'attirait, comme m'avait captivé à Paris la liturgie grecque de Saint-Julien-le-Pauvre. J'y vois comme un autre signe lointainement avant-coureur de cet appel vers l'Orient chrétien que je devais recevoir plus tard.

L'art baroque reste associé, dans mon souvenir d'enfant émerveillé, aux grandes cérémonies pontificales de Saint-Pierre auxquelles il fournit une nef immense, capable par son harmonie architecturale de rassembler en une vraie communauté liturgique des foules de toute race, langue et nation, préfigurant celles de la Jérusalem céleste. Beaucoup de gens n'aiment pas Saint-Pierre, qu'ils trouvent vide et froid. Ils changeraient d'opinion s'ils le voyaient tout paré à l'intérieur, étincelant de lumières et plein à craquer au cours d'une cérémonie pontificale.

Le baroque me semble exprimer le contraire du « Christ aux bras étroits » du jansénisme, réservé à quelque élus : c'est le Christ aux bras grands ouverts, accueillant au sein de l'Église toute l'humanité en une foule bigarrée, grouillante de vie, où les ombres de la passion et même du péché n'empêchent pas l'ascension, sous la poussée de la grâce, vers la lumière de la gloire représentée sur ses voûtes. C'est le christianisme mis à la portée de tous, ce qu'il y a de plus magnanime dans l'esprit jésuite : un immense désir, grand comme le cœur de Dieu, de gagner au Christ la masse mêlée des hommes. Il exprime au plus haut point cette capacité qu'a la Rome catholique d'intégrer, pour la plus grande gloire de Dieu, en un mouvement vital polyphonique, tout l'humain qu'elle a hérité de l'Antiquité et tout le divin qu'elle a reçu de la Révélation biblique.

Cette perception spirituelle du baroque, je l'ai éprouvée entre autres à un moment sacramentellement important de ma vie chrétienne, le jour de ma confirmation à Saint-Louis-des-Français, en cette église où l'on voit en particulier le magnifique tableau du Caravage sur *L'appel de Lévi ou Matthieu*, que l'abbé Jacqueline nous avait expliqué comme exprimant la puissance de la grâce du Christ qui vient chercher l'homme dans son péché.

Alexandre : Que vous aura apporté de définitif l'expérience de Rome au moment où vous ouvriez les yeux sur la vie ?

Fr. Jean-Miguel : La maternité de l'Église et la conviction que je lui appartiens bien plus profondément qu'à une nation ou à une culture. Si, à dix-neuf ans, j'ai pu quitter l'Espagne pour devenir dominicain en France, c'est à Rome que je le dois. Je n'ai pas quitté une nation pour une autre. J'ai avant tout cherché à me tenir dans le lieu où je pouvais le mieux être libre comme religieux et comme prêtre pour Dieu et pour son Église, ma mère, laquelle transcende toute nation.

Alexandre : À douze ans, s'arracher à Rome ne fut sans doute pas facile.

Fr. Jean-Miguel : Ce fut si difficile et la nostalgie en fut si tenace qu'en arrivant à Madrid nous n'osâmes pas pendant plus d'un an écouter les disques de chansons italiennes que nous avions rapportés de Rome.

Chapitre III

Âpre adolescence madrilène

Philippe : Le passage de Rome à Madrid a-t-il marqué un tournant dans votre vie ?

Fr. Jean-Miguel : Certainement. En quittant Rome, je sortais de l'étape de l'enfance adulte. En arrivant à Madrid, j'entrai dans la puberté et commençai l'adolescence. Par ailleurs, je connus un véritable choc dans ma vie scolaire : à Rome, le lycée Chateaubriand était alors une école de taille modeste (cinq cents élèves) installée dans une villa (le *villino*) entourée d'un jardin riant où s'épanouissait un grand mimosa, et la vie s'y déroulait de manière familiale dans un climat relationnel au fond très italien (*alla buona*). À Madrid, je débarquai soudain pour ma cinquième dans un grand lycée français de deux mille élèves, installé dans un édifice froid et impersonnel comme une caserne. La dureté napoléonienne de l'école publique française y était encore renforcée par l'âpreté du tempérament castillan.

De plus, l'effectif n'y était pas constitué d'abord, comme à Rome, des enfants du personnel diplomatique ou des fonctionnaires internationaux de la FAO (Organisme pour l'alimentation et l'agriculture), mais des enfants de familles espagnoles hostiles au régime franquiste, qui les inscrivaient là pour les soustraire à l'endoctrinement politico-religieux de celui-ci. Seul le Lycée français pouvait se permettre alors à Madrid d'être une école laïque, au sens le plus strict du mot. Pour les parents de ces petits Espagnols, qui composaient la majorité écrasante des élèves, la France, c'était la République laïque par excellence. Le ressentiment et l'agressivité de ces enfants de vaincus de la guerre civile contribuaient à la dureté des relations humaines dans le lycée.

Alexandre : D'avoir à entrer en rapport avec eux ne vous a donc rien apporté ?

Fr. Jean-Miguel : Si, bien sûr ! Ce fut même pour moi une chance extraordinaire. Le croyant que j'étais a dû alors s'ouvrir, avec des adolescents de sa génération, à la tradition intellectuelle de la gauche laïque. Mes parents l'avaient bien connue, ils en avaient apprécié l'indépendance intellectuelle, et n'avaient jamais cessé de garder des liens avec certains de ses représentants : professeurs ou camarades d'université de mon père, qui avait fait en amateur du théâtre universitaire avec García Lorca, membres de la proche famille de ma mère, qui venait d'un milieu d'artistes libres-penseurs. Mais maintenant c'était à mon tour de me trouver personnellement confronté avec des jeunes de mon âge gagnés par le marxisme et par la pensée existentialiste de l'absurde. C'était parfois un affrontement intellectuel assez dur, car ces jeunes ne venaient pas de familles de grands intellectuels libéraux, comme ceux qui nous rendaient visite à Paris ou à Rome, lesquels avaient pu s'expatrier dans des conditions honorables, mais d'« exilés de l'intérieur » qui le plus souvent avaient du mal à subsister dans l'Espagne franquiste autrement que comme d'assez obscurs gagne-petit, et qui en conséquence étaient amers.

J'ai été très tôt plongé dans le bain corrosif de cette pensée désespérée, sans avoir à attendre la première et la terminale. Je considère cela comme une chance, car j'ai pu développer dès lors des anticorps intellectuels et spirituels. Quand j'ai dû affronter, plus tard, la pensée nihiliste qui a triomphé à partir de Mai 1968, j'ai eu l'impression d'être en terrain connu.

Philippe : Le choix de vous laisser à Madrid dans ce lycée français n'apparaissait-il pas comme choquant dans le milieu de l'establishment auquel votre père appartenait comme haut fonctionnaire ?

Fr. Jean-Miguel : En effet, cela manifestait l'indépendance d'esprit que gardaient mes parents, car je n'ai pas le souvenir d'avoir rencontré au lycée un seul enfant d'un collègue de mon père aux Affaires étrangères ou d'autres hauts fonctionnaires. Mais, par une ironie du sort comme on en trouve dans l'œuvre de Balzac, mes modestes camarades d'alors devaient fournir les cadres du nouvel establishment qui allait croître et prospérer à partir de l'arrivée au pouvoir des socialistes en 1981. Les anciens élèves du Lycée français de Madrid ont fourni entre autres quelques ministres de renom à la gauche.

J'ai dû moi-même payer le prix de cette liberté d'esprit que je partageais entièrement. En effet, comme il n'y avait alors aucun accord d'équivalence entre la France et l'Espagne à propos de leurs baccalauréats respectifs, j'ai dû passer chaque année à la session de septembre les examens du cursus secondaire espagnol, où j'étais un an en avance par rapport au cursus français. Pour les mathématiques et le latin, cela ne posait pas de problème, mais tous les étés j'étudiais, comme un élève recalé, la littérature, la géographie et l'histoire de l'Espagne. Mon père ne voulait pas, et je lui donnais raison tout en rechignant, que je me trouve déraciné de ma culture nationale.

Alexandre : Comment avez-vous réagi face au choc idéologique du marxisme et de l'absurde ?

Fr. Jean-Miguel : J'y ai incontestablement laissé des plumes. Cela m'a déstabilisé sinon dans ma foi, du moins dans mon espérance et du coup dans ma vie chrétienne. Je n'ai, en effet, jamais perdu la foi. Elle était déjà profondément enracinée en moi. J'ai été par ailleurs très vite aidé par la bibliothèque de mon père, où j'ai trouvé les œuvres d'écrivains catholiques français du XXe siècle qui m'ont énormément aidé à consolider ma foi. La vision de l'homme proposée par Sartre ou Camus n'a pas tenu intellectuellement à mes yeux quand je l'ai confrontée avec celle d'un Bernanos ou d'un Péguy. Elle m'est apparue indigente parce que au fond mesquine.

Je suis donc resté intellectuellement croyant au point de passer dans mon groupe de camarades comme le chrétien de service. Et pourtant, ma foi n'était plus ce qu'on appelle la foi vive, je n'avais plus de prière personnelle, plus de vie intérieure. Bientôt, progressivement, je n'eus plus de pratique sacramentelle de la confession et par suite non plus de la communion. J'avais perdu l'innocence de mon enfance romaine. Le trouble charnel dont j'étais complice me maintenait dans le péché et je n'avais plus la charité, car je n'aimais plus Dieu par-dessus tout, ni le prochain comme moi-même. Pourtant, j'avais la foi, cette foi que l'on appelle la « foi morte », car elle n'opère plus par la charité. Dans mon cas, la pensée de l'absurde qui régnait chez mes camarades avait détruit l'espoir humain et j'avais confondu celui-ci avec l'espérance théologale. Aussi n'espérais-je plus d'être aimé personnellement par Dieu, puisque je m'en sentais indigne. Pourtant, j'aurais dû m'émerveiller de ce que Celui-ci maintînt dans mon intelligence cette foi morte qui est encore un grand don venant de son amour. Ce don s'avérait même particulièrement persévérant et je crois que de mon côté je n'ai jamais péché contre la foi, contre la lumière comme disait Newman. En effet, l'orgueil intellectuel des penseurs athées me semblait superficiel et puéril par son manque de magnanimité à côté des profondeurs que les auteurs croyants me dévoilaient dans l'homme.

Philippe : Comment expliquez-vous que l'enfant religieux de Rome ait pu se trouver si vite dans une situation si paradoxale pour sa vie chrétienne ?

Fr. Jean-Miguel : Mon cœur s'était progressivement desséché dans le milieu aride et dur du Lycée français de Madrid. À Rome, j'avais eu de grands amis. Or, comme je l'ai dit, l'histoire de ma vie de foi a toujours été très liée à celle de ma vie d'amitié. À Madrid je me suis trouvé dans des classes très nombreuses, où la concurrence entre nous était féroce, ce qui d'ailleurs m'a poussé à devenir un bon élève, parce que la seule manière de surnager, c'était de s'affirmer par la supériorité intellectuelle dans un monde scolaire où la sélection était impitoyable. Mes amitiés ne pouvaient plus être que des amitiés intellectuelles entre bons élèves que tout opposait par ailleurs : rivalité scolaire et divergences de pensée. Dans ce contexte, j'étais frustré dans mon besoin profond de relations mettant en jeu l'intimité de la personne. Il en a été ainsi jusqu'à mon entrée à la faculté de droit de Madrid. Le climat du lycée a comme desséché en moi des racines profondes et il s'en est suivi cette mystérieuse éclipse de Dieu pendant toute mon adolescence, au point que quand, l'année de mes dix-neuf ans, Il entra dans ma vie, je ressentis cela comme une véritable conversion.

Philippe : Que trouviez-vous à ce moment dans l'Église pour faire contrepoids ?

Fr. Jean-Miguel : À part les auteurs chrétiens du XXe siècle dont j'ai parlé, j'avais l'impression de ne trouver pour ainsi dire rien. Les messes dont on ne comprenait goutte et auxquelles les fidèles assistaient en marmonnant le chapelet pendant que loin d'eux les enfants de chœur semblaient faire la course avec le prêtre en débitant à toute allure les prières en latin, les sermons qui ne parlaient que de la longueur des manches et des jupes des femmes, tout cela me paraissait misérable et m'écœurait. Comme j'avais perdu la prière intime, je n'allais plus à la messe que par respect filial pour la foi de mes parents et aussi parce que je n'avais pas d'objection intellectuelle contre la foi, bien au contraire.

Alexandre : Pourtant, l'Église en Espagne ne regorgeait-elle pas alors de fidèles ?

Fr. Jean-Miguel : Oui, mais surtout par pression sociale et par conformisme conventionnel. Peu étaient chrétiens par conviction personnelle, comme la *movida* de la période post-franquiste l'a montré. L'Église s'appuyait tant qu'elle pouvait sur le régime tout en fournissant à celui-ci sa légitimation morale et religieuse. Il n'y avait là vraiment rien d'attrayant et encore moins pour l'adolescent que j'étais alors.

Alexandre : Cela veut-il dire qu'il ne se passait rien en vous d'un point de vue religieux pendant ces années où Dieu se taisait ?

Fr. Jean-Miguel : Je ne pense pas et j'ai même eu après coup un témoignage inattendu, qui m'a surpris par l'étonnante nostalgie de Dieu dont j'étais alors en secret taraudé. Une de mes camarades de classe, une de ces amitiés intellectuelles dont j'ai parlé, a retrouvé par hasard quelque vingt ans après une lettre de moi que je lui avais écrite à dix-sept ans, c'est-à-dire deux ans avant mon retour à Dieu. Cette fille, dont le père avait fait partie des jeunesses anarchistes pendant la guerre civile, était la seule de mes camarades à être, à sa manière, croyante. Elle était même partie un été en Andalousie aider des religieuses qui s'occupaient des pauvres dans un bidonville. Je lui avais adressé cette lettre alors qu'elle faisait ce stage.

En la relisant, j'ai eu la stupéfaction d'y voir que je lui disais envier la chance qu'elle avait de pouvoir se donner à Dieu en aidant ces sœurs auprès des pauvres. J'ai eu sous les yeux l'expression incontestable, même si elle était en creux, d'un désir de Dieu, dont je n'avais pas vraiment conscience alors. C'est comme si je languissais vers ce qui ne m'avait pas encore été donné mais qui me travaillait déjà. Comme souvent dans les conversions, la grâce qui semble survenir comme un météorite a été préparée par Dieu depuis longtemps selon un processus obscur dont la personne n'a pas vraiment conscience. Celui-ci n'est perçu qu'à travers la profonde désolation que laissent toutes les tentatives que l'on fait pour se divertir, au sens pascalien du terme divertissement. Or j'étais effectivement très malheureux, comme c'est d'ailleurs souvent le cas quand on est jeune.

Philippe : Vous n'aviez pas trouvé de l'aide auprès d'un prêtre, par exemple à l'aumônerie du lycée ?

Fr. Jean-Miguel : Autant j'avais rencontré un père en l'abbé Jacqueline, autant les prêtres de Saint-Louis-des-Français, qui desservaient alors l'aumônerie du lycée, m'ont déçu, peut-être par manque de disposition chez le garçon replié sur son adolescence que j'étais alors. Je ne me suis jamais vraiment confié à quelqu'un pendant cette longue période. Ma conversion à dix-neuf ans allait nécessiter un grand pas, un grand acte d'abandon. Pourtant la foi, comme certitude intellectuelle, restait intacte en moi. Mais la désespérance était profonde et entraînait un manque de charité par rapport à Dieu, dont je n'attendais pas, comme je l'ai dit, qu'il puisse m'aimer personnellement et, en conséquence, aussi vis-à-vis du prochain que je ne pouvais pas « aimer comme moi-même » puisque justement je ne m'aimais pas moi-même. J'étais devenu, dans le climat de pugnacité qu'exigeait le lycée, un garçon assez arrogant qui méprisait ceux qui n'étaient pas de notre groupe de bons élèves.

Philippe : Dieu vous préparait sans doute à Le choisir par vous-même

Fr. Jean-Miguel : Oui, il me fallait Le perdre, pour Le retrouver d'une manière plus personnelle. C'est d'ailleurs assez fréquent, et au fond sain, chez des enfants de parents chrétiens. Il arrive un moment où on ne peut plus aller vers Dieu avec la vie de foi de ses parents.

Alexandre : Avez-vous commencé à Madrid des études universitaires ?

Fr. Jean-Miguel : Oui, une première année d'études de droit. Je ne voyais comme avenir professionnel que la carrière diplomatique. C'était alors, plus que maintenant où tout est devenu plus international, presque une fatalité pour un fils de diplomate à la fois déraciné de son pays et avantagé par sa connaissance des langues. Par ailleurs, j'appartenais par mon père à une famille de juristes et l'aîné de ses frères était professeur et grand spécialiste de droit commercial. Le chemin était donc tracé d'avance. Je le suivis sans enthousiasme, ma demande d'aller étudier à l'Institut des sciences politiques de Paris s'étant heurtée à un ferme refus de la part de mon père, qui n'y voyait, non sans raison, qu'un caprice coûteux d'enfant privilégié.

Je ne pouvais pas me douter que cette première année de droit à Madrid devait m'apporter une formation de base sur les fondements du droit et de la société qui s'avérerait précieuse plus tard quand je serais amené comme théologien à entrer dans des débats de science et de philosophie politiques. En effet, la tradition juridique espagnole est classique, beaucoup moins positiviste que la française ou l'allemande. Dans les quatre années de nos études de droit, la première était consacrée aux quatre matières suivantes : droit naturel, droit romain, histoire du droit et droit politique. Le droit naturel allait me faire entrer en philosophie, ce qui me serait précieux plus tard, en me mettant en contact avec la réflexion des philosophes grecs, des jurisconsultes romains et des théologiens scolastiques médiévaux et modernes. Un cours de droit politique précédait celui de droit constitutionnel qui n'était donné qu'en deuxième année. Cela marquait la volonté de ne pas faire découler, à la suite du *Contrat social* de Rousseau, le droit politique inhérent à la société civile d'une quelconque constitution positive. Cela manifestait aussi la difficulté d'aborder trop vite l'ordre constitutionnel du régime franquiste, lequel n'était en fait que l'habillage institutionnel d'une dictature. Mais on devine quelles pistes intellectuelles s'ouvraient ainsi pour plus tard à mon esprit.

Philippe : Comment en ces années découvrez-vous l'Espagne, ce pays qui est le vôtre mais que vous connaissiez à peine en arrivant ?

Fr. Jean-Miguel : Je le connaissais tout de même car, j'y ai fait allusion, tous les étés nous rentrions en Espagne, de Rome comme de Paris, pour y passer le mois de vacances de mon père. Mais c'est en effet au cours de mon adolescence madrilène que j'ai vraiment découvert ma patrie.

À partir de 1956, le régime desserre lentement son emprise et la société civile commence à se réveiller et à s'épanouir. Dictatorial dans le domaine politique, le régime franquiste, qui n'a jamais été vraiment totalitaire sinon dans la phraséologie et le style fascistes de ses premières années, laisse de plus en plus d'espace vital à la société civile. C'est ce tournant technocratique, caractéristique de sa dernière étape, qui permettra, avec l'aide des devises apportées par un tourisme de plus en plus massif, le décollage économique de l'Espagne et, dans sa foulée, la transition vers la démocratie après la mort de Franco en 1975. Entre 1956 et 1962, l'adolescent que j'étais percevait que ce processus était à l'œuvre, aussi étais-je moins pessimiste que mes parents, hantés quant à eux par le souvenir traumatisant de la guerre civile et des deux Espagnes irréconciliables qui, en s'affrontant à mort, avaient écrasé la troisième, modérée et libérale, à laquelle ils appartenaient par l'esprit et par l'éducation.

Pourtant, c'est cette troisième Espagne réconciliatrice qui timidement relevait déjà la tête et, au début de l'année 1962, un des signes précurseurs de ce printemps fut incontestablement la nomination de mon oncle Antonio, frère aîné de mon père, comme ambassadeur à Washington. C'était en effet une nomination politique, car celui-ci n'était pas comme mon père un diplomate de carrière. Avocat d'affaires, il avait eu très jeune une brève expérience politique, en participant au tout début de la République espagnole, puis il avait créé une prestigieuse étude d'avocats. Il avait épousé une Américaine et son cabinet représentait en Espagne depuis la Seconde Guerre mondiale les intérêts des États-Unis. Pendant la guerre civile espagnole, il avait hébergé dans des conditions assez épiques le frère aîné de John Kennedy, que le conflit avait surpris à Madrid en voyage d'études, et il était en conséquence une relation de famille pour celui qui venait de devenir le président des États-Unis. Mon oncle demanda aussitôt à mon père de venir avec lui à Washington comme ministre conseiller pour prendre en main le déroulement ordinaire de l'ambassade, pendant que lui-même s'attellerait à renégocier avec la nouvelle administration américaine le renouvellement des accords entre les États-Unis et l'Espagne, portant sur les bases militaires, qui venaient à échéance.

Chapitre IV

Déroutant Nouveau Monde

Alexandre : Quelles furent vos premières impressions de jeune Européen de dix-huit ans devant l'Amérique de 1962 ?

Fr. Jean-Miguel : Pour l'Européen, la porte de l'Amérique, c'est New York. Surtout à cette époque, où l'on voyageait encore souvent, comme ce fut notre cas, par paquebot. L'arrivée par mer produisait une impression féerique. New York, selon moi, ne montre sa beauté qu'avec du recul, vue de bateau ou d'avion. Une fois à terre, je suis resté complètement insensible à ses rues que les gratte-ciel aux murs écrasants transforment la plupart du temps en puits sombres où le soleil entre à peine. Vue de près, la féerie photogénique m'est vite apparue comme un décor artificiel, cachant à peine le côté monstrueux et même sordide qu'ont toutes les mégapoles, comme j'ai eu l'occasion de le dire pour Paris.

Mais New York ne ressemble qu'à elle-même et, après une première visite de cette ville unique en son genre, j'eus l'impression d'ouvrir vraiment les yeux sur l'Amérique en roulant sur la route qui nous conduisait vers Washington. L'Européen, et encore plus l'Espagnol, qui entrait alors aux États-Unis ne pouvait pas ne pas se sentir perdu et effrayé par le réseau proprement tentaculaire de ses autoroutes, où les panneaux indicateurs ne comportaient que d'énigmatiques numéros sans mention du nom des villes auxquelles conduisaient les directions ainsi désignées. L'Europe d'alors, sauf l'Allemagne avec ses vieilles *Autobahnen* datant du Troisième Reich, ne connaissait pour ainsi dire pas les autoroutes et l'Européen se sentait comme un Lilliputien pris dans l'inextricable réseau autoroutier de la côte ouest des États-Unis.

Par ailleurs, je découvrais pour la première fois, entre New York et Washington, ce paysage insipide pour lequel on a dû créer le néologisme de « rurbain », parce qu'il combine la ville et la campagne avec si peu de grâce que l'on ne se sent ni dans l'une ni dans l'autre. Je découvrais pour la première fois une nation-continent dont le paysage était dépourvu des repères laissés ailleurs par l'Histoire : pas de villages à proprement parler, mais le tissu lâche de cette campagne urbanisée ponctué de temps à autre par des *shopping centers*, centres commerciaux, tous semblables. Je sentais d'emblée, non sans une sorte d'angoisse métaphysique, que j'entrais dans la monotone uniformité du monde américain. Seule originalité architectonique au milieu de toutes les baraques en bois éparpillées dans le paysage : les ponts, immenses prodiges de génie, aux silhouettes variées et toujours splendides. Avec les gratte-ciel des villes, c'est sans doute ce que les États-Unis ont fait de plus beau comme œuvre d'art.

L'arrivée à Washington dans la chaleur tropicale d'une fin de mois d'août ne fut pas moins dépaysante. En traversant le soir les quartiers noirs du District fédéral, je contemplai avec stupeur les gens installés à même la rue sur leurs fauteuils éventrés devant leur téléviseur. Je dis à mon père : « Tu es sûr que nous ne sommes pas en train d'arriver à Léopoldville ? »

Philippe : Comment s'est passée votre installation à Washington ?

Fr. Jean-Miguel : Notre emménagement nous a permis de découvrir une des nombreuses vertus du peuple américain, qui est un des plus attachants qui soit. Je veux parler de l'hospitalité, réflexe spontané chez ces descendants d'immigrés. Le jour où les déménageurs déposèrent notre mobilier et nos effets personnels devant la charmante maison que nous avions louée, nos voisins nous manifestèrent un intérêt réconfortant et nous aidèrent, avec une touchante spontanéité impensable en Europe dans un quartier chic où nous avions comme voisin le sénateur Fullbright, devenu célèbre en Europe par les bourses qui portent son nom.

Je devais personnellement trouver la même attention et la même sollicitude à l'université de Georgetown, où je m'inscrivis en sciences politiques à la Foreign Service School. Celle-ci, sans être encore aussi réputée que maintenant, avait déjà un bon niveau pour une université catholique aux États-Unis. Je me souviendrai toujours, non sans émotion, de la droiture et de la cordialité de mes camarades de Georgetown. Ils avaient l'air de n'avoir pas hérité du péché originel, tant les jeunes Américains semblaient, et étaient sans doute pour une large part, spontanément simples et bons. Leur désarmante bienveillance faisait honte à l'Européen qui se découvrait, à leur contact, vieilli par une malice et par une mesquinerie recuites au long de siècles de haines fratricides.

Philippe : Quelles furent alors vos premières expériences personnelles de la vie sociale diplomatique dans le sillage de vos parents ?

Fr. Jean-Miguel : La vie sociale à Washington avait alors atteint une sorte de zénith à cause de la personnalité éblouissante du président et de sa femme Jacqueline, ainsi que de son frère Bob et du clan Kennedy qui les entourait. Avec eux, les États-Unis affirmaient comme jamais auparavant leur *leadership* sur le monde libre avec tout le dynamisme de leur jeunesse, mais les Kennedy le faisaient en patriciens de la Nouvelle-Angleterre qui connaissaient bien l'Europe et savaient en apprécier la culture et l'expérience historique. Le grand style magnanime de John Kennedy et des siens pour exprimer la conscience de ce *leadership* était donc à l'opposé du manque de culture et de l'arrogance qui devaient tenir lieu de style à une autre présidence. Aussi l'Européen se voyait-il alors courtisé dans la société washingtonienne, où les origines françaises de Jackie Kennedy, jointes à la vieille passion des Américains pour Paris, faisaient régner un engouement particulier pour tout ce qui était français. Je me souviens encore de l'éclat culturel qu'avait revêtu la visite officielle d'André Malraux, alors ministre du général de Gaulle. L'Amérique croyait avoir encore quelque chose à apprendre de la vieille Europe et celle-ci était sous le charme de la jeune vitalité américaine.

Cela étant dit, la vie à Washington était assez ennuyeuse pour nous autres jeunes Européens, qui appartenions presque tous à des familles du corps diplomatique. La vie culturelle y était alors pratiquement nulle : pas de théâtre, d'opéra ni de concert, peu de cinémas et encore moins de salles projetant des films autres que les productions hollywoodiennes les plus « grand public ». Pour se distraire : des *parties* et encore des *parties*. Certaines nous mélangeaient avec les adultes et j'ai pu découvrir à cette occasion une chose étonnante : l'ébriété était courante dans les cocktails de la haute société américaine et une dame emperlée, que l'on avait dû emmener ivre morte au cours d'une soirée, ne se voyait pas déclassée pour autant. La vulgarité de la plupart des membres de la Chambre des représentants et d'une partie des sénateurs sautait péniblement aux yeux.

Cette vie sociale ne nous offrait qu'une seule consolation : les Américains ont toujours dansé merveilleusement et le twist battait son plein ainsi que les rythmes de salsa qu'avait apportés la jeunesse dorée récemment exilée de La Havane castriste. Dans ce contexte de pure mondanité, les premiers émois du cœur des jeunes Européens échoués à Washington ne pouvaient être que superficiels, voire assez délétères. Pour ma part, j'oscillais entre une affection pour une gentille petite Belge, qui se pendait à mon cou à chaque *party*, un jeu de séduction avec une Luxembourgeoise cérébrale, qui, lorsque nous eûmes vu le film *La fille aux yeux d'or*, d'après le roman de Balzac, se mit à s'intéresser plus encore à ma sœur qu'à moi, et une attirance physique pour une ravissante Cubano-Américaine qui me tourna la tête, jusqu'au jour où je fus dégrisé soudain quand elle me proposa d'aller passer un week-end à trois avec elle et un jeune aristocrate centre-européen, séduisant mais équivoque. Tout en nous étourdissant de danse américaine, nous, jeunes Européens, nous nous languissions de notre culture, laquelle s'identifiait encore purement et simplement avec la culture, et nous en entretenions la nostalgie en allant voir, dans l'unique salle « d'art et d'essai » de la capitale, les films de notre continent dont le cinéma était à son zénith en ce début des années 1960.

Alexandre : Et la vie universitaire ?

Fr. Jean-Miguel : Le début des études universitaires était alors aux États-Unis d'un niveau assez médiocre, et l'on me dit que c'est toujours le cas. C'est ensuite que la formation universitaire manifeste là-bas son excellence dans des spécialisations très poussées, mais elle le fait sur la base d'une culture générale plutôt sommaire. Le grand sociologue et critique littéraire Allan Bloom a dénoncé le vice de ce système dans son livre *The Naked Soul* (publié en France sous le titre *L'âme désarmée*[1]), qui a eu un

1. Julliard, 1987.

grand retentissement non seulement aux États-Unis mais aussi en Europe, car l'Europe a, depuis, emboîté le pas à l'Amérique là-dessus comme dans bien d'autres domaines.

Sauf en économie politique, je m'ennuyais donc ferme en cours et bientôt je me mis à sécher purement et simplement tel ou tel d'entre eux pour aller à la bibliothèque lire *Le Monde* ou *The Economist*. Je garde néanmoins le souvenir d'un cours de philosophie qui, bien qu'élémentaire, me fit découvrir un penseur français sans doute plus célèbre alors aux États-Unis qu'en France. Il venait de quitter cette Amérique qu'il avait su comprendre et aimer, où il avait vécu, d'abord à New York durant la guerre, puis pendant une douzaine d'années à l'université de Princeton. C'était Jacques Maritain. Il devait jouer plus tard un grand rôle dans ma vie intellectuelle et spirituelle, mais on m'aurait bien étonné à l'époque si l'on m'avait dit que je le connaîtrais un jour personnellement à Toulouse dans les mois précédant sa mort.

Philippe : Est-ce là ce qui explique que vous ayez interrompu vos études à Georgetown après seulement un semestre de cours ?

Fr. Jean-Miguel : Si mon semestre d'études à Georgetown fut si mauvais, ce n'est pas seulement parce que je m'ennuyais en cours, mais parce que quelque chose en moi s'était détraqué depuis mon arrivée aux États-Unis. J'étais entré dans la crise de sortie de l'adolescence au moment où j'encaissais le choc culturel et psychologique que provoquait en moi l'étrangeté américaine. Je faisais une crise somme toute classique. Elle fut brève et assez cachée ; je la résolus à ma manière, mais enfin j'eus tout de même à la traverser. À la fin janvier, mon père, à la vue de mes mauvaises notes, prit une décision juste et sage en me renvoyant à Madrid faire ma deuxième année de droit. Au plus profond de moi-même, pour les raisons que j'ai données plus haut, je ne regrettai pas de quitter Washington.

Philippe : Diriez-vous que vous tourniez le dos à l'Amérique ?

Fr. Jean-Miguel : C'est plus compliqué que cela. J'étais dérouté, et je garderai toute ma vie à propos des États-Unis ce que l'on désigne en anglais par le terme de *mixed feelings*, des sentiments mélangés et même contrastés. Par exemple à l'université j'avais l'impression que mes camarades étaient incultes et, en même temps, qu'ils en savaient plus que moi sur bien des choses. C'était le cas en particulier de l'économie, qui tient là-bas dans la conversation courante le rôle central que tient la politique dans la société européenne. Ce déphasage me mettait très mal à l'aise et me donnait de lancinantes nostalgies de l'Europe, avec laquelle je ne voulais à aucun prix couper le cordon ombilical.

Mon malaise relevait d'un *estrangement*, d'une étrangeté culturelle au niveau le plus fondamental de la *way of life*, de la manière de vivre américaine, sentiment que je distinguerai toujours soigneusement de tout jugement moral sur les vertus du peuple américain, lesquelles me sautaient déjà aux yeux. Je percevais dans les choses les plus courantes comme une absence de fondement ontologique qui provoquait en moi une angoisse existentielle déstructurante. Tout avait à mes yeux la contingence d'un décor provisoire, qui est là aujourd'hui mais peut cesser d'y être demain. Le monde américain offrait un contraste inquiétant entre d'immenses libertés politiques et économiques exercées par les citoyens, et d'autre part un conformisme conventionnel pesant sur les aspects les plus quotidiens de la vie ordinaire d'une manière qui était pour moi oppressante. Le vide des conversations de chaque jour aux États-Unis, l'uniformité de cette vie régie par des conventions ainsi que l'angoisse écrasante qu'elle peut produire sous son apparence lisse et *clean*, jusqu'à faire basculer périodiquement les plus fragiles dans une violence folle et aveugle, tout cela a été rendu admirablement par le film *Elephant*… Or ce film, d'une implacable lucidité, est un film américain… Étonnant pays !

C'est aux États-Unis que je me suis découvert irrémédiablement européen et décidé à m'affirmer dans mon altérité face à leur culture, mais à le faire au sein d'une indéfectible amitié et admiration sincère envers les Américains comme personnes et comme peuple.

Philippe : Qu'est-ce qui fait d'après vous la ligne de partage entre les deux cultures ?

Fr. Jean-Miguel : À la suite de cette forte expérience de jeunesse, je me le suis souvent demandé. Comme tant d'autres observateurs européens des relations transatlantiques, je veux dire tout d'abord que je considère le partenariat amical entre l'Europe et les États-Unis comme essentiel, à condition qu'il soit *well balanced*, équilibré. Autant le refus de certains, en Europe et en particulier en France, de reconnaître l'actuelle hégémonie des États-Unis comme superpuissance mondiale me semble ridiculement et dangereusement irréaliste, autant cette reconnaissance me semble devoir s'accompagner du côté américain de respect par rapport au trésor de culture et d'expérience historique que porte toujours l'Europe, malgré son déclin économique et militaire. *Plaidoyer pour une Europe décadente*, disait fort justement Raymond Aron. À mon avis, ce qui a détraqué à partir des dernières années du XXe siècle la relation transatlantique c'est, avec le ridicule a priori antiaméricain de certains dirigeants européens, l'arrogance non seulement politique mais plus encore culturelle de certains *think tanks* de la présidence vis-à-vis de l'Europe, désignée avant tout comme une *old Europe* ringarde et antisémite ; arrogance qui reflète, je le crains, celle des nouvelles générations d'Américains à la *naked soul*, c'est-à-dire à l'âme dénudée et à l'esprit inculte. Que, pour la première fois depuis longtemps, un président ait pu être élu alors qu'il n'avait pas de passeport, parce qu'il n'était jamais sorti des États-Unis, manifeste à mes yeux que cette nation-continent sera peut-être désormais gouvernée par des gens qui, comme l'immense majorité des citoyens qui la constituent, ne connaissent que leur pays et ne s'intéressent qu'à lui, et à cet État surnuméraire qu'a l'Union en l'État d'Israël. C'est nouveau et il y a là de quoi inquiéter les Européens.

C'est ici, à mon avis, que se situe la ligne de clivage essentielle entre les cultures européenne et américaine. L'Europe est le continent où sont accumulées dans le plus petit espace le plus de variétés qualitatives. Churchill a dit en 1940 qu'un pays comme la France, qui a inventé plusieurs centaines de fromages, ne saurait être définitivement vaincu. C'était une parole d'Européen, incompréhensible pour l'immense majorité des Américains. L'Europe est composée de beaucoup de petits pays très différents par la langue et la géographie, qui ont été obligés de se frotter très tôt les uns aux autres dans une histoire commune, comme le firent en leur temps les cités grecques. Ils y ont acquis le sens de l'altérité culturelle au sein d'une même humanité. C'est sans doute ce sens de l'autre qui a donné à toutes les nations européennes une curiosité universelle et a lancé, à partir du XVIe siècle, ces petits peuples vers le reste du monde. Si odieux que l'on puisse juger rétrospectivement certains aspects de la colonisation qui a suivi les grandes découvertes, celle-ci s'est toujours accompagnée d'un réel intérêt pour la culture des peuples soumis.

À l'inverse, les États-Unis, comme la Chine ou la Russie, sont une immense nation-continent, un *empire du Milieu* qui connaît à peine le reste du monde et s'en désintéresse, sinon pour le référer à lui. En effet ces trois empires ont grandi par extension homogène de leur territoire et non, comme les nations européennes, par une sortie de soi-même vers l'ailleurs de l'outre-mer. L'accroissement de leur puissance, et non pas leur curiosité d'esprit, les a impliqués, en quelque sorte malgré eux, dans les affaires du monde. Mais, sans les antennes européennes, les États-Unis s'imposent pour ainsi dire en aveugles à des nations et à des cultures par lesquelles, l'Amérique latine mise à part, ils ne se sentent pas vitalement concernés. La tension récente entre le *multilatéralisme* européen et l'*unilatéralisme* nord-américain me semble tirer son origine dans ce clivage fondamental entre les deux cultures, lui-même issu du conditionnement historique qu'elles ont reçu de leurs géographies respectives. Aussi, à l'opposé de la mosaïque européenne, la culture des États-Unis est celle du *melting-pot*, qui s'assimile les altérités ; d'où la toute-puissance chez elle, sous la façade communautariste, de l'uniformité standardisée et du conformisme conventionnel.

Philippe : Est-ce là, d'après-vous, le seul clivage entre l'Europe et les États-Unis ?

Fr. Jean-Miguel : J'en vois un autre qui me semble aussi être lié au précédent. À la différence de presque tous les pays européens, sauf – comme par hasard – l'Angleterre, les États-Unis n'ont jamais connu l'invasion et l'occupation de leur sol par l'étranger, c'est-à-dire par l'autre. Certes, ils ont reçu deux rudes coups dans leur corps national à Pearl Harbor et aux Twin Towers de New York. Mais le premier, bien que militairement humiliant, a été une agression traîtresse dans une lointaine périphérie de l'Union et le second, par son horreur révoltante, relevait plutôt du crime contre l'humanité. Ni l'un ni l'autre ne représentaient une défaite nationale suivie de l'occupation par l'ennemi. Même la guerre du Vietnam, qui a saigné et traumatisé une génération de jeunes Américains, comme elle s'est déroulée loin du sol américain, a fini par ne presque plus laisser de trace dans la mémoire nationale.

Or l'invasion de la patrie, en l'occurrence par les Perses, a été pour la Grèce antique une des expériences fondatrices du sens du tragique. La tragédie commence quand la présence de l'envahisseur chez vous vous fait ressentir son altérité de la manière la plus douloureuse, tout en vous montrant dans la vie quotidienne qu'il est un homme comme vous, que vous ne pouvez donc pas le diaboliser, mais un homme avec qui, en même temps, vous ne pouvez pas fraterniser tant qu'il reste un ennemi. Que l'on pense au *Silence de la mer* de Vercors. Cette découverte du tragique, seul le sud des États-Unis l'a faite, lors de la guerre de Sécession, comme le montre la littérature qui y a plus tard germé ; mais, même là, l'expérience est restée très incomplète, car la différence entre le Nord et le Sud n'était pas totalement nationale puisqu'il s'agissait malgré tout plutôt d'une guerre civile.

L'Europe, où toutes les nations ont fait cette expérience, sait que « l'histoire est tragique », selon le mot célèbre de Raymond Aron, et que l'autre, même ennemi, reste un homme. L'expérience tragique de l'histoire a obligé les nations européennes à finir par s'accepter les unes les autres dans leur altérité. Les États-Unis, qui ne l'ont pas faite, ne dépassent toujours pas une vision *épique*, dans laquelle l'ennemi est perçu de si loin et selon une altérité si radicale qu'il ne peut être que diabolisé pour être vaincu sans conditions et ramené *dead or alive*, mort ou vif. D'où cette vision manichéenne de leurs ennemis, et même de leurs simples opposants, qui caractérise les États-Unis et leur occulte la réalité des autres. Elle y engendre une capacité d'héroïsme qui manque à l'Europe et un sens de l'épopée dont le western constitue le paradigme, mais elle peut dégénérer aussi en une paranoïa qui en est venue à se manifester dans certaines expressions nouvelles comme « axe du mal », « États voyous », « pays à punir »…

Philippe : Sommes-nous donc condamnés eux et nous à un dialogue de sourds ?

Fr. Jean-Miguel : Je crois que culturellement il faut ouvrir les yeux sur le fait que le Nouveau Monde est vraiment un *autre monde*, aussi différent de l'Europe, à sa manière, qu'un des autres continents de la planète. Même si les États-Unis nous dominent culturellement par leur poids économique dans le phénomène de la mondialisation, les opinions publiques européennes sentent obscurément cette altérité et la traduisent, par un réflexe de défense, en un antiaméricanisme primaire qui est très malheureux. Celui-ci empêche de voir entre l'Europe et les États-Unis quelque chose de plus important encore que l'altérité culturelle : le partage d'un patrimoine commun de principes éthiques et politiques hérité du christianisme sous un mode plus ou moins sécularisé. C'est à ce niveau très profond que l'Europe et les États-Unis constituent un tandem qui les distingue très profondément pour le moment du reste du monde. Sur la base de ce partenariat au niveau éthique et politique, leur altérité culturelle devrait tourner à la complémentarité et à la coopération amicale et non, comme on le voit trop souvent aujourd'hui de part et d'autre, à la rivalité. On peut avoir de très bons amis, que l'on aime profondément en raison de l'estime et de l'admiration morale que l'on a pour eux, et qui nous restent néanmoins très différents par la manière d'être.

Personnellement, j'ai toujours eu, aux États-Unis puis en Europe, une vive sympathie pour la plupart des Américains que j'ai pu connaître de près et certains sont devenus des amis très chers, en particulier dans la vie religieuse, des amis avec qui je partage des choses importantes dans l'ordre éthique, intellectuel ou spirituel. Pour autant, je n'aimerais pas partager leur *American way of life* en vivant aux États-Unis et je voudrais encore moins voir l'Europe l'adopter.

Alexandre : Pensez-vous que nous ayons à apprendre d'eux ?

Fr. Jean-Miguel : Oui, et beaucoup dans leur manière d'articuler l'éthique et le politique. La première et la plus grande démocratie du monde moderne nous montre que ce régime est menacé de corruption dès que le débat éthique n'est pas sans cesse présent au cœur de la délibération politique à tous les niveaux de la vie sociale. Ce pays, créé par des anticonformistes qui avaient dû fuir l'Europe de la religion d'État et du principe du *cujus regio ejus religio*, sait que la convention sociale, même démocratique, ne garantit pas contre l'injustice. Aussi respecte-t-il et écoute-t-il la protestation de toute minorité, car il sait que celle-ci peut exprimer ce qui est juste. C'est par là que les Américains, à la suite d'Antigone, s'élèvent dans leur vie sociale jusqu'à un sens tragique de l'existence qu'ils n'ont pas dans leur rapport à l'histoire. Cela a inspiré certains de leurs plus grands films, dans ce septième art où ils ont surtout excellé. Je pense, parmi tant d'autres, à *Ouragan sur le Caine*, à *Douze hommes en colère*, plus récemment au *Temps d'un week-end* (*Scent of a Woman*) ou à *Minority Report*, qui tournent autour ou culminent en un jugement donnant raison à la minorité anticonformiste qui a cherché vraiment ce qui était juste contre une convention majoritaire aveugle ou manipulée par des cyniques.

Les Américains sont extrêmement respectueux des conventions qui pèsent sur leur vie, d'autant plus qu'ils n'ont pas à leur égard la résignation désinvolte voire cynique des Européens. Mais le dévoiement d'une convention ou d'une institution vers l'injustice peut être dénoncé par l'un d'entre eux à tout moment avec des chances d'être écouté ou du moins respecté. De même, ils font un immense crédit à leurs dirigeants, mais si ceux-ci leur mentent, même sur un point de vie privée, ils leur retirent leur confiance. On est loin de la raison d'État et du dicton anglais : « *Right or wrong, my country !* » À côté du courage moral dont ils font périodiquement preuve, on a honte de la servilité désabusée que des siècles de vérité officielle ont versée dans nos âmes d'Européens. Ce courage est d'autant plus nécessaire à la santé de la démocratie américaine que le poids du conformisme et de la sous-information, surtout en matière internationale, est énorme dans cette nation-continent dès que l'on quitte les grandes villes côtières de l'Est et de l'Ouest.

Alexandre : Est-ce pendant ces mois en Amérique que vous avez pris conscience d'être européen ?

Fr. Jean-Miguel : Oui, et par toutes mes fibres ! Je sentais très fort combien les histoires respectives de l'Espagne, de la France, de l'Italie et même de cette Angleterre que j'avais découverte avec fascination dans mon adolescence pendant des séjours linguistiques, ainsi que des autres pays du continent dont je connaissais la culture, étaient inextricablement mêlées, à travers la guerre comme à travers les alliances du sang et de l'esprit, en une aventure commune. En effet, la guerre elle-même est une occasion terriblement contraignante qu'ont eue les nations européennes de se connaître et finalement de se respecter en constatant le courage de l'autre dans le combat, ou sa dignité dans la défaite. Le courage du peuple anglais tenant seul sous le *blitz* en 1940 lui a valu le respect de l'Europe entière. La dignité du peuple allemand dans les années qui ont suivi 1945 a énormément contribué à lui rendre l'estime de cette même Europe, estime qu'il avait perdue par sa complicité active ou passive avec le régime nazi. On peut dire que cela a fait disparaître pratiquement tout sentiment antiallemand dans des pays qui avaient eu à souffrir de la part de ce peuple.

Or nous n'avons pas cette histoire commune de peuple à peuple avec les États-Unis. Certes, beaucoup de *boys* américains ont donné leur vie pour la liberté de l'Europe, surtout dans la Seconde Guerre mondiale et leur armée, une armée de contingent, a combattu sur notre sol européen. Cette fraternité d'armes a scellé une dette de sang ineffaçable de nous à eux, mais le peuple américain n'ayant pas enduré cette guerre chez lui, celle-ci n'a pas amalgamé en une histoire commune les nations des deux continents séparés par l'Atlantique. Paradoxalement, les Anglais sont ceux qui mesurent le mieux la distance culturelle et historique qui demeure entre les États-Unis et eux au sein même de la forte solidarité que crée leur commune appartenance à l'*English speaking world* ; tout comme nous, Espagnols, le percevons par rapport aux pays de l'Amérique hispanique. Graham Greene l'a fait sentir très finement, quoique non sans une certaine perfidie britannique, dans son roman *The Quiet American* (*Un Américain bien tranquille*) qui, par la suite, a été porté à l'écran.

Alexandre : Comment étiez-vous perçu aux États-Unis en tant qu'Espagnol ?

Fr. Jean-Miguel : Tout d'abord il fallait qu'à chaque rencontre je spécifie que j'étais un « *Spanish from Spain* », un Espagnol d'Espagne, si je ne voulais pas être pris pour un Latino. En fait cela n'évoquait presque rien pour la plupart des Américains que je rencontrais. Mes camarades d'université étaient charmants et pleins de prévenances pour moi en tant qu'individu. Mais j'étais pour eux simplement Miguel, un camarade qu'ils aimaient bien ; le pays auquel j'appartenais n'entrait pas en ligne de compte. Les seuls qui firent exception se révélèrent toujours être des juifs. C'est aussi seulement avec des juifs que la conversation cessait d'être cet échange creux de clichés stéréotypés qui caractérise la conversation américaine, et que le film *Elephant* donne à entendre jusqu'au vertige, pour devenir ce qu'en Europe on appelle une conversation.

L'ennui que j'ai ressenti dans la vie quotidienne en Amérique a, comme je l'ai dit, quelque chose d'une angoisse métaphysique. Cela me reste d'autant plus mystérieux que j'éprouve, je le répète, admiration et sympathie spontanée pour les Américains comme personnes et comme peuple. Aussi, en quittant les États-Unis après un semestre, éprouvai-je un indicible soulagement de sortir de l'*American dream*, du rêve américain, et mon vœu le plus secret fut de ne jamais avoir à y retourner, malgré l'estime et l'amitié que mon séjour m'avait inspirées pour les Américains.

Chapitre V

Quand Dieu vient : vocation

Philippe : L'expérience américaine vous a renvoyé vers votre identité d'Européen, mais ne vous a-t-elle pas obligé aussi à approfondir la dimension la plus spirituelle de votre personne ?

Fr. Jean-Miguel : C'est certain ! Le vide métaphysique de la vie américaine a creusé en moi une angoisse existentielle qui m'a rendu vulnérable à Dieu, plus radicalement que je ne l'aurais sans doute été si j'étais resté dans mon train-train madrilène. Washington m'avait emprisonné dans le pur conventionnel ; j'étais en train de le fuir, et je découvrais du même coup que je ne pouvais pas fonder ma vie sur lui. Il m'est apparu alors clairement qu'en me destinant à la carrière diplomatique sans m'être vraiment posé la question : « Que veux-je faire de ma vie ? » je m'apprêtais à m'engager sur des rails qui me conduisaient tout droit vers une existence convenue d'avance. La vie diplomatique, je l'avais vue jusque-là surtout à travers mes parents, mais pour eux, elle n'était pas d'abord du conventionnel, ne fût-ce qu'à cause de la tragédie nationale qui avait pesé sur eux et qui les avait conduits à mettre bien des choses à leur vraie place. Cela, nous, leurs enfants, étions particulièrement à même de le percevoir.

Mais pour moi qui allais l'aborder d'une manière en somme ordinaire, cette vie m'apparaissait désormais comme un suicide de mon être personnel.

Philippe : Le fait que vos parents aient pu mener la vie diplomatique tout en préservant des valeurs spirituelles et intellectuelles ne vous a donc pas incité à essayer de faire de même ?

Fr. Jean-Miguel : À Washington, justement, notre vie de famille, lieu par excellence où ces valeurs pouvaient être exprimées et sauvegardées, a été elle-même marquée par l'*American way of life*, car la pression sociale est très contraignante en Amérique. J'ai eu l'impression que ce n'était plus vraiment la vie de famille, telle que nous l'avions connue jusque-là : elle avait en quelque sorte éclaté, car nous avions chacun des activités divergentes, et cela a contribué à me déstructurer. Dès le matin, ma mère était obligée de courir à des *coffee-parties* avec des groupes de dames américaines, mon père était happé par le travail harassant de l'ambassade, chacun des enfants étudiait et déjeunait de son côté ; le soir, mes parents, ainsi que ma sœur et moi bien souvent, partions dans nos voitures respectives vers les sempiternelles *parties.* Quand nous passions la soirée à la maison, nos seules retrouvailles familiales avaient lieu devant le poste de télévision ; où nous regardions ensemble, le plus souvent, des séries interminables et d'insipides *shows* à paillettes : nous y étions obligés, pour améliorer notre américain encore approximatif.

Alexandre : Quelle était alors votre pratique religieuse personnelle ?

Fr. Jean-Miguel : Le dimanche, nous allions en famille à la messe, souvent à St. Matthew's, la cathédrale de Washington, dont l'architecture froide et les messes pompeuses ne m'aidaient pas à sortir du tourbillon mondain du samedi soir qui s'agitait encore dans ma tête. Je n'avais pas conscience de la crise religieuse qui était latente en moi dès avant mon départ de Madrid et j'essayais de fuir en m'étourdissant de danses et de mondanités l'angoisse existentielle dont j'ai déjà parlé. Je n'y ai pas réagi en me tournant vers une aide spirituelle. Les seuls prêtres que je connaissais étaient les jésuites de l'université et mes camarades américains m'avaient prévenu qu'il ne fallait pas les déranger le soir en allant frapper à la porte de leur chambre, car pour la plupart ils y buvaient du bourbon en suisses. Il ne me restait donc que la fuite en avant dans la griserie mondaine qui anesthésiait l'angoisse et en même temps la creusait plus profondément. Il y avait quelque chose d'inconsciemment suicidaire dans ce comportement et, quand mon père m'a dit qu'il me renvoyait à Madrid, j'ai reçu sa décision comme une délivrance. Quand, de l'avion qui me ramenait, j'ai vu la peau fauve de la terre d'Espagne, des larmes d'émotion me sont montées aux yeux.

Alexandre : Comment s'est passé votre retour à Madrid ?

Fr. Jean-Miguel : D'une manière bien inattendue, car, comme je viens de le dire, je n'avais aucune conscience de couver une crise religieuse. Je logeai temporairement dans l'appartement laissé libre par mon oncle Antonio, l'ambassadeur, à son départ pour Washington. Une femme de ménage passait une fois par jour et préparait un peu de nourriture qu'elle laissait au frigo pour moi. Pendant plus d'une semaine je ne suis pas sorti de l'appartement dont je n'ouvrais même pas les volets. Je vivais avec les six heures du décalage horaire américain et bientôt je ne sus plus qu'à peine s'il faisait jour ou nuit. Je ne reprenais pas les cours de la faculté de droit. Je n'appelais ni parents, ni amis au téléphone en sorte que personne ne savait que j'étais de retour à Madrid. Je n'étais pourtant pas malheureux d'y être revenu, bien au contraire, mais je n'avais plus goût à la vie, comme si les ressorts en moi étaient cassés. Comme le jeune Ignace de Loyola blessé, je cherchais à m'évader dans la lecture et passais mon temps plongé dans des livres de la bibliothèque de mon oncle. Je choisissais ceux qui me paraissaient les plus aptes à m'entraîner dans un monde imaginaire, loin de la réalité que je ne supportais pas. Mais cette fuite ne faisait que m'enfoncer davantage dans ma détresse.

Alors, je sortis par hasard un livre qui s'intitulait *Charles de Foucauld*. Ce nom ne me disait rien, car ma culture religieuse se limitait au catéchisme de l'enfance et à la littérature catholique du XXe siècle. Sur la couverture, il y avait la photo d'un moine en habit blanc, et ce moine me regardait. Quand mon regard croisa le sien, en un instant je compris tout. Il arrive souvent qu'à travers le regard ou la poignée de main d'une personne que je rencontre j'aie, par empathie, comme une perception de son monde intérieur. J'eus donc aussitôt la certitude que cet homme, qui portait une telle paix et une telle douceur dans le regard, avait trouvé ce que moi-même je désespérais de trouver. En même temps, je sus qu'il était habité par le Christ et que c'était Lui qui me regardait à travers ce regard. Alors ma foi devint vive, je connus que j'étais aimé personnellement par le Christ et j'y crus. Comme dit saint Jean : « Nous avons connu l'amour que Dieu a pour nous et nous y avons cru » (1 Jn 4, 16).

Il me fallait découvrir au plus vite la vie de cet homme qui avait trouvé le Christ et me le transmettait. J'appris dans ce livre qu'il avait été un jeune officier incroyant, qu'il avait fui dans la débauche l'angoisse du vide, qu'un jour il avait rencontré Dieu, qu'il était devenu trappiste pour ensuite aller vivre jusqu'à sa mort comme ermite au Sahara au milieu des Touareg. L'existence de celui que l'Église devait proclamer plus tard bienheureux me montrait que le Christ, celui que le frère Charles de Jésus avait adoré dans l'eucharistie et servi dans les pauvres, pouvait suffire à combler le cœur humain et donner sens à la vie. Quand je fermai le livre, une grande paix s'était faite en moi et mon âme avait été rendue capable de percevoir la présence de Quelqu'un qui, sans sortir de l'invisible, était maintenant réellement là, dans l'obscurité de ma chambre. Il ne m'appelait pas, c'était plus radical : il me montrait que je lui appartenais depuis toujours et qu'il venait achever de me révéler ce qu'il avait commencé à me dévoiler, comme une promesse de l'aube, quand j'avais onze ans, lors de ma retraite de confirmation à Rome. C'était comme si se refermait la parenthèse de mon adolescence, où je m'étais cherché tout seul. Mon enfance m'était redonnée comme une grâce qui engageait mon avenir d'adulte. Il n'y avait même pas à choisir, mais simplement à acquiescer librement à un mystère qui correspondait à mon identité la plus personnelle, celle qu'il dévoilait au plus intime de moi. Tout était d'une incroyable simplicité, car il ne demandait que l'acte d'humilité de me laisser aimer par lui. Accepter fut une délivrance et un immense soulagement. Je savais que ma vie lui appartenait désormais et que j'avais enfin trouvé le lieu de mon âme.

Après avoir dormi, je sortis dans la rue, pour la première fois depuis mon arrivée à Madrid, comme on sort d'un tombeau. J'allais paisiblement devant moi, marchant un peu au hasard, et je tombai vite sur une grande chapelle. Je voulais me confesser mais je ne pensais pas trouver de prêtre en une matinée de semaine. J'entrai néanmoins et, à ma grande stupeur, je vis le saint sacrement exposé dans un ostensoir sur le maître-autel. Jésus-eucharistie, que la vie du père de Foucauld m'avait fait découvrir, venait à ma rencontre par cette exposition insolite en matinée. Je tombai à genoux et adorai en silence, puis je cherchai du regard un prêtre sans beaucoup d'espoir en raison de l'heure. Très étonné, j'en vis un qui attendait dans un confessionnal. J'allai vers lui, mais quand je m'agenouillai je fus pris de sanglots si irrépressibles et prolongés qu'il me fut impossible de proférer un seul mot. Le prêtre devina mon état, me dit que ma contrition ne faisait pas de doute et me donna l'absolution en me demandant de revenir le lendemain pour faire mes aveux. Il m'invita à assister à la messe qu'il devait célébrer aussitôt et à y communier. Il me dit que nous étions le 11 février, fête de Notre-Dame de Lourdes, et que cette église lui était consacrée, ce qui expliquait l'exposition du saint sacrement et sa propre présence au confessionnal. Je sus après que ma mère, inquiète en me voyant partir si déstabilisé de Washington, avait commencé une neuvaine pour me confier à la Vierge de Lourdes, neuvaine qui se terminait ce jour-là.

Alexandre : Qu'avez-vous fait ensuite ?

Fr. Jean-Miguel : J'ai téléphoné à mes amis de Madrid pour leur annoncer mon arrivée. Ils improvisèrent pour le soir même une petite surprise-partie, comme nous disions alors. Je leur appris à danser le twist, danse qui arrivait tout juste en Europe. J'étais fou de joie et débordant de jeune vitalité. En me voyant ainsi, mes amis me dirent : « Miguel, tu es amoureux ! » Ils pensaient sans doute à quelque jolie Américaine. Je répondis simplement : « Oui ! »

Philippe : Comment avez-vous prévenu vos parents de ce qui vous était arrivé ?

Fr. Jean-Miguel : Je leur écrivis une longue lettre, qu'ils ont toujours conservée, dans laquelle j'essayais de leur raconter tant bien que mal ce qui s'était passé en moi. Je leur disais de but en blanc que ma vie appartenait désormais à Dieu et que je ne pouvais plus envisager d'autre avenir qu'une entrée en vie religieuse. J'ai su plus tard que cette lettre les remplit de stupeur. Ma mère devina de quoi je parlais et, forte de l'expérience de sa propre conversion à mon âge, elle me donna de sages conseils de vie spirituelle et m'adressa à son propre père spirituel, tout en m'incitant à ne pas délaisser mon devoir d'état, en l'occurrence mes études. La lettre de mon père fut sévère. Il ne me cacha pas qu'il ne croyait guère à cet emballement mystique qui survenait juste après des mois de vie mondaine et dissipée à Washington. Il me sommait de reprendre immédiatement mes études à l'université et de les poursuivre le temps nécessaire à terminer ma licence en droit, sans me laisser distraire d'ici là par ma nouvelle toquade.

Philippe : Quelle fut votre réaction ?

Fr. Jean-Miguel : Je lui répondis qu'étant mineur (la majorité était alors à vingt et un ans et j'en avais dix-huit) je devais faire ce qu'il me disait, mais qu'il savait bien que d'après la doctrine catholique, en matière de vocation, je n'étais pas tenu en conscience de lui obéir. Je reçus à mon tour une réponse pleine de noblesse et d'humilité qui me toucha infiniment. Mon père me disait que, puisque j'affirmais qu'il s'agissait d'une affaire de conscience entre moi et Dieu, il ne se considérait pas en droit d'entraver ma vocation. Il me demandait seulement de finir l'année universitaire en cours et il m'assurait que, si mon essai de vie religieuse devait s'avérer infructueux, je pourrais toujours compter sur l'aide de ma famille.

Alexandre : Comment s'est poursuivie votre année académique ?

Fr. Jean-Miguel : J'ai repris les cours de droit, rattrapé le temps perdu et réussi mes examens de deuxième année. Je priais beaucoup, avec une facilité déconcertante. Je me suis en même temps rapproché d'autres étudiants de mon âge qui étaient de fervents catholiques et j'ai commencé à fréquenter leurs réunions. J'ai découvert une Église qui venait d'entrer en concile œcuménique, une liturgie qui sortait de la pompe creuse et sentimentale du XIXe siècle pour se renouveler par un retour aux sources, j'ai découvert le frère Roger de Taizé, qui passait nous parler d'œcuménisme, le bon pape Jean XXIII, qui allait mourir en juin entouré par l'affection du monde entier et le cardinal Montini, l'archevêque de Milan, qui, espérait-on, lui succéderait, car on le jugeait seul capable de mener à bien le concile.

Philippe : Aviez-vous déjà une idée de l'ordre à la porte duquel vous iriez frapper ?

Fr. Jean-Miguel : Pas de manière sûre, mais mon retour à Dieu s'étant fait à travers le père de Foucauld, je pensais que le Seigneur me voulait parmi les Petits Frères de Jésus, ses disciples. En juillet, je me rendis dans leur noviciat, qui était alors dans un coin désertique de l'Aragon, pour faire un stage d'une quinzaine de jours comme « regardant ». J'y retrouvai le français, qui était la langue commune de cette congrégation. Je fus édifié par la vie si pauvre, si laborieuse, si cachée et si contemplative de ces jeunes hommes, vie de total don de soi. Tout cela m'attirait vers eux, mais il apparut clairement que je n'arriverais pas à supporter physiquement la dureté du travail manuel qui était le leur. Nous épierrions les vignes pendant des heures sous le soleil par quarante degrés à l'ombre et je m'évanouis plusieurs fois. Cela amena le Père Maître à me conseiller de me diriger vers un ordre dont le travail serait plus adapté à mes capacités et il m'orienta vers les dominicains en me donnant l'adresse du couvent du Saulchoir, la maison d'études de la province de France (Paris). Pour les raisons que j'ai déjà dites ici, la perspective d'entrer dans la vie religieuse en France comme « Monsieur Tout-le-monde » me convenait parfaitement.

Philippe : Connaissiez-vous déjà les dominicains ?

Fr. Jean-Miguel : Je n'avais jamais rencontré aucun d'entre eux et ne connaissais pratiquement rien de la personne de saint Dominique. Mais je savais qu'ils combinaient une vie conventuelle comportant une prière chorale et une vie apostolique où l'étude avait une place importante, et je faisais confiance au Père Maître des Petits Frères de Jésus qui les connaissait bien, puisque ceux-ci faisaient leurs études de philosophie et de théologie chez les dominicains de Toulouse. Aussi, profitant de la voiture du père spirituel de ma mère qui passait en France cet été-là, je me rendis début août au couvent d'études du Saulchoir, situé alors à Étiolles (Essonne) sur les bords de la Seine, dans un lieu encore champêtre, car la ville nouvelle d'Évry n'était pas encore construite.

J'arrivai le 4 août qui était alors, avant la réforme post-conciliaire du calendrier liturgique, la fête de saint Dominique. Pour la première fois de ma vie, j'assistai à une messe conventuelle, chantée en grégorien par plus d'une centaine de religieux, la plupart de jeunes frères étudiants. J'eus l'impression de voir le ciel sur la terre, non pas à cause d'une pompe spectaculaire, mais en raison de la noblesse sobre et recueillie des rites et des chants. Après le déjeuner, pris en silence au réfectoire des frères, on me confia à un jeune père qui était en fin d'études. Je lui dis que ce que je voyais de la vie dominicaine m'attirait fort, mais que j'avais très peur que l'étude fasse de moi au bout du compte un théologien desséché. Il faut dire que je venais de lire un roman récemment paru et qui avait fait pas mal de bruit : *L'avocat du diable*, de l'Australien Morris West. Le protagoniste en est un vieux monseigneur de la Curie romaine, complètement racorni, qui commence à vivre quelques mois seulement avant sa mort. Mon interlocuteur sourit, alla chercher un livre qu'il me donna en me demandant de le lire. Il me laissa dans le parc du couvent et me donna rendez-vous pour faire le point le soir après complies.

Je me vois encore dans ce coin du parc : c'était, dans la partie boisée, une délicieuse clairière où se trouvait le cimetière ; les tombes sans dalles n'y étaient identifiables que par de simples croix en bois portant le nom du défunt, plantées à même le gazon. En cet après-midi d'été, dans la chaleur moite du sous-bois, j'admirais le rapport si simple que ces religieux entretenaient avec leurs défunts et donc avec la mort. Je me mis à lire le livre et fus immédiatement comme happé dans un maelström de poésie spirituelle. Ce livre s'intitulait *Le cœur du monde* et il était signé d'un nom que je ne connaissais pas encore : Hans Urs von Balthasar. Quand, le soir, je le rendis au jeune père qui me regardait d'un air goguenard, je lui dis un peu honteux : « Je ne savais pas que la théologie pût être cela ! » Le lendemain, j'écrivis ma lettre de demande au Père Maître du noviciat des dominicains à Lille. À mon grand étonnement, il devait m'admettre, comme un ouvrier de la onzième heure, pour la prochaine année qui allait débuter à la mi-septembre. J'avais eu dix-neuf ans en juin.

Alexandre : Qu'avez-vous fait avant d'entrer au noviciat ?

Fr. Jean-Miguel : Tout d'abord, je rentrai en Espagne rejoindre ma famille qui passait les vacances au bord de la mer dans une propriété en Andalousie. À Paris, je pris le train de Madrid pour un voyage qui durait alors pratiquement un jour et une nuit. Dans mon compartiment, j'eus comme seul compagnon de voyage un jeune Américain de mon âge. C'était le fils de l'ambassadeur des États-Unis à Prague. Il était droit et sympathique comme peut l'être un jeune Américain mais, en plus, il avait vécu à l'étranger, il était donc cultivé et capable de conversation comme un Européen. En outre, il était catholique, et très religieux comme la plupart de ses compatriotes. Mon cœur, dilaté par Dieu et par la décision que je venais de prendre, s'ouvrait de nouveau à l'intensité de l'amitié et j'étais heureux d'offrir les prémices de ce renouveau à ce jeune Américain qui représentait le type de camarade qui m'avait tant manqué à Washington. Nous parlâmes sans arrêt, joyeusement comme on parle à cet âge, de jour et de nuit, dans la chaleur de cet interminable trajet. Puis nous nous quittâmes sur le quai de la gare de Madrid, sans même songer à échanger nos adresses, tant on est sûr quand on est jeune que l'on se retrouvera, puisque l'on a toute la vie devant soi, n'est-ce pas ?

De mes dernières semaines de vacances dans la vie laïque il ne me reste qu'une photo, où l'on me voit lisant un livre. Je reconnais la couverture de celui-ci : c'est *Les grandes amitiés* de Raïssa Maritain.

Chapitre VI

Un noviciat « lune de miel »

Alexandre : Quels camarades de noviciat avez-vous découverts en arrivant au couvent des dominicains de Lille ?

Fr. Jean-Miguel : Une quinzaine de jeunes dont la plupart avaient autour de vingt-quatre ans et sortaient de grandes écoles parisiennes. Avec mes dix-neuf ans j'étais le benjamin et mes deux années de droit me semblaient dérisoires à côté de leurs agrégations de lettres ou de leurs diplômes d'ingénieurs (Polytechnique, Mines, Agro-Paris). Le niveau du recrutement intellectuel des futurs dominicains était alors en moyenne plutôt plus haut qu'il n'est aujourd'hui, surtout dans la province de Paris, qui passait pour la plus intellectuelle des trois provinces dominicaines de France. Les frères novices et étudiants de la province de Toulouse, qui faisaient leur noviciat puis leurs études dans la province de Paris, étaient corrigés, non sans hauteur, à la lecture publique du réfectoire, à propos de leur accent méridional : « Mon frère, en français on ne dit pas *empeureur* mais *empreur* ! » Nous avons su bien après – et nous en fûmes effarés ! – que dans les tests psychologiques, censés écarter d'éventuels malades mentaux ou déséquilibrés inaptes à la vie religieuse, tests que nous avions passés avant d'être admis au noviciat, les dominicains et les jésuites avaient glissé des tests de quotient intellectuel tout aussi éliminatoires pour leurs candidats. Cela révélait un orgueil intellectuel qu'ils allaient bientôt payer très cher.

Une autre caractéristique distinguait certains de mes frères de noviciat. Plus âgés que moi, ils avaient fait la fin de la guerre d'Algérie et je remarquais qu'ils n'en parlaient jamais. L'un d'eux me dit seulement qu'il y était parti en volontaire, comme officier, « pour l'honneur de Dieu ». Cette expression ne laissa pas de me surprendre et même de me gêner. Or, celui qui en usait alors avec une telle conviction serait quelques années plus tard un des ténors de Mai 1968 au couvent du Saulchoir !...

Philippe : Vos camarades de noviciat étaient-ils tous français ?

Fr. Jean-Miguel : Non. En plus de l'Espagnol que j'étais, il y avait deux autres étrangers sur quinze novices. Un Norvégien, converti sur la fin de la vingtaine, et qui nous impressionnait, car il avait jusque-là travaillé aux Nations unies sous les ordres du secrétaire général, lequel était alors Dag Hammarskjöld, son compatriote, mort ensuite, sans doute assassiné, dans un accident d'avion en Afrique. Un prêtre séculier irakien de rite syriaque, qui entrait en vie religieuse chez les Dominicains, nous en imposait beaucoup par sa majesté d'Oriental, jusqu'au jour où il rasa sa barbe et devint le plus gamin d'entre nous. À nous trois je devrais ajouter un frère eurasien de mère indochinoise, qui prit conscience au cours du noviciat de la part d'héritage asiatique qu'il portait, et qui choisit plus tard de vivre comme dominicain en Extrême-Orient. Le milieu dominicain, surtout dans la province de Paris, n'était pas du tout « franco-français », ne serait-ce qu'en raison des couvents que celle-ci avait en Scandinavie et au Proche-Orient. Mais, à des vocations venant de ces régions du monde, s'ajoutaient des étudiants étrangers qui avaient connu l'ordre dominicain pendant leurs études à Paris et d'autres qui étaient venus exprès en France attirés comme moi par le rayonnement des dominicains français, dont certaines grandes figures jouaient alors un rôle très remarqué dans le concile en cours. La France comme telle avait aussi un prestige international sans doute plus grand qu'aujourd'hui.

Philippe : Parmi les novices de votre année il y en avait un qui devait devenir célèbre dans l'Église en France comme compositeur de musique liturgique, n'est-ce pas ?

Fr. Jean-Miguel : Effectivement. Frère André Gouzes, mon aîné d'un an seulement, était certainement le plus facétieux de nous tous. Ce jeune Aveyronnais chaleureux, charmant et charmeur, savait se faire aimer de tous et il allégeait souvent l'ambiance un peu tendue qui se créait autour du frère Albert-Marie Besnard. Celui-ci était un Père Maître de haute stature spirituelle, qui devait nous apporter beaucoup, mais sans doute était-il trop jeune (il n'avait pas quarante ans) pour ne pas manquer, dans l'exercice de sa charge, du naturel qui eût mis ses novices à l'aise. Les dons musicaux de frère André commençaient à se manifester et il composa au cours de cette année un office de complies chanté en français. Nous devions l'essayer pendant le mois d'été que le noviciat passait dans une maison de campagne en Picardie. Las, le moment venu, le Père Maître fut pris de scrupules et nous dit qu'il ne pouvait pas concevoir qu'une prière chorale pût être chantée autrement qu'en latin et en grégorien. Cela se passait en 1964 et la constitution conciliaire sur la liturgie autorisant les langues vernaculaires était en vigueur depuis plus d'un an... Le plus piquant de l'affaire, c'est que les plus ardents supporters des complies françaises de frère André, dont je faisais partie, étions des frères qui quatre ans après passerions comme incroyablement conservateurs aux yeux d'autres qui étaient alors d'accord avec la position de notre Père Maître. Frère André n'en était, lui, qu'aux premiers balbutiements de ce qui deviendrait un jour la *Liturgie chorale du peuple de Dieu*, une des compositions les plus réussies de chant liturgique français dans l'esprit authentique de la réforme conciliaire.

Alexandre : Où se déroulait votre vie ?

Fr. Jean-Miguel : Le noviciat constituait comme un couvent dans le couvent. N'y pénétraient que les novices et le Père Maître. Le bâtiment conventuel était une construction moderne assez réussie et le noviciat en occupait une partie, sur un seul étage, autour d'une petite cour jardin. Un jardin à l'anglaise, assez beau et spacieux, entourait l'ensemble. Nous ne sortions, sauf nécessité, qu'une fois par semaine pour faire en groupe une balade la plupart du temps en pataugeant dans la gadoue des champs de betteraves autour de Lille. Et pourtant Dieu sait que j'ai aimé le Nord, ce pays des Flandres dont le paysage, si plat et dénudé, ouvre l'âme vers le ciel, comme la Castille avec laquelle l'Histoire l'a associé pendant des siècles pour le meilleur et pour le pire ! L'une et l'autre sont des terres de mystiques, car elles vous tournent vers le haut, à l'inverse des pays en cuvette où la végétation vous emprisonne car elle vous cache l'horizon. Son « ciel si bas qu'il fait l'humilité » est irradié, les jours où s'en déchirent les nuages, d'une lumière couleur de miel, celle-là même qui luit dans les tableaux des peintres flamands. Quant aux gens du Nord, directs et chaleureux, je les connus assez pour les trouver très attachants.

Alexandre : Comment se passait votre temps ?

Fr. Jean-Miguel : Notre vie était rythmée par l'office des heures, chantées au chœur avec les frères profès du couvent. La matinée, en cellule, était consacrée à la Bible, que nous devions tous méditer et lire intégralement, de la Genèse à l'Apocalypse, pendant l'année de noviciat. C'est une expérience que font malheureusement très peu de catholiques et qui vous marque profondément. Les repas se prenaient au réfectoire du couvent avec les frères profès. Après celui de midi, nous avions deux heures de travaux manuels, puis un temps passé à lire un auteur spirituel. Puis, avant vêpres, une conférence du Père Maître qui nous initiait à la lecture de la Bible, en particulier des psaumes de l'office choral, à la liturgie, à la vie de saint Dominique et à celle d'autres saints dominicains, et aux constitutions de l'ordre sur lesquelles nous ferions profession temporaire au terme de l'année de noviciat.

Le noviciat représente à la fois une année de retraite, que nous passions la plupart du temps en silence, et de probation de notre vocation. J'en pris soudain conscience quand ma famille m'appela à Noël, de Washington. Ma sœur, très émue, me rappela qu'un an avant, à la même date, nous préparions ensemble les invitations destinées aux jeunes pour le grand bal de la Saint-Sylvestre que donnait traditionnellement l'ambassade d'Espagne. Je me regardai et, me voyant habillé de bure blanche, je compris soudain que j'avais quitté le monde. Le monde dans sa dramatique réalité était néanmoins confié à notre intercession, comme un mot du Père Maître, affiché sur le tableau des annonces, nous le rappela brutalement un matin de novembre : « Le président Kennedy vient d'être assassiné. Prions pour lui et pour le peuple américain. » Mais, comme l'esprit du monde peut se glisser partout, même dans l'attachement esthétique au bel habit blanc et noir des dominicains, nous devions porter pendant le noviciat les plus vieilles et les plus rapiécées des robes de la province, à tel point que parfois on nous arrêtait spontanément dans la rue pour nous faire l'aumône, et je prétendais en riant que parmi les pièces aux divers tons écrus qui raccommodaient mon habit l'une d'elles était certainement une relique, ayant appartenu à une robe du père Lacordaire.

Philippe : Vous avez fait allusion à votre Père Maître en le présentant comme une haute figure spirituelle.

Fr. Jean-Miguel : Le frère Albert-Marie Besnard était en effet un spirituel, très apprécié de son vivant tant pour ses prédications, qui étaient exceptionnelles dans leur contenu et dans leur forme, que par ses livres, qui sont restés pour toute ma génération comme des références en matière de spiritualité contemporaine, même après sa mort prématurée. Nous, ses novices, lui devons de nous avoir fait aimer la Bible, qu'il saisissait comme de l'intérieur, et de nous avoir initiés à l'oraison. Je vois encore la lumière de sa chambre qui restait allumée le soir à l'heure du coucher et son ombre sur le rideau tiré, qui nous le laissait deviner recueilli dans la prière silencieuse. À l'époque où il était mon Père Maître, il nous conduisait dans l'oraison selon une voie carmélitaine renouvelée par sa familiarité avec la Bible et avec la liturgie, voie un peu semblable à celle que suivait au même moment le célèbre trappiste américain Thomas Merton, que nous avions connu aux États-Unis. Après Mai 1968, ébranlé sans doute en voyant ses jeunes frères rejeter la spiritualité, il devait suivre d'ailleurs la même évolution que celui-ci en tentant de couler l'oraison chrétienne dans la méditation zen. Ce cheminement m'apparaît encore aujourd'hui comme une impasse du point de vue de la foi biblique, laquelle appelle une extase d'amour vers un Dieu personnel et non une « enstase » dans l'abîme du soi. Mais cette évolution ultérieure n'enlève rien à l'authenticité de ce qu'il nous donna pendant notre formation, ni à la reconnaissance que je lui en ai gardée. Il a marqué spirituellement les frères des nombreuses promotions de novices de Lille qu'il a initiées à la vie religieuse, puis les étudiants du Saulchoir, dont il fut ensuite le Père Maître.

Philippe : Des membres de votre famille étaient-ils présents à votre prise d'habit ?

Fr. Jean-Miguel : Non, je fus entouré seulement par ceux qui allaient devenir mes frères en religion, et je ne fus pas mécontent de faire tout seul face à Dieu ce pas décisif pour mon âme. En prenant l'habit, je choisis comme nom de religion frère Jean-Miguel : Juan était mon troisième prénom de baptême après Miguel et Antonio. Ainsi francisé, il devait exprimer, en même temps que ma dévotion à saint Jean l'Évangéliste, ma ratification de l'identité hispano-française que m'avait destinée la Providence, à travers les hasards de ma vie familiale et personnelle. Avant de partir moi-même pour Lille, j'avais dit au revoir aux miens qui s'envolaient d'Orly pour Washington. J'eus néanmoins en cours de noviciat, vers Pâques, une visite de mes parents qui, venant du Havre, se rendaient à Rome. Mon père était envoyé à l'ambassade auprès du Saint-Siège comme chargé d'affaires pour préparer l'arrivée de son frère, qui après deux ans à Washington, venait d'y être nommé ambassadeur. L'élection du cardinal Montini, que son inspiration maritanienne ne disposait pas favorablement au régime franquiste, avait incité celui-ci à rééditer avec le nouveau pape Paul VI la manifestation de bonne volonté qui avait réussi avec le président des États-Unis et, pour ce faire, à lui envoyer mon oncle Antonio, dont toute la presse *people* prédisait alors que, veuf depuis longtemps, il allait épouser Jackie, la jeune veuve de Kennedy, avec laquelle on le voyait souvent. Il représentait en Espagne un catholicisme à la fois éclairé et fervent qui ne pouvait que rassurer Paul VI au moment où se profilait à l'horizon entre Rome et Madrid une délicate renégociation du concordat de 1953. Les longues années qu'il passa en poste à Rome à partir de 1964, pendant la période du concile puis de l'immédiat après-concile, lui donnèrent la possibilité d'ouvrir progressivement la hiérarchie espagnole à la nouvelle orientation de l'Église et d'affirmer du même coup son image d'acteur potentiel dans une future transition libérale à la mort de Franco. Mon père prépara et aida le début de sa mission auprès du Saint-Siège pendant quelques mois, puis il fut nommé lui-même à son premier poste d'ambassadeur de carrière, au Guatemala. Au terme de mon noviciat, ma famille put encore assister à ma profession simple (premiers vœux temporaires de trois ans) et me conduire de Lille au grand couvent d'études du Saulchoir avant de s'envoler d'Orly pour l'Amérique centrale.

Alexandre : Suiviez-vous durant votre noviciat le déroulement du concile Vatican II alors en cours ?

Fr. Jean-Miguel : Oui, même si cette session de 1963-1964 fut un temps où la ligne majoritaire du concile se dégagea laborieusement, nous la suivîmes avec enthousiasme car, pour nous autres novices, il était particulièrement exaltant de nous engager dans la vie religieuse lors d'un événement aussi marquant et rare dans l'histoire de l'Église qu'un concile œcuménique. En plus des nouvelles que nous lisions, comme tout le monde, dans la presse catholique, les dominicains de la province de France qui, comme les pères Congar et Chenu, jouaient un rôle important dans le concile faisaient parvenir leurs impressions à leurs frères par des lettres envoyées de Rome ou par des conférences données en interne au cours des intersessions. Très vite, il est apparu que le concile irait nettement plus loin que l'*aggiornamento* de l'Église, prévu par Jean XXIII sans doute comme un simple ravalement de façade. Mais, à cause de l'impression de sclérose que donnait l'Église avant le concile, la volonté de la majorité conciliaire inspirait confiance : il s'agissait en effet de renouveler celle-ci par une réappropriation plus large et plus profonde de sa Tradition, en puisant aux sources bibliques, liturgiques et patristiques, en amont de certains durcissements et rétrécissements de la Contre-Réforme. Personne n'aurait même songé alors à interpréter le concile comme un événement révolutionnaire faisant table rase de la Tradition antérieure.

Néanmoins, on commençait à parler beaucoup à cette occasion et de manière bien floue du dialogue entre l'Église et le monde. Après avoir fait l'expérience en Espagne d'une Église caricaturalement autoritaire, je ne pouvais que me réjouir de la voir prête à dialoguer avant de porter son jugement. Mais je percevais déjà, ici ou là, des signes qui montraient avec quelle facilité on risquait de passer d'un vrai dialogue, qui ne peut exister qu'au sein d'une commune recherche de vérité, à un alignement mimétique des catholiques sur leurs divers interlocuteurs : chrétiens séparés, membres d'autres religions, communistes... En août 1964, parut la première encyclique de Paul VI intitulée *Ecclesiam suam*. Elle portait justement sur les exigences catholiques d'un vrai dialogue et donnait de précieuses directives tout en posant des garde-fous. Nous l'étudiâmes de près avec notre Père Maître pendant le séjour d'été que le noviciat fit dans une maison de campagne près d'Amiens. Je découvris à cette occasion la profonde sagesse du nouveau pape, alors au sommet de sa popularité, et je me dis que je suivrais toujours la voie tracée à l'Église par le successeur de Pierre. Je demandai à mes parents de dire à Paul VI, au cours de l'audience d'adieux à l'occasion de leur départ de Rome, que je remettais ma vie à Dieu par son intermédiaire. Alors, le pape quitta le style protocolaire propre à ce genre d'entretiens et leur répondit d'un ton grave en posant sur eux ce regard si intense qu'il avait parfois : « *Ed io la ricevo* », « Et moi je la reçois ».

Alexandre : Avez-vous été heureux en cette année de noviciat ?

Fr. Jean-Miguel : Immensément heureux. Mes dix-neuf ans me donnaient la souplesse nécessaire pour m'adapter, sans peine sinon sans effort, aux austérités de la vie religieuse et mon âme respirait le grand air de la Parole de Dieu, de la liturgie de l'Église, de l'intimité avec Dieu dans l'oraison, dans le silence et dans la solitude de la cellule, de la communion fraternelle avec des hommes de valeur. Tous ces trésors de la vie chrétienne m'étaient gratuitement offerts, et j'avais une vive conscience de ne pas les avoir mérités. J'avais en outre le plaisir d'être initié à la vie spirituelle, et bientôt à la théologie, en français, au sein de cette culture qui avait formé mon esprit depuis l'enfance. Je recevais donc « dès maintenant le centuple » (Mc 10, 30) promis par le Christ. Les « persécutions » (*ibid.*), ou du moins les tribulations, qui accompagnent ces biens en ce monde ne viendraient que plus tard.

Chapitre VII

Philosophie et amitié

Alexandre : Comment avez-vous ressenti le passage du noviciat de Lille au couvent d'études du Saulchoir ?

Fr. Jean-Miguel : Nous sommes arrivés un soir de fin septembre juste avant les vêpres et nous nous sommes prosternés dans le chœur, selon la coutume dominicaine de la *venia*, pendant qu'on lisait le précepte du père provincial qui nous envoyait dans ce nouveau couvent. Étaient envoyés là les nouveaux profès sortis du noviciat de Lille, autrement dit nous, qui allions être formés à l'étude pendant six ans, mais aussi le père Besnard, jusque-là notre Père Maître des novices, qui devenait le Père Maître des quelque soixante-dix frères étudiants du Saulchoir… Nous voici donc, frais émoulus du noviciat, très intimidés devant cette immense communauté de quelque cent vingt religieux en tête de laquelle nous pouvons voir, parmi nos futurs professeurs, d'imposants maîtres en théologie. Nous sommes aussi assez effrayés par cette grande bâtisse, dans le style froid et sans grâce de la fin des années 1930, d'autant plus inhumaine qu'à cause de la Seconde Guerre mondiale elle n'a jamais été terminée. Le plâtre de ses murs, en particulier, n'a jamais été peint, de sorte qu'on a l'impression de camper dans un chantier sali par les ans. Nos cellules n'ont pas l'eau courante et nous devons nous laver sommairement, à l'aide de brocs d'eau froide. L'eau chaude, dans la salle des douches aux murs rongés par la moisissure, s'arrête parfois d'un seul coup, ce qui nous oblige à nous rincer à l'eau froide, dans la pièce glaciale.

Alexandre : La vie y était donc austère ?

Fr. Jean-Miguel : Incontestablement. En hiver, nous étions très mal chauffés et le froid humide de ce bord de Seine collait à la peau. Dans les cellules qui donnaient au nord, la température intérieure pouvait descendre certains jours jusqu'à quatorze degrés. Les matins d'hiver – des rudes hivers d'alors –, les vitres étaient couvertes à l'intérieur d'une couche de glace, qui fondait ensuite lentement au soleil si on avait la chance d'être du côté sud. Pendant les longues heures d'étude en cellule, la plupart d'entre nous ne pouvions travailler qu'enveloppés dans une couverture. Au milieu de l'après-midi, la seule solution pour ne pas s'endormir à sa table engourdi par le froid était de sortir courir dans le parc pour rentrer ensuite boire un grand bol de thé brûlant et profiter de la réaction pour tenir en cellule jusqu'aux vêpres. La nourriture était très mauvaise, même pour une collectivité, car les ingrédients provenaient souvent de rebuts achetés à prix cassés à l'arrière des halles. À propos de certaines omelettes innommables faites à partir de poudre d'œuf, je prétendais pour rire que nous mangions la fin des surplus laissés quinze ans avant par l'armée américaine après la Libération. Heureusement, nous trouvions toujours sur les tables du réfectoire du gros vin rouge et de la bière de mauvaise qualité, piètres breuvages, mais qui nous apportaient en hiver les calories indispensables. Pour cette raison, nous en buvions abondamment, et je me demandais si nous n'allions pas finir par développer un alcoolisme analogue à celui des clochards.

Quand nous allions à Paris, ce qui avait lieu rarement, nous devions marcher pendant vingt bonnes minutes, souvent dans le froid, pour rejoindre la petite gare du train de banlieue de l'autre côté de la Seine. En effet, le couvent ne comptait que trois ou quatre vieilles 2 CV qui étaient utilisées presque exclusivement par les supérieurs. Quand nous partions en vacances dans une maison qu'une famille amie mettait à notre disposition dans le Morvan, nous faisions souvent de l'auto-stop. Comme nous étions en habit, nous étions vite pris et cela donnait lieu parfois à des rencontres assez étonnantes au cours desquelles le conducteur racontait sa vie de manière très intime, comme dans une confession.

Alexandre : Faisiez-vous du travail manuel ?

Fr. Jean-Miguel : En principe, nous étions là d'abord pour nous former par des études de philosophie et de théologie, mais de fait nous en faisions pas mal. L'entretien de cet énorme couvent, les interminables vaisselles du réfectoire des cent vingt frères, auxquels s'ajoutaient souvent près d'une centaine d'hôtes en retraite de week-end, le service des tables, la reliure des livres de la bibliothèque, et autres tâches qui nous incombaient prenaient une part considérable de notre temps. Pendant une année je fus *réglementaire* : je devais sonner avant chaque office, repas ou activité communautaire, une énorme cloche qui était si lourde que, quand elle s'était ébranlée et qu'il fallait l'arrêter, la corde vous enlevait à trois mètres du sol dans le haut atrium du couvent. Mes mains furent d'abord affreusement écorchées, puis devinrent calleuses. Mais nous assumions sans trop de peine la rudesse de notre vie grâce à la vitalité et à la bonne humeur de la première jeunesse. Tout cela, d'ailleurs, ne nous paraissait pas extraordinaire : en effet, à vingt ans, nos parents avaient connu la guerre, et au Saulchoir même, un bon nombre de frères avaient été soldats en Algérie. Il ne faut pas perdre de vue non plus qu'au sommet des Trente Glorieuses la vie de la plupart des Français n'avait pas encore acquis le confort quelque peu ramollissant qui est le sien aujourd'hui.

Philippe : À quoi pouviez-vous donc vous accrocher humainement dans un cadre de vie aussi ingrat ?

Fr. Jean-Miguel : Au grand parc à l'anglaise qui entourait le couvent et le petit château XVIIIe qui avait appartenu à la marquise de Pompadour. Il comportait même un petit bois. Il y avait aussi les bords de la Seine, et les parties de canotage dans la lourde chaleur des après-midi d'été. Mais surtout, quand venait la belle saison, cette campagne devenait riante comme dans un tableau de l'école de Barbizon. J'ai encore au fond des yeux la clarté presque irréelle qui flottait dans l'air diaphane des beaux jours de printemps, aussi précieux que rares en Île-de-France. J'attendais avec impatience ces premières journées où l'on pouvait laisser les fenêtres ouvertes pour faire entrer l'air tiède et contempler les innombrables nuances de vert dans la végétation du parc. Elles me récompensaient de tant de jours de grisaille dans les brouillards du fleuve, jours sombres où il fallait chercher la lumière bien profond à l'intérieur de soi.

Philippe : Quand vous êtes arrivés avec vos frères de noviciat dans ce grand couvent d'études, êtes-vous restés regroupés entre vous ?

Fr. Jean-Miguel : Non, nous avons été dispersés et mêlés aux autres, dans un *studentat* de soixante-dix jeunes frères. Nous nous sentions donc un peu perdus et comme noyés au milieu de tant d'inconnus. Nous arrivions en première année de philosophie et nous avions au-dessus de nous les frères des six promotions qui nous précédaient, ceux des deux années de philosophie et des quatre années de théologie ; sans compter les frères prêtres : professeurs ou pères s'adonnant au ministère apostolique dans ce couvent. Nous prenions notre place, les derniers par ordre de profession, dans le grand chœur de cent vingt religieux d'une église conventuelle au style d'autant plus ingrat que, dans ce bâtiment inachevé, elle était destinée originellement à n'être qu'une salle de la bibliothèque.

Alexandre : Quel type de rapports humains aviez-vous avec tous ces frères ?

Fr. Jean-Miguel : Fatalement, dans ce contexte, c'étaient des rapports assez impersonnels. Trois semaines après notre arrivée, mon voisin de cellule me reprocha, au cours d'un *chapitre des coulpes*, réunion communautaire où nous accusions nos fautes contre les observances religieuses, de troubler le silence en déposant trop bruyamment mes chaussures en allant au lit le soir. Or ce frère ne m'avait pas encore adressé la parole depuis que j'étais devenu son voisin et son reproche public n'avait été précédé d'aucune forme de correction fraternelle en privé. La règle du silence faisait que nous ne parlions entre nous qu'à la récréation communautaire qui suivait le déjeuner. Comme nous étions très nombreux, il était difficile de lier connaissance avec chacun, d'autant plus qu'il nous était alors formellement interdit d'aller dans les cellules les uns des autres. Cette pauvreté relationnelle, s'ajoutant à la froideur d'un cadre très ingrat, donnait à notre vie quelque chose de formel et de distant.

Un tel contexte poussait ceux qui en étaient les plus capables à se plonger totalement dans les études. Des normaliens en visite au Saulchoir ces années-là disaient nous envier, par comparaison avec leur régime pourtant privilégié de la rue d'Ulm, cette vie où du matin jusqu'au soir tout nous incitait au travail. Cela n'allait pas sans une suffisance intellectuelle, assez pénible entre frères en religion. Je me souviens que lors d'une des premières récréations un frère étudiant, qui était plusieurs années devant de moi, me demanda d'assez haut : « Quelle est ta problématique ? » Je le regardai, médusé, sans bien comprendre ce qu'il voulait me dire et je lui répondis un peu honteux que je n'en avais pas. « Eh bien, il faut t'en trouver une, mon vieux, car ici chacun doit avoir la sienne. » Le cérébralisme et les coteries qui résultaient d'un tel état d'esprit traduisaient en même temps un malaise latent qui devait exploser en mai 1968.

Philippe : Avez-vous néanmoins découvert quelque chose d'important au cours de ces premières années d'études ?

Fr. Jean-Miguel : La philosophie, et ce ne fut pas une petite expérience ! J'avais acquis auparavant une certaine culture générale en histoire de la philosophie, mais je n'avais encore jamais fait l'expérience de penser moi-même de manière philosophique. Quelques semaines après mon arrivée, je me promenais dans les rayons de la bibliothèque des frères étudiants en espérant trouver un livre qui me procurerait la chose la plus difficile qui soit, celle que nos professeurs semblaient incapables de nous donner : l'introduction à la philosophie. Je tombai sur une plaquette dont le titre et le format m'attirèrent : *Qu'est-ce que la philosophie ?* par Martin Heidegger. Le nom de l'auteur m'étant vaguement connu, je pris le livre et le lus aussitôt. Ce fut d'emblée en moi comme un dévoilement : je fis l'expérience de la pensée philosophique en acte.

L'élucidation phénoménologique faisait descendre une lanterne magique dans les profondeurs du monde intérieur de l'imaginaire et de la mémoire, qui soudain apparaissait vivant et riche d'aspects insoupçonnés. L'être était *là*, dans l'espace du vécu de l'homme, et celui-ci en avait la garde dans la poésie de la parole. Dans sa phénoménologie, Husserl élucidait ce qu'un Proust donnait à percevoir,

Heidegger ce qu'un Hölderlin ou un René Char avaient évoqué, Merleau-Ponty ce qu'un Cézanne avait montré. Le monde, tel qu'il se donne à l'homme, ces philosophes me permettaient de l'explorer à l'intérieur de sa plus intime et profonde perception. Leur pensée livrait une matière d'étude passionnante, capable de vous occuper longuement et je devais m'y attarder au risque de m'y enfermer à jamais.

Il faut reconnaître que nos études de philosophie, qui commençaient par la logique, étaient incapables de nous faire entrer en philosophie à partir de l'expérience. La logique n'est, en effet, qu'un art de penser que l'on dégage, par une réflexion *a posteriori,* de l'expérience de la pensée au contact du réel. La richesse de la phénoménologie consistait à nous faire comprendre que la perception que nous donnent nos cinq sens ne fournit à notre intelligence l'information pour ses concepts abstraits qu'en passant par le conditionnement très subtil de notre vécu sensible interne, c'est-à-dire par la signification qu'ont les choses perçues dans notre monde intérieur, où nous les reconnaissons dans les rapports complexes que nous entretenons quotidiennement avec elles avant de les connaître en elles-mêmes par un jugement qui les atteigne dans leur exister propre. La perception humaine n'est jamais pure sensation brute ; elle est toujours déjà reconnaissance de sens par les associations complexes qu'elle acquiert en entrant dans notre monde sensible intérieur : je n'entends pas un son, j'entends l'oiseau qui chante, la voiture qui passe, les enfants qui jouent. Sans compter les réminiscences que chaque perception évoque dans notre mémoire. Et quand je ne reconnais pas la perception, je suis angoissé, car elle se présente alors comme l'étrange et l'inquiétant.

Alexandre : Cette exploration phénoménologique du monde vous semblait-elle correspondre pleinement à votre quête de vérité ?

Fr. Jean-Miguel : Je devais mettre des années à saisir les limites de la pensée phénoménologique, qui n'élucide les choses qu'à travers leur apparaître familier dans le vécu de la perception interne de l'homme, et ne les intellige donc pas métaphysiquement dans ce par quoi elles sont le plus proprement elles-mêmes. Le dévoilement des choses dans le rapport spontané et quotidien que l'homme entretient avec elles n'est pas de soi la vérité de ce qu'elles sont en elles-mêmes. La reconnaissance de leur sens dans leur rapport à nous n'est pas pour autant l'intellection de ce qu'elles sont en elles-mêmes. Leur présence dans l'être-là de notre vécu ne coïncide pas purement et simplement avec ce qu'elles sont par elles-mêmes : elle constitue, certes, un *conditionnement de notre accès* à leur être propre à travers l'expérience sensible – externe mais surtout interne – que nous avons d'elles, mais non ce par quoi elles *déterminent* notre connaissance de ce qu'elles sont en elles-mêmes.

La phénoménologie est donc une extraordinaire exploration élucidant la perception en tant que, loin d'être chez l'homme une pure sensation externe à l'état brut, elle est toujours reçue chez lui comme une *connaissance sensible interne*, c'est-à-dire déjà partiellement « intelligenciée » à travers la *reconnaissance de la signification* des choses par les sens internes (mémoire, imagination) : pour reprendre l'exemple déjà évoqué, je n'entends pas des sons, j'entends chanter l'oiseau, souffler le vent, etc. C'est ainsi que la phénoménologie peut se donner à juste titre comme une herméneutique existentielle, comme une discipline visant à identifier la signification première des choses telles que nous les expérimentons dans notre vécu. En ce sens, elle constitue une extraordinaire élucidation de l'expérience et de la reconnaissance perceptive sous-jacente à tout acte de connaissance des choses en elles-mêmes et, en conséquence, un préambule précieux pour l'entrée en métaphysique. Mais elle n'est que cela. Si on considère qu'elle donne immédiatement accès à la vérité même des choses, on s'enferme dans le conditionnement du vécu en le confondant avec la détermination du réel lui-même et l'on se rend incapable d'un jugement intellectuel ou moral portant sur la réalité du vrai et du faux, du juste et de l'injuste par rapport à l'universalité de l'être, du vrai et du bien pris comme tels. Le drame de la résignation tragique de Heidegger au nazisme, considéré par lui comme une fatalité de l'être-là historique de l'Allemagne à l'âge de la volonté de puissance et de la technique, et quel que pût être le mépris intellectuel que suscitait en lui la grossièreté idéologique de celui-ci, a sa racine dans cette erreur de principe.

Philippe : Qui était le responsable de vos études ?

Fr. Jean-Miguel : Le père Claude Geffré devint, un an après mon arrivée et jusqu'à l'été 1968, notre régent des études et le recteur des deux facultés pontificales de philosophie et de théologie du Saulchoir. À près de quarante ans, il était alors l'étoile montante de la théologie dominicaine en France, ce que ne devait pas démentir la suite de sa carrière universitaire à l'Institut catholique de Paris. Esprit vif et subtil, il se rendait attachant par une vulnérabilité qu'il ne cherchait pas à cacher à ses proches, alors même qu'il restait distant avec les autres et leur semblait froid. Sans en être sans doute très conscient, il suscitait ainsi autour de lui un cercle restreint, ce qui devait lui valoir d'être traité de mandarin lors du déballage de tous les ressentiments dont le « grand soir » de 1968 serait l'occasion. Quand arrivait une nouvelle promotion de frères sortis du noviciat, il les convoquait un par un dans son bureau et il se faisait rapidement une idée de chacun, souvent juste d'ailleurs. Très vite après, un ou deux d'entre eux, dont je fus dans mon noviciat avec Frère André Gouzes, constataient qu'ils étaient les bienvenus dans son bureau, même tard le soir, alors que les autres attendaient parfois des semaines une réponse à leur demande de rendez-vous. Nous aurions de même l'occasion de remarquer, au cours de nos années d'études, que nous gardions pratiquement la même note qu'au début dans tous les examens et les devoirs. Cela grisait vite ceux qui se découvraient si jeunes parmi les *happy few*, mais suscitait chez les autres découragement et amertume.

Quand un très jeune religieux a soudain l'impression à la fois d'être sélectionné intellectuellement et d'être remarqué personnellement par un aîné, et *a fortiori* par un formateur qui a près du double de son âge, cela lui tourne vite la tête. De telles attentions vous donnaient certes des ailes pour travailler, mais en même temps vous empêchaient de constater que ce système de mandarinat dans lequel vous entriez laissait beaucoup d'autres sur le bord du chemin. Il faut néanmoins remarquer qu'en cela nous reproduisions tout simplement le modèle ambiant d'une société française qui pratiquait encore beaucoup – mais beaucoup moins que l'anglaise par exemple – la sélection par cooptation.

Dans ce microcosme, des coteries intellectuelles se formaient souvent sur la base d'affinités électives, voire sur de simples engouements, ce qui n'était pas sain, tant du point de vue de l'objectivité de nos études que de l'authenticité spirituelle de notre formation religieuse. Je pense à l'attraction considérable qu'exerça en ces années dans notre studentat un frère comme Reiner Schürmann, qui devait connaître plus tard, retourné à la vie laïque, une réelle célébrité philosophique, avant de mourir, trop jeune encore, à New York en 1993. Il n'initiait pas seulement à la pensée de Heidegger ; mais aussi au contenu des romans autobiographiques écrits par l'un de nos aînés. Celui-ci publiait sous le pseudonyme de Jean Lorbais, n'ayant pas fait encore paraître sous son vrai nom deux volumes de Mémoires intitulés *Un homme partagé* et *Mémoires parallèles*. Reiner ne se vantait-il pas de reconnaître sa propre aventure dans un de ces livres ? Aucun de nous n'aurait pu deviner alors le tourment de culpabilité pour le passé nazi de son pays que cachait la brillance de cet archange pasolinien, avant de le découvrir dans ses propres Mémoires de jeunesse, parus dès 1976 sous le titre *Les origines*.

Alexandre : Est-ce que beaucoup de ces jeunes religieux arrêtaient leur formation pour retourner dans la vie du monde ?

Fr. Jean-Miguel : Tous les ans quelques-uns partaient, en effet. Face à l'austérité du régime de vie, à l'exigence du niveau des études et à la dureté des rapports personnels, un certain nombre ne tenaient pas le coup. L'un ou l'autre, plus fragile, perdit même son équilibre psychologique. À part la vie spirituelle des offices et des temps d'oraison, nous n'avions pour ainsi dire aucun exutoire. Aucun début d'apostolat n'était alors envisagé avant le diaconat.

Alexandre : N'y avait-il pas en contrepartie une tentation d'orgueil pour ceux qui réussissaient ?

Fr. Jean-Miguel : Oui, on peut aller jusqu'à dire que c'était Le Saulchoir lui-même, comme institution, qui succombait à cette tentation. Je vois encore le père bibliothécaire nous montrant le livre d'or avec la signature des visiteurs illustres et nous lisant avec complaisance, à nous petits frères étudiants, le paraphe laissé par le célèbre philosophe Étienne Gilson : « Le Saulchoir, ce lieu où j'ai rencontré les gens les plus intelligents de ma vie »...

Philippe : Avez-vous senti que vous étiez vous-même en danger et comment avez-vous réagi ?

Fr. Jean-Miguel : Je ne crois pas avoir vu le danger dans mes trois premières années d'études, tellement j'ai été happé par la découverte de la pensée philosophique. C'est peu avant ma profession solennelle que j'ai découvert combien j'avais payé cet enrichissement trop exclusivement intellectuel d'un redoutable dessèchement du cœur et de la vie spirituelle. Il s'en est suivi une crise intime dont je ne suis sorti que par la rencontre d'un vrai ami qui m'a ouvert de nouveau aux autres et à Dieu.

Philippe : Pendant ces trois ans de philosophie, comment avez-vous tenu spirituellement ?

Fr. Jean-Miguel : Je crois que j'ai tenu surtout par la liturgie. Nous chantions encore cinq fois par jour la messe et l'office divin en grégorien. La douceur de ces mélodies agissait comme un baume sur mon cœur, l'apaisant et l'ouvrant à la louange et à la contemplation. Le latin ne nous posait pas de problème car presque tous nous l'avions étudié depuis la classe de sixième.

Je n'abandonnais pas l'oraison, à laquelle était assignée une place dans l'emploi du temps de la journée et que notre Père Maître continuait à nourrir par une conférence mensuelle. Néanmoins, sans doute à cause de mes études abstraites, celle-ci passait par une période de grande aridité. Notre vie religieuse restait très observante, mais elle se desséchait de l'intérieur car, à part la conférence spirituelle et les sermons, jamais nous ne parlions entre nous de ce qui nous rassemblait dans la vie religieuse : le désir de Dieu.

Alexandre : Aviez-vous par ailleurs des échanges portant sur votre travail intellectuel ?

Fr. Jean-Miguel : Oui, on nous avait encouragés à travailler en petits groupes. Celui dont je faisais partie était composé de frères de niveau intellectuel assez différent mais qui s'entendaient bien entre eux. Cela donnait lieu à une entraide fraternelle : nous avons lu ensemble à voix haute les œuvres les plus arides de Kant et de Husserl. L'ambiance était sympathique, mais parmi ces bons camarades je n'ai pas trouvé de vrai ami avec qui partager ce qui me tenait à cœur par-delà l'intérêt intellectuel. Sans doute n'avais-je même pas conscience de ce manque, car l'étude philosophique me captait au point de tendre dangereusement à devenir un substitut de la vie intérieure. La phénoménologie en particulier qui, comme je l'ai dit, me faisait découvrir le monde tel qu'il nous environne de l'intérieur même de sa perception, constituait une expérience humaine très exaltante.

Alexandre : Chez Heidegger, par exemple, le rapport à l'Être, qui donne à l'homme son espace et son sens existentiel, ne risque-t-il pas de remplacer la décision morale et, pour le croyant, la relation de foi ?

Fr. Jean-Miguel : Ce remplacement abusif, que fait Heidegger en particulier comme je l'ai déjà dit, de la métaphysique, de la morale et de la mystique par l'expérience phénoménologique de l'être dans l'élucidation de la perception interne telle que la poésie peut nous la révéler, je ne l'ai identifié que plus tard dans mes études, en arrivant en théologie. C'est seulement alors que j'ai compris combien la Révélation, et la foi théologale qui y répond étaient d'un tout autre ordre que l'épiphanie du sacré dans la perception du monde que met en évidence la phénoménologie.

Philippe : Mais ne vous enseignait-on pas, d'autant plus que vous étiez dominicains, la philosophie thomiste ?

Fr. Jean-Miguel : De ce côté, nous avions plutôt de quoi être écœurés et scandalisés. Les professeurs qui enseignaient encore la philosophie thomiste étaient pour une bonne part des hommes âgés enfermés dans la routine. Je me souviens de ce vieux professeur qui nous faisait, en début d'après-midi et pour la trentième fois de sa vie, un cours de logique aristotélicienne. Nous piquions du nez à tour de rôle, mais le plus drôle – ou le plus triste ! –, c'est que le maître un jour finit par s'endormir lui-même en nous parlant.

Pire encore : les plus capables de ces maîtres s'entredéchiraient publiquement en prétendant dans leurs cours que d'autres philosophes thomistes aussi respectables qu'eux, parfois un de leurs collègues du Saulchoir, n'avaient « rien compris à saint Thomas d'Aquin ». En entendant de pareilles invectives, nous nous faisions la remarque suivante : si ces professeurs tellement plus savants et intelligents que nous déclarent chacun que les autres n'ont rien compris à saint Thomas, c'est que la prétendue philosophie réaliste de celui-ci, en principe accessible à tous à partir du sens commun, n'est qu'une bouteille à l'encre seulement bonne à alimenter sans fin des controverses picrocholines entre scolastiques. Ce que ces professeurs ne nous ont jamais dit, et que je n'ai découvert par moi-même que bien plus tard, c'est que, quand ils disaient qu'un autre « n'avait rien compris à saint Thomas », ce « rien » portait simplement sur une ou deux précisions particulièrement pointues de la pensée du Docteur angélique et que, sur tout le reste, eux-mêmes, cet autre et tous les thomistes étaient d'accord.

Il faut aussi reconnaître que, de notre côté, nous, frères étudiants, péchions par une perception trop superficielle de nos professeurs. Comme cela est fréquent chez les jeunes, nous étions plus sensibles à leur manière d'enseigner qu'au contenu de leurs cours. Ainsi battions-nous froid à un professeur dont la thèse sur l'analogie de l'être chez saint Thomas faisait à juste titre autorité, alors que nous applaudissions avec engouement un autre qui enseignait dans un style plus séduisant une philosophie scolastique plus néo-platonicienne que thomiste.

Philippe : Était-ce la seule approche de saint Thomas qui vous était proposée au Saulchoir ?

Fr. Jean-Miguel : Le père Claude Geffré, notre régent des études, avait une connaissance de saint Thomas étendue et profonde, comme le montrent ses écrits de jeunesse. Sentant les limites du néothomisme du XXe siècle, il essayait d'opérer des ouvertures dans la pensée de saint Thomas à l'aide de la phénoménologie heideggérienne. Mais il enseignait en théologie et se contentait d'encourager les étudiants en philosophie à lire personnellement Husserl, Heidegger et Gadamer, ce que nous ne manquions pas de faire avec avidité. À l'époque, sa pensée se cherchait, et elle n'avait pas encore pris le tournant herméneutique à la suite duquel il devait marquer en France la théologie des années 1970.

Je fus pour ma part très marqué en première année par l'enseignement de quelqu'un qui, bien plus qu'un bon professeur de philosophie, était un authentique philosophe, mais qui, hélas, était sur le point de quitter Le Saulchoir pour l'université de Fribourg, en Suisse : le père Louis-Bertrand Geiger. Il donna en guise d'adieu quelques grandes *Conférences du Collège*[1]. Celles-ci rassemblaient dans la plus vaste salle de cours du couvent tous les frères étudiants et tous les professeurs des deux facultés. Il y traita avec une maîtrise impressionnante du lien intrinsèque qu'il faisait apparaître, chez les plus grands penseurs occidentaux, des présocratiques à Heidegger, entre l'expérience religieuse du sacré et la philosophie première (métaphysique et même post-métaphysique). Même si j'étais encore loin de comprendre tout ce qu'il disait, le fait de voir une telle intelli-

1. Le Collège, dans la terminologie de l'ordre dominicain, désigne le corps professoral d'une maison d'études. Au Saulchoir, il comprenait les enseignants, appelés *lecteurs*, ainsi que les doctorants, appelés *collégiaux*, des deux facultés de philosophie et de théologie.

gence en acte de pensée et de pensée sapientielle me marqua profondément.

Cette capacité de *pâtir* existentiellement de la vérité ultime que peut atteindre la sagesse philosophique faisait défaut à la plupart de nos professeurs. Ceux qui enseignaient correctement le thomisme le faisaient comme on répète une fois de plus une leçon apprise, parfois en s'ennuyant eux-mêmes, sans cette passion philosophique qui dispose l'étudiant à désirer chercher lui aussi jusqu'au bout la vérité. À l'inverse, nos deux plus jeunes professeurs étaient, eux, passionnément mais aveuglément, acquis l'un à Kant, l'autre à Hegel. L'un d'eux était déjà en cure psychanalytique et les deux devaient quitter les ordres avant la fin de mes études. Un de ces départs fut particulièrement traumatisant : en remontant dans nos cellules après une vigile pascale, nous trouvâmes une chambre ouverte et vidée de son contenu. Le professeur avait choisi ce moment où toute la communauté était rassemblée pendant plusieurs heures à l'église conventuelle pour partir avec ses livres à la cloche de bois. Entre leurs cours très décapants et ceux des anciens professeurs, qui enseignaient le thomisme de la manière routinière que je viens de dire, il n'y avait pas de passerelle pour les pauvres étudiants que nous étions.

Alexandre : Étudiiez-vous la philosophie thomiste de Maritain ?

Fr. Jean-Miguel : Au Saulchoir, l'œuvre de Maritain était habituellement regardée avec une ironie condescendante, quand elle n'était pas persiflée. J'ai cru comprendre que le thomisme de Maritain, à connotations contemplatives de type carmélitain, paraissait, dans un contexte aussi cérébral qu'était le nôtre, manquer de rigueur universitaire. Autant on y respectait Étienne Gilson, qui avait présenté saint Thomas à la Sorbonne selon une méthode historique, autant la dimension spirituelle et apostolique de la pensée de Maritain semblait au Saulchoir manquer de fondements « scientifiques ». Comme presque tous mes camarades, je n'ai donc pas ouvert un livre de Maritain pendant les six années que j'ai passées au Saulchoir. C'est d'autant plus frappant que j'aurais été personnellement bien disposé à son égard, ayant lu avec un grand bonheur *Les grandes amitiés* de Raïssa l'été qui avait précédé immédiatement mon entrée en vie dominicaine et son *Journal*, que Jacques venait de publier, pendant mon noviciat.

Philippe : Vous avez dit plus haut que votre vie au Saulchoir a connu un tournant justement par une grande amitié. Comment celle-ci est-elle entrée dans votre vie ?

Fr. Jean-Miguel : Ce fut l'été 1967, qui à la fin des trois années de philosophie précéda ma profession solennelle par laquelle je devais me consacrer à Dieu pour toujours dans la vie religieuse. Je participai à la fin août à une rencontre, subventionnée par l'Office franco-allemand pour la jeunesse. Cette rencontre rassemblait dans notre maison d'été du Morvan une vingtaine de frères dominicains germanophones (allemands, autrichiens et suisses allemands) et francophones (français, belges et suisses romands) qui venaient d'achever leurs études de philosophie. Ce séminaire d'une semaine avait comme thème un aspect de l'œuvre de Heidegger, alors au sommet de sa gloire en France.

Je me vois encore entrant dans la salle commune de cette belle maison de campagne, où flambait un grand feu, car il faisait déjà frais, et rencontrant un grand Autrichien qui m'accueillit dans un français parfait, teinté d'une légère musicalité viennoise. La bonté de son sourire et la douceur malicieuse de son regard me firent comprendre à l'instant, comme en une promesse, tout le bien qui me viendrait par lui. C'était le frère Christoph Schönborn – von Schönborn disaient les frères allemands qui n'étaient pas tenus de se plier à l'interdiction autrichienne de la particule – et Dieu l'a conduit par des chemins qui l'ont amené à être aujourd'hui le cardinal-archevêque de Vienne.

J'ai connu plusieurs fois dans ma vie des rencontres où l'amitié s'est d'emblée imposée de manière réciproque *at first sight*. Celle-ci fut la première depuis l'enfance et nous devînmes amis au cours de cette semaine, au point que Christoph partit de France décidé à demander de quitter l'année suivante le couvent d'études allemand, où il sentait monter un vent annonciateur de grands orages, pour me rejoindre au Saulchoir où, dans ma naïveté, je lui avais promis une vie conventuelle paisible et régulière. Or, quand il arriva, un an plus tard, nous étions en septembre 1968 et le mois de mai précédent avait opéré une révolution copernicienne, ébranlant les bases mêmes de notre vie religieuse !

En moi cette rencontre réveilla des choses très profondes remontant à l'enfance, elle rouvrit une source d'amitié qui m'est connaturelle, mais qui était restée comme scellée pendant mon adolescence. Au Saulchoir, le manque d'amitié avait contribué à me dessécher le cœur et je m'étais laissé prendre par une ambiance d'études trop cérébrales et de coteries confinées. J'allais trouver en Christoph ce « frère de lait » du même âge et de la même promotion, le compagnon des études de théologie et des combats de la foi qui allaient venir. Du coup, je redevins capable de redécouvrir les frères qui nous étaient les plus proches et d'atteindre avec eux à une communion personnelle d'un tout autre ordre que la complicité qui se crée entre étudiants d'une même coterie.

Alexandre : Vous ne vous êtes pas revus pendant l'année qui a précédé son installation au Saulchoir ?

Fr. Jean-Miguel : Il est venu aux vacances de Noël, et nous nous sommes beaucoup écrit. Il est passé une seconde fois début mai, dans les jours qui ont immédiatement précédé l'explosion des événements que l'on sait. Je nous revois nous promenant à travers un Quartier latin on ne peut plus paisible, dans l'air tiède et léger, sous un ciel limpide, et qui allait d'ailleurs le demeurer tout au long de ce mois, qui fut un si « joli mois de mai » parisien.

Philippe : On dirait que vous trouvez la paix en renouant avec votre cœur profond juste au moment où tout autour de vous est sur le point d'être ébranlé dans ses bases.

Fr. Jean-Miguel : C'est exactement cela.

Chapitre VIII

Mai 1968

Philippe : Comment Le Saulchoir est-il passé du concile Vatican II à la crise de mai 1968 ?

Fr. Jean-Miguel : J'ai remarqué, dès les années qui ont précédé l'explosion, qu'un malaise ancien couvait dans ce couvent d'études. Celui-ci touchait d'abord à l'intelligence de la foi. En effet, le renouveau thomiste du XXe siècle avait eu lieu dans le domaine de la philosophie, grâce à des laïcs comme Maritain ou Gilson, plutôt qu'en théologie. C'était étonnant et somme toute anormal, car la pensée de saint Thomas s'est exprimée presque exclusivement dans des œuvres théologiques. Même si le Docteur angélique, pour expliciter la Révélation, a cherché à dégager la métaphysique la plus vraie, et donc la plus adéquate à celle-ci, son propos a été toujours d'ordre théologique et c'est un peu artificiellement que, trois siècles plus tard, des disciples ont extrait de son œuvre théologique une « philosophie thomiste » qu'il n'a jamais conçue pour elle-même. Malgré le renouveau philosophique du thomisme au XXe siècle, la théologie thomiste comme telle en était donc restée, chez la grande majorité de ses représentants, au niveau d'un honnête et solide commentaire scolastique de la *Somme théologique* de saint Thomas.

Le père Chenu, qui était pour Le Saulchoir de mon temps l'ancêtre mythique, bien qu'encore vivant, a essayé de renouveler la théologie thomiste par deux biais. Il a procédé à une étude historique et critique du milieu et de la vie de saint Thomas, ainsi que de l'évolution de sa pensée et de la composition de son œuvre. Il a fait là un travail considérable de pionnier et a ouvert un sillon qui a été prolongé et approfondi ensuite par des disciples mieux outillés. Ce grand labeur l'a amené à prendre en compte de plus en plus le conditionnement historique de la pensée théologique. Cet homme à l'intelligence magnanime et au cœur généreux, avide d'épouser la vie des hommes de son temps, n'a donc pas hésité ensuite à appliquer à notre époque ce qu'on devait appeler plus tard la contextualisation de la théologie. Avec ses disciples du Saulchoir, il a donc été à la pointe de la réflexion théologique sur les expériences apostoliques d'avant-garde, comme celles de l'Action catholique ouvrière (A.C.O.) ou des prêtres-ouvriers. Il a représenté dans le domaine intellectuel le type même du dominicain français qui voulait être un chevau-léger aux marges de l'Église. De son côté, son disciple le père Congar entrait en dialogue, dans le même esprit, avec les frères séparés, orthodoxes et protestants.

Philippe : Comment ce défaut de renouvellement de la synthèse thomiste dans le domaine proprement théologique a-t-il contribué selon vous au malaise que vous avez perçu dans votre couvent d'études ?

Fr. Jean-Miguel : Le père Chenu avait reconnu à la théologie moins une fonction théorétique qu'une mission « prophétique » de déchiffrage des « signes des temps » dans l'histoire, faisant d'elle avant tout une théologie « engagée ». Il a mené cette tâche avec enthousiasme et audace, certainement pour le meilleur, mais sans doute aussi pour le pire. Le meilleur apparaît, par exemple, dans le fait que, grâce à son courage intellectuel, Le Saulchoir a été sous l'Occupation, à la différence d'autres communautés religieuses et à l'encontre de tout un thomisme maurrassien, un lieu de résistance spirituelle qui a refusé le conformisme maréchaliste si répandu alors dans l'Église de France. Mais, en voulant à tout prix coller à l'événement historique et à « l'esprit du temps », une telle théologie risquait, tout en se réclamant de ce que saint Thomas avait fait au XIIIe siècle avec le monde qui l'entourait, de se contenter de « surfer sur la vague » de la mentalité contemporaine, sans renouveler en profondeur ses fondements théoriques thomistes.

Or, à ce moment-là, les jésuites de « l'école de Fourvière » à Lyon, autour du père de Lubac, faisaient un effort beaucoup plus radical et systématique pour refonder la théologie, non plus sur la synthèse thomiste et la méthode scolastique, mais sur un retour aux sources bibliques, patristiques et liturgiques dont ils montraient que saint Thomas lui-même avait eu une connaissance trop limitée. Malheureusement, leur théologie positive était en opposition dialectique à la scolastique (plus celle de Suarez d'ailleurs que proprement celle de saint Thomas), de sorte qu'ils publièrent d'abord dans la collection « Sources chrétiennes » les œuvres spirituelles des Pères en différant la publication de leurs traités dogmatiques. Par conséquent, on ne put constater l'homogénéité doctrinale des Pères avec la synthèse de saint Thomas. Les dominicains, même si certains d'entre eux participèrent à l'étude de ces sources, ne surent pas alors assumer en sagesse, dans la synthèse thomasienne de la foi et de la raison métaphysique, les apports qui venaient de ces sources mieux connues de la Révélation, et qui s'avéraient précieux pour une meilleure prise en compte du donné révélé dans l'intelligence de la foi. Ils se bornèrent soit à suivre, soit à s'opposer. Au Saulchoir, ils furent plutôt à la remorque de cette « nouvelle théologie » ; à Saint-Maximin, le couvent d'études de Toulouse, ils engagèrent avec elle un « dialogue théologique » essentiellement défensif, qui ressemblait plutôt à un dialogue de sourds, pour protéger la méthode scolastique.

Quant à la pensée théologique du père Chenu, le danger qu'elle comportait s'était manifesté dans une phrase malheureuse mais significative de son livre *Le Saulchoir, une école de théologie*, paru immédiatement avant la guerre, où il disait que le dogme est la cristallisation de la spiritualité d'une époque. Cet historicisme ne distinguait pas le rôle simplement *dispositif* du contexte historique dans le développement dogmatique par rapport au rôle proprement *déterminant* des vérités contenues dans la Révélation et que les dogmes ne font qu'expliciter. Le Saint-Office y vit le signe d'une dérive moderniste, mit l'ouvrage à l'*Index* des livres interdits en 1942 et envoya de Rome un visiteur apostolique au Saulchoir. Celui-ci déposa le père Chenu comme régent des études et comme recteur des facultés, puis le nomma dans un couvent parisien. Une mise à l'écart analogue devait atteindre en 1954 les deux principaux disciples du père Chenu, le père Congar et le père Féret, en pleine crise des prêtres-ouvriers.

À cause de tous ces événements, Le Saulchoir, que je découvrais mieux d'année en année, m'apparaissait blessé par les mesures disciplinaires romaines et en proie à un sourd malaise, car il s'était senti systématiquement suspecté dans la dernière partie du pontificat de Pie XII, marqué par un autoritarisme qui allait jusqu'à exercer une certaine « police de la pensée ». À mon arrivée, le concile était en cours mais, au début surtout, on ne pouvait pas se douter qu'il allait marquer un tel changement de cap par rapport à la fin du pontificat précédent. Les premières années, je pouvais encore admirer le bel équilibre entre l'ancien et le nouveau, *nova et vetera*, qui doit caractériser, dans la Tradition vivante de l'Église catholique, l'authentique développement des doctrines et des pratiques. Par exemple, Le Saulchoir avait été désigné par Rome, avec le monastère catalan des bénédictins de

Montserrat, pour expérimenter la réintroduction dans l'Église catholique du rite antique de la concélébration eucharistique.

Néanmoins je commençai assez vite à sentir qu'au Saulchoir l'ancien n'intégrait pas le nouveau et que le nouveau n'assumait pas l'ancien : d'un côté des professeurs, pour la plupart âgés, ressassaient sans grande conviction un thomisme assez routinier, tandis que de l'autre la plupart de leurs jeunes collègues n'hésitaient pas à nous enseigner les maîtres du soupçon idéologique : Marx, Nietzsche et Freud.

Alexandre : L'étude de ces maîtres du soupçon a-t-elle à elle seule déstabilisé les frères étudiants du Saulchoir ?

Fr. Jean-Miguel : Cette étude conduisit ma génération, comme la majorité des étudiants français d'alors, à se laisser séduire par les grands sophistes du structuralisme qui se réclamaient d'eux, mais dont nous savons aujourd'hui qu'ils étaient aussi des pervers ou des fous, ou les deux à la fois : Michel Foucault, dont on connaît maintenant la vie souterraine sadomasochiste, Jacques Lacan, qui battait ses patients et leur demandait cinq cents francs pour des séances de cinq ou dix minutes, Louis Althusser qui a étranglé sa femme, etc. Leur nihilisme théorique et pratique avait aussi une source française chez des penseurs de la génération antérieure, aussi confidentiels alors que sulfureux, tels que Maurice Blanchot, Georges Bataille ou Pierre Klossowski, qu'on a qualifiés de mystiques inversés, personnages pervers et même assez démoniaques. Tous ces sous-produits « post-modernes » de la descendance du marquis de Sade étaient exhumés et exhibés dans la revue littéraire *Tel quel*, alors très en vogue dans l'intelligentsia parisienne. Celle-ci était dirigée par Philippe Sollers, qui avait débuté comme « romancier catholique » dans le sillage de François Mauriac en tant qu'héritier présomptif de celui-ci.

Soumis à un tel décapage idéologique, bon nombre des frères étudiants du Saulchoir commençaient à voir leurs certitudes de foi bien ébranlées. Le nihilisme comptait d'ailleurs quelques représentants parmi certains maîtres et étudiants de la maison. Notre professeur de théologie morale, converti à la psychanalyse, qui devait par la suite quitter les ordres après avoir été interdit de prédication et d'enseignement, nous avoua qu'il n'était plus capable de nous faire que quelques heures de cours sur… la masturbation. Je n'ai étudié la partie morale de la *Somme théologique* de saint Thomas d'Aquin que bien après et par mes propres moyens, alors que j'étais devenu entre-temps… docteur en théologie ! Une telle chose semble aujourd'hui proprement incroyable, mais il en était bien ainsi, et cela illustre la cause la plus profonde du malaise qui régnait alors au Saulchoir.

Alexandre : Cette perte des points de repère moraux n'est-elle pas un phénomène caractéristique de ces années 1960 ?

Fr. Jean-Miguel : En effet, mais il faut souligner que le poisson pourrissait par la tête. Par exemple, un professeur de la rue d'Ulm pouvait alors publier dans une revue d'étudiants sa correspondance avec deux de ses élèves, un garçon et une fille – à la fois amants entre eux et ses amants à lui – que son nihilisme théorique et pratique avait conduits au suicide, sans que cela fasse réagir personne dans ce milieu intellectuel particulièrement sélect. Mais le mal s'étendait rapidement de la tête vers tout le corps de la société. Le film *Théorème* de Pier Paolo Pasolini en fournit un exemple éclatant. Ce film, qui racontait comment un jeune homme « angélique » « libérait » tous les membres d'une famille bourgeoise (père, mère, fils, fille et bonne) en couchant successivement avec chacun d'entre eux, reçut le grand prix du cinéma catholique, alors qu'il illustrait explicitement une « mystique » perverse : la pseudo-mystique de la sainteté du péché. Autre exemple, moins ostensiblement sulfureux mais peut-être par là même plus pernicieux, de la banalisation de ce climat délétère, le film *Le souffle au cœur* réalisé ces années-là par Louis Malle (metteur en scène capable d'une tout autre inspiration, comme il l'a prouvé plus tard dans le si délicat *Au revoir, les enfants !*). C'est l'histoire d'un adolescent qui doit faire une cure de repos accompagné de sa mère ; le huis clos et le marivaudage les conduisent, de fil en aiguille et sans aucune tragédie, à consommer l'inceste. Le film n'était d'ailleurs pas obscène dans ce qu'il donnait à voir, mais il suggérait très clairement ce qu'il voulait dire, ce qui était sans doute plus grave car on est davantage complices des images intérieures. Or, il ne souleva aucun scandale quand il fut projeté devant le grand public auquel il était destiné.

Alexandre : Selon vous, comment cette dérive s'est-elle produite ?.

Fr. Jean-Miguel : Je situerais le commencement de la perte des repères de la morale commune dans les débuts des années 1960. Cela a coïncidé avec la généralisation de la télévision en France. À travers l'écran introduit dans chaque foyer, les mœurs des gens du spectacle se sont trouvées proposées à tout le monde. C'était déjà le cas quand on allait au cinéma, mais alors on sortait de chez soi pour aller voir ce que l'on savait être un spectacle, c'est-à-dire une fiction. Or la télévision où, à l'écran, reportages et téléfilms se succèdent voire se mélangent, tout en s'introduisant dans le cadre de la vie familiale, a vite effacé dans l'esprit du public les frontières entre le réel et la fiction, au point que les mœurs des acteurs, de particulières qu'elles étaient jusque-là par rapport à la morale commune, sont devenues exemplaires pour une majorité de gens. On s'est mis à vouloir vivre dans sa vie réelle comme dans les films et comme dans la vie des stars, c'est-à-dire en « réalisant ses fantasmes ». D'où le comportement régressivement adolescent d'une génération qui n'a pas voulu sortir du rêve immature du plaisir immédiat et qui, en conséquence, a vite refusé par principe les interdits par lesquels le réel nous rappelle sa loi. D'où aussi l'effondrement du niveau culturel qui s'en est suivi, puisque Freud n'a pas tort de dire que la culture se développe à travers le délai imposé à la jouissance. C'est le cas en premier de l'éducation sentimentale, rendue impossible par le passage très précoce à l'acte sexuel.

Philippe : Étiez-vous alors conscient de cette évolution des mentalités ?

Fr. Jean-Miguel : Malgré notre vie en couvent de formation à trente-cinq kilomètres de Paris, je crois pouvoir dire que je l'étais assez. Notre vocation dominicaine faisait de nous des frères prêcheurs, ce qui implique que nous devions savoir communiquer de bien des manières. En arrivant au Saulchoir je trouvai donc la télévision au couvent. On nous encourageait à voir certaines émissions pour connaître la culture dans laquelle nous aurions à transmettre la Parole de Dieu. Quelques dominicains étaient déjà chargés à Paris du « Jour du Seigneur », c'est-à-dire des émissions catholiques diffusées par la télévision le dimanche matin. La prédication au sens large utilisant tous les moyens de communication, nous étions invités à acquérir une culture de l'image et des *mass media*. C'était là un défi de notre temps qu'il nous fallait absolument relever et nous le fîmes, en effet, pour le cinéma : chaque année, une semaine fut consacrée à voir tous les films d'un grand metteur en scène précédés d'excellentes présentations et suivis d'échanges de qualité, parfois avec le réalisateur lui-même.

Il n'est pas sûr en revanche que, vis-à-vis de la télévision, nous ayons eu les moyens de discernement. Il serait plus juste de dire que nous nous sommes mis à sa remorque, en absorbant ce qu'elle véhicule insidieusement. Cela passait inconsciemment en nous, sous les apparences les plus innocentes. Par exemple, l'esprit de Mai 1968 fut déjà diffusé avant même les événements, entre autres par les sketchs des *Shadoks*, aussi charmants qu'amusants, que nous regardions chaque soir dans les minutes qui précédaient le journal télévisé. Les Shadoks étaient des bestioles bêtes et méchantes qui n'arrêtaient pas de travailler, tandis que les gentils Gibis, eux, s'amusaient et faisaient la fête en jouant de la guitare. Les premiers, dont le travail consistait à pomper du vide avec acharnement, représentaient la « société de consommation » aliénant les hommes dans un « métro-boulot-dodo » sans finalité ; tandis que les seconds symbolisaient ceux qui, comme les hippies, contestaient ce non-sens au nom du plaisir immédiat.

Le Saulchoir, même sous ses grandes allures conventuelles, ne pouvait pas être à l'abri du glissement tectonique qui s'accomplissait silencieusement et qui préparait un séisme moral et culturel de grande magnitude. Je me souviens d'avoir emporté avec moi dans l'avion, en allant voir mes parents au Guatemala l'été 1966, *Les mots et les choses* de Michel Foucault, qui venait de sortir en librairie. Ébloui par la maestria sophistique de l'auteur, en particulier dans son commentaire du tableau des *Ménines* de Vélasquez censé représenter l'avènement de la subjectivité moderne, je ne discernai pas tout de suite la malignité de sa pensée délétère sur la « mort de l'homme » comme sujet moralement responsable.

Alexandre : Vos professeurs ne vous aidaient donc pas à poser ces discernements ?

Fr. Jean-Miguel : Les vieux professeurs thomistes n'étaient pas au fait de ce qui se passait. Notre régent des études et notre Père Maître des étudiants, quoiqu'ils fussent des hommes charpentés, avaient à peine quarante ans et ils étaient eux-mêmes déjà bien imprégnés par l'esprit du temps : ils commençaient à incliner respectivement vers le primat du contexte en théologie et vers la spiritualité zen. Quant aux professeurs les plus jeunes, ils étaient aspirés pour la plupart par les idéologies culturellement dominantes : marxisme et freudisme réinterprétés à la lumière d'un structuralisme plus ou moins nihiliste. Un bon nombre devait quitter les ordres dans les années qui suivirent immédiatement Mai 1968.

Moi-même, avec les frères étudiants qui voulaient échapper à l'emprise de ces idéologies dominantes, nous étions repliés comme d'instinct dans la pensée phénoménologique, dont la neutralité, y compris vis-à-vis du religieux, nous semblait à juste titre de bien meilleur aloi intellectuel.

Philippe : Et au milieu de cette révolution culturelle, que devenait votre vie spirituelle ?

Fr. Jean-Miguel : Ce qui est très curieux c'est qu'au couvent du Saulchoir, même en plein milieu de Mai 1968, le rythme des offices s'est maintenu imperturbablement. Je m'en étonnais, tout en me disant qu'il en avait été de même dans les premières années de la Révolution française. Les États généraux s'étaient ouverts par une grande procession du Saint-Sacrement et la fête de la Fédération avait culminé par une grande messe pontificale au Champ-de-Mars célébrée par Talleyrand, officiant encore en tant qu'évêque. Celui-ci aurait dit à ses acolytes au moment d'encenser le peuple : « Ne me faites pas rire ! » Au début d'une période révolutionnaire, toutes les structures apparentes de l'ancien ordre sont maintenues, mais en même temps les principes mêmes qui les soutenaient sont impitoyablement contestés, jusqu'à ce que les institutions s'effondrent soudain à leur tour comme un château de cartes. Mai 1968 se préparait donc par la sape des fondements, mais on ne pouvait pas le voir si on regardait les murs centenaires des institutions ecclésiastiques encore debout. Sûrs de la solidité de celles-ci, nous folâtrions tous plus ou moins, dans une heureuse insouciance, avec des idées dont un bon nombre n'étaient pas des pétards mais de la dynamite. Nous étions dans cet état que Bernardo Bertolucci a décrit en 1966 dans son film *Prima della Rivoluzione*, sans doute analogue à celui de la dauphine Marie-Antoinette faisant jouer à Trianon *Le mariage de Figaro* interdit par Louis XV.

Philippe : Vous n'aviez donc pas conscience de la portée révolutionnaire de ces idées ?

Fr. Jean-Miguel : Ce qui s'est passé en mai 1968 n'a pas constitué, comme tout le monde l'a souhaité ou redouté sur le moment, une révolution politique, mais une révolution culturelle autrement profonde et lourde de conséquences dans les mœurs. On en avait néanmoins une certaine conscience, puisque bon nombre des slogans et des symboles étaient explicitement empruntés à la révolution culturelle maoïste, alors en cours en Chine. Même si en France et plus généralement en Occident cette révolution culturelle n'a rien eu de la sanglante terreur maoïste, elle n'en a pas moins représenté un séisme social de grande ampleur. J'ai compris cela au moment même grâce au roman de Dostoïevski que je lisais en ce mois de mai : *Les possédés*, ou *Les démons*, selon les traductions. Ce livre raconte une révolte d'étudiants sans vraies conséquences politiques, comme ce fut le cas en mai 1968 ; mais ces possédés mettent en œuvre des forces de néant qui sapent l'ordre antérieur à sa base, de telle sorte que ses jours sont désormais comptés. Dostoïevski, qui avait personnellement connu les groupes nihilistes de la fin du XIXe siècle en Russie, a eu à travers eux la vision prémonitoire de la manière dont l'idéologie bolchevique rendrait bientôt caducs, non seulement l'Ancien Régime tsariste, mais les fondements mêmes de la société civile. De manière analogue, le mouvement révolutionnaire qui explosa en mai 1968 disqualifiait des *invisibilia*, ces principes invisibles qui sont à la base de l'autorité et de la transmission de la culture dans la famille et dans l'éducation.

Alexandre : N'y a-t-il eu dans ce mouvement que cet aspect de contestation destructrice ?

Fr. Jean-Miguel : Certainement pas. Un certain état de choses devait changer et, pour une part, il a changé en bien. La société française était bloquée par une hiérarchisation sélective très excessive. Pour ma part, je ne saurais regretter la simplicité de style qu'ont prise et par la suite nos rapports fraternels dans la vie religieuse, même avec nos aînés ou nos supérieurs. Mais fallait-il le payer par une révolution qui, en prétendant faire table rase du passé, a cassé la transmission vitale de la mémoire et de la culture entre les générations ?

Philippe : En mai 1968, qu'est-ce qui vous est d'emblée apparu comme révolutionnaire dans ce processus si singulier ?

Fr. Jean-Miguel : Tout d'abord la métamorphose très rapide de la plupart des gens, même de personnes que l'on croyait connaître jusqu'alors. Eugène Ionesco a figuré cela dans la pièce célèbre où l'on voit les personnages devenir les uns après les autres des rhinocéros. Éric Rohmer l'a fait sentir jusqu'à l'angoisse dans son film *L'Anglaise et le duc*, où il montre, à travers le regard effaré, puis de plus en plus affolé, d'une Anglaise libérale, comment la Révolution française a transformé rapidement les mentalités et modifié complètement les comportement dans la vie quotidienne. En mai 1968, les manifestants du Quartier latin cessèrent vite d'être les fils de famille chahuteurs qu'ils étaient, pour se métamorphoser en ces « enragés » et en ces barbares qui saccagèrent le théâtre de l'Odéon et qu'on finit par appeler les « Katangais ».

Très vite, on put croiser une faune indéfinissable sortie d'on ne sait où, et qui ne semblait composée ni d'étudiants, ni d'ouvriers. Faute de mieux, dans les milieux conservateurs on la qualifia de « pègre ». Je trouvais quant à moi qu'on se rassurait à bon compte, car les voyous classiques me semblaient bien moins inquiétants. En voyant le visage et en rencontrant le regard de ces sortes de mutants je pensais bien plutôt aux possédés de Dostoïevski. Sans doute étais-je particulièrement réactif à cause de mon rejet viscéral de toute manipulation idéologique et de tout grégarisme, mais je crois que tous ceux qui ont assisté à une révolution ont dû expérimenter ce phénomène. Il s'accompagne toujours d'oppression terroriste sur la parole et même sur la pensée : le *newspeak* et le *stop-crime* du *1984* de George Orwell.

Philippe : Comment les événements de mai 1968 étaient-ils vus d'Espagne ?

Fr. Jean-Miguel : L'Espagne vivait encore dans ses limbes franquistes et ce séisme culturel ne l'atteindrait que lors de sa *movida*, après la mort du dictateur en 1975. Par ailleurs, le phénomène révolutionnaire eut une ampleur européenne et une dimension bien plus violente en Allemagne avec la Fraction Armée rouge et en Italie avec les Brigate rosse. Néanmoins, au moment même de l'explosion de mai 1968, les voyageurs qui arrivaient à sortir de France, malgré la grève des avions, des trains et la pénurie presque totale d'essence, étaient interrogés sur la situation par les autres Européens un peu comme les émigrés fuyant la Terreur. Je devais en faire personnellement l'expérience. Ma famille était en France depuis que mon père était devenu le délégué permanent de l'Espagne auprès de l'UNESCO. C'est pourquoi ma sœur se maria à Paris en mai 1968. Il fallut ensuite la conduire avec son mari guatémaltèque en un lieu où ils pussent prendre l'avion et partir en voyage de noces. Mon père avait réussi, non sans peine, à trouver assez d'essence pour aller jusqu'à la frontière belge, à partir de laquelle on s'approvisionnait normalement. Nous roulâmes sur une autoroute du Nord quasiment déserte et nous arrivâmes à Bruxelles, où l'ambassadeur d'Espagne nous offrit l'hospitalité dans sa résidence comme à des fugitifs. Le lendemain, en rentrant, nous entendîmes le discours du général de Gaulle et, comme par enchantement, les pompes à essence commencèrent à rouvrir et la circulation à reprendre sur l'autoroute. On a dit que « le Général avait sifflé la fin de la récréation » et ce que l'on vit ensuite semble bien justifier la formule : en effet, les élections de juin allaient lui fournir une « chambre introuvable » comme jamais la France n'en vit. Mais, comme la suite le montrerait, les principes invisibles étaient atteints de manière humainement irréversible.

Alexandre : Comment l'onde de l'explosion de mai 1968 a-t-elle atteint le couvent du Saulchoir ?

Fr. Jean-Miguel : On connaît le mot d'une terrible inconscience que Louis XVI avait écrit dans son carnet le 14 juillet 1789 : « Rien [c'est-à-dire pas de gibier ramené de la chasse aujourd'hui]. » J'ai, quant à moi, raconté comment je m'étais encore promené dans l'insouciance par les rues paisibles du Quartier latin, alors que la révolte grondait déjà à Nanterre. Le plus souvent le premier choc d'une explosion révolutionnaire, comme le premier déplacement tectonique, reste imperceptible pour la plupart. Un beau jour du début de ce joli mois de mai, nous nous sommes donc réveillés soudain avec des émeutes à Paris, sans avoir vu venir leur explosion.

L'onde de choc a vite atteint Le Saulchoir par les frères étudiants qui suivaient quelques cours à la Sorbonne : ils y participèrent à des assemblées générales, en suite de quoi ils réclamèrent que l'on fît de même dans notre couvent d'études. Et, comme on voulait marcher avec son temps, surtout en un moment aussi crucial, on le leur accorda. C'est ainsi que, tous les soirs, après le grand *Salve* grégorien, qui achevait les complies chantées par cette imposante communauté entièrement réunie, nous nous rendions en silence à la plus grande salle de la maison pour l'assemblée générale qui durait chaque jour deux bonnes heures. Et là on remettait en cause les principes mêmes de la vie religieuse et de la foi. Lors d'un premier vote, on avait même repoussé seulement à une ou deux voix la proposition d'instituer une assemblée générale permanente qui dirigerait toute la vie de la maison à la place des autorités religieuses établies selon nos Constitutions. À L'Arbresle, en revanche, dans le couvent d'études de la province de Lyon, la mesure fut votée. Aussi vit-on arriver un jour de mai un père vénérable de ce couvent, traducteur réputé des écrits d'Aristote, qui avait dû s'enfuir à la cloche de bois parce que, nous dit-il, l'assemblée lui avait refusé l'autorisation de se rendre à Lyon pour ses recherches en bibliothèque, estimant que, dans les circonstances d'alors, ces travaux avaient perdu toute pertinence.

L'assemblée générale quotidienne, sans but ni ordre du jour, était la boîte de Pandore. On était sous le régime de « la prise de parole », laquelle n'avait d'autre but que de faire table rase de l'ordre doctrinal et institutionnel sur lequel reposaient l'Église et notre vie religieuse. On parlait à ce propos de « révolution copernicienne » et, quand un vieux professeur thomiste, ahuri par le propos, demanda en quoi consistait celle-ci, puisqu'il ne s'agissait pas de toute évidence de celle de Copernic, on fut incapable de lui en donner une définition positive. L'esprit de négation avait été mystérieusement libéré avec la complicité active ou passive de tous les ressentiments accumulés chez les uns et chez les autres dans cette communauté où couvait depuis tant d'années un malaise latent.

Philippe : Les supérieurs et les professeurs ne réagissaient-ils pas à ces propos ?

Fr. Jean-Miguel : Le prieur, aristocrate et ancien militaire qui avait reçu la Légion d'honneur pour faits de guerre, fit preuve de courage en annonçant qu'en tant qu'autorité légitime du couvent il ne démissionnerait pas de sa charge au profit d'une assemblée générale de fait. Cela évita certainement que l'on adoptât le principe de l'assemblée générale permanente et permit que la vie conventuelle continuât à se dérouler imperturbablement jusqu'au délire verbal de chaque soir. Cela n'empêcha pas, en revanche, qu'on disqualifiât les principes de notre vie religieuse, ni que l'on hissât pendant une quinzaine de jours le drapeau rouge sur le clocher, au grand scandale des ouvriers qui travaillaient à réparer l'ascenseur : ils virent là le signe d'une indécente démagogie cléricale, qui ne respectait pas le symbole du mouvement ouvrier ; ils en furent écœurés.

En dehors du prieur et d'un ou deux vieux professeurs discrédités d'avance pour « ringardise », aucune des autorités morales de la maison n'osa réagir. Comme tout le monde, elles étaient assommées par les événements et abasourdies devant le spasme révolutionnaire qui secouait la France, laquelle se trouva bientôt entièrement immobilisée par la grève générale illimitée. Certains, comme le régent des études, étaient personnellement intimidés par les propos au vitriol qui étaient tenus, non sans fondement, contre nous autres les « mandarins ». Mais la plupart étaient paralysés par le réflexe « prophétique », compris comme avant-gardiste, qui caractérise bien des dominicains français : « Comment ne serions-nous pas partie prenante, disaient-ils, d'un événement historique aussi significatif que celui que connaissent en ce moment la Sorbonne, Paris et la France ? »

Je me demande si nous avons assez pris conscience devant Dieu de la dimension de mondanité qui est implicite dans ce suivisme opportuniste par rapport à un prétendu « sens de l'histoire ». Je le retrouve, en effet, toujours là aujourd'hui dans le réflexe analogue qu'ont certains ecclésiastiques de la jeune génération : « Comment ne suivrions-nous pas les tendances traditionalistes et identitaires des jeunes d'aujourd'hui, puisqu'ils représentent l'avenir ? » Cela m'évoque une conversation que j'eus au Saulchoir avec le père Congar après une assemblée générale. Il se lamentait sur les destructions qu'elle annonçait dans notre vie religieuse. Je lui demandai alors pourquoi il n'intervenait pas, en jetant dans la balance tout le poids de son immense autorité. Il me répondit : « Parce que je ne veux pas passer aux yeux des jeunes pour un vieux réac, comme Lubac ou Bouyer ! » Ces deux derniers, théologiens au concile comme lui, avaient commencé alors à dénoncer, à la manière de Maritain dans *Le paysan de la Garonne*, l'interprétation faussée qu'on donnait de celui-ci dans l'avant-garde intellectuelle de l'Église.

Toujours cette peur de la « ringardise », qui risque à un moment crucial de se substituer au discernement de la conscience sur les vérités et sur les biens permanents ! Là encore *Les possédés* de Dostoïevski, où l'on voit les adultes et les gens d'autorité flatter par démagogie les jeunes révolutionnaires, m'éclairaient sur cette démission, voire cette trahison, des élites qui s'étalait sous mes yeux en mai 1968. Depuis lors, j'ai toujours une réaction spontanée de méfiance quand je vois des aînés cautionner les emballements de la jeunesse, qui, parce qu'ils sont si passionnellement dépendants de la mode et de l'effet de groupe, peuvent toujours comporter, même chez les plus généreux, quelque chose de barbare. À chaque fois, je discerne dans cette attitude complice des adultes, comme en mai 1968, chez les uns, une lâche complaisance, chez les autres, un cynisme manipulateur. De cet ensauvagement, les jeunes gardes rouges maoïstes, dont se réclamaient de manière irresponsable nos idéologues parisiens, fournissaient au même moment un exemple particulièrement sanglant. Depuis lors toute mobilisation de masse des jeunes en tant que jeunes m'est restée toujours suspecte.

Alexandre : Quelle fut l'attitude des évêques face à cette lame de fond ?

Fr. Jean-Miguel : Je la qualifierais d'« opportunisme pastoral ». Pour filer votre métaphore, je dirais qu'ils semblaient surfer sur la vague. Quelques années après, le père Louis Bouyer devait me raconter une anecdote que je trouve très révélatrice. Le père Daniélou, devenu à cette date cardinal, avait recruté le père de Lubac et le père Bouyer pour faire une démarche auprès du cardinal François Marty. Celui-ci avait été nommé archevêque de Paris en 1968 et avait lancé lors des événements de mai : « Dieu n'est pas conservateur ! » Ils lui représentèrent que l'Église de France allait à vau-l'eau à cause d'une interprétation totalement abusive du concile, qui faisait de celui-ci une table rase par rapport à la Tradition antérieure. Avec son accent rocailleux de paysan rouergat, le cardinal leur répondit : « Après le concile, nous avons pensé que l'avenir était au progressisme. Vous nous dites maintenant que le progressisme ne marche pas. Eh bien, nous reviendrons à l'intégrisme. » Le père de Lubac faillit s'étrangler de colère et se récria, scandalisé : « Monseigneur, il ne s'agit ni de progressisme, ni d'intégrisme, mais de la vérité. — La vérité, voilà bien un grand mot, un mot de théologien, mon père ! » N'a-t-on pas l'impression, quarante ans après, que dans l'Église de France, par un retour de balancier et au nom du même opportunisme, la prophétie du cardinal Marty n'est pas loin de s'accomplir ? Le plus désolant, c'est que personne ne fasse remarquer que c'est la formation traditionaliste d'avant le concile qui a produit les prêtres contestataires de 1968 et que les mêmes causes produiront de nouveau les mêmes effets.

Philippe : Dans les assemblées générales, y avait-il une opposition et que pouvait-elle faire ?

Fr. Jean-Miguel : Au milieu d'une majorité qui suivait, par peur du terrorisme intellectuel dominant, il y eut quelques opposants pour tenter de jouer le jeu « parlementaire » de « loyale opposition », *a priori* illusoire au sein d'assemblées générales qui se déclaraient révolutionnaires. Ils n'obtinrent évidemment rien, tout étant verrouillé d'avance par l'idéologie. Quant aux quelques-uns d'entre nous qui maintenions une opposition de principe à ces assemblées générales illégitimes, nous pouvions nous compter sur les doigts d'une main. Nous étions obligés d'être là, puisque le prieur se voyait lui-même contraint de tolérer ces assemblées comme des activités communautaires ; mais, puisque nous n'en admettions pas le principe, nous n'y ouvrions jamais la bouche. De fait cela constitua aux yeux de tous une contestation silencieuse si puissante qu'elle provoqua l'indignation des ténors du mouvement. Ceux-ci nous invectivaient en assemblée en nous reprochant de venir des beaux quartiers… d'où eux-mêmes aussi étaient pour la plupart issus. Je mesure mieux aujourd'hui combien cette attitude de statue du Commandeur a dû leur paraître arrogante et peu fraternelle ; mais en même temps je ne vois toujours pas comment nous aurions pu protester autrement contre la violence que ces assemblées révolutionnaires faisaient subir à nos institutions et à la minorité que nous étions. C'était un dialogue de sourds et je regrette maintenant que l'indignation qui m'étranglait alors ne m'ait pas permis de reconnaître que certains des ressentiments qui s'y donnaient libre cours étaient fondés, comme j'ai eu l'occasion de le dire plus haut, notamment à propos de ceux qui concernaient notre vie au Saulchoir.

Alexandre : Quelles conséquences ce mouvement allait-il avoir sur votre vie dominicaine ?

Fr. Jean-Miguel : Je les formulerai à travers la parole saisissante d'un professeur de philosophie grecque, grand savant et esprit original aux intuitions parfois géniales. Comme il entendait dire dans l'assemblée que désormais les mandarins seraient éliminés, il rétorqua avec un cruel bon sens, non exempt d'un léger cynisme : « Les mandarins surnageront toujours parce qu'ils sont intelligents, tandis que ceux qui sont bêtes seront encore plus bêtes dans ce que vous préparez. » On prévoyait, en effet, la fermeture du Saulchoir comme couvent d'études et l'installation à Paris, en appartement, par équipes, avec une formation « sur le tas ». Un an après, en assistant à une soutenance de thèse à l'université de Nanterre-la-Folie, j'ai découvert une faculté littéralement transformée en cour des miracles et j'ai compris que c'étaient bien les petits qui avaient payé le prix de la prise du pouvoir universitaire par l'utopie.

Alexandre : Et au Saulchoir ?

Fr. Jean-Miguel : Le Saulchoir sortit touché à mort des assemblées générales. Comme le *Titanic*, il allait flotter encore quelque temps, mais son naufrage avait inexorablement commencé. Le régent des études et le Père Maître, deux hommes de valeur, qui en avaient été l'âme pendant les années où j'y vécus, se sentirent tenus de démissionner après ce qui leur avait été dit en assemblée. Plus grave, des « assises provinciales », une autre assemblée non prévue par les Constitutions, se réunirent pour préparer l'avenir de la formation et prirent des décisions que devait entériner le chapitre provincial qui se réunit un an après. Le Saulchoir se survécut encore quelques années, mais il n'était plus que l'ombre de lui-même. J'y étudiai pour ma part jusqu'à la fin de 1970 et il dut fermer définitivement un ou deux ans après mon départ. Je ne revins dans ces parages qu'en 1982, pour préparer des fiancés au mariage. Pendant quelques jours, je séjournai dans un couvent de religieuses de l'autre côté de la Seine. Je savais bien que le bâtiment du Saulchoir avait été vendu et qu'il était devenu l'École normale d'instituteurs du département de l'Essonne. Pourtant, contemplant de l'autre rive du fleuve ce bâtiment où j'avais passé six ans de ma jeunesse, j'eus le cœur serré quand je vis que le clocher avait été rasé. La voix grave de la cloche qui nous avait appelés tant de fois, jour après jour, ne résonnerait plus qu'en nous. C'était un symbole de la mort qui avait frappé, le plus souvent jusqu'à l'anéantissement, tous les centres intellectuels de la formation du clergé français : Dominicains, Jésuites, Sulpiciens, Oratoriens, Carmes, Franciscains et même certains monastères de haut niveau culturel, comme En-Calcat ou La-Pierre-qui-Vire.

Philippe : Quel jugement portez-vous *a posteriori* sur la « génération 68 », c'est-à-dire la vôtre ?

Fr. Jean-Miguel : On ne peut pas quitter sa génération pas plus que, selon le mot de Nietzsche, on ne peut sauter hors de son ombre. En mai 1968, j'ai compris que j'aurais à vivre, à vieillir et à mourir en étant en désaccord avec la mienne. Cela n'a pas été facile, comme on le verra. Néanmoins, chemin faisant, j'ai acquis du respect, de l'estime et de l'affection pour mes frères soixante-huitards qui ont tenu dans la vie religieuse au milieu de la débandade de tant d'autres. En découvrant les épreuves qui ont été les leurs, j'ai compati à leurs souffrances, comme ils ont, je crois, compati aux miennes. En un mot, j'ai accepté d'être leur frère.

En revanche, par rapport à ce que fut l'attitude intellectuelle de ma génération en mai 1968, je ne puis me départir d'un sentiment de honte. Comme les Hébreux idolâtrant des Baals, elle s'est prosternée devant des sophistes et des idéologues pervers, alors qu'à Nanterre elle coiffait d'une poubelle Paul Ricœur et qu'à Sciences-po elle bombardait d'œufs pourris Raymond Aron venu pour une conférence, deux des hommes qui comptent parmi les plus dignes et les plus décents de l'Université d'alors.

Chapitre IX

En temps de détresse : quelle théologie ?

Alexandre : Quelle furent, pour vous personnellement, les conséquences immédiates de Mai 1968 ?

Fr. Jean-Miguel : Pendant l'été 1968, nous tous, frères étudiants, eûmes deux mois de vacances, contrairement à l'usage en vigueur jusque-là. Je partis donc quinze jours en juillet, avec le père Geffré, qui venait de démissionner de sa charge de régent des études, Christoph et un autre frère, dans une maison que mes parents avaient fait construire dans le village de Mojacar, au bord de la mer. Eux-mêmes passaient l'été à côté, au milieu d'oncles, de tantes et de cousins, dans une propriété que ma famille avait en Andalousie. Retrouver intacts les vastes paysages d'Espagne me fit un bien immense après la soûlerie verbale dont je sortais à peine. Ce fut aussi une joie intense de faire découvrit à Christoph ma terre mère, ma langue et ma famille.

Pendant ces jours de vacances, je rencontrai une jeune fille qui allait occuper une place unique dans ma vie. Mes parents avaient accueilli dans la grande maison de famille le fils et la fille d'un couple d'aristocrates d'Europe orientale qui étaient devenus leurs amis pendant les années d'Istanbul, quand l'épouse était venue s'y réfugier à l'approche de l'Armée rouge. Ils les avaient retrouvés en France après la guerre, menant une vie encore fastueuse, au milieu du Tout-Paris auquel ils appartenaient par leur famille et par les accointances de celle-ci avec la vie littéraire française. Depuis lors, mes parents étaient restés en contact avec eux, et ils venaient de les retrouver à nouveau en revenant à Paris, plus désargentés cette fois-ci, mais toujours très charmants et pétillants d'esprit. Comme ils voulaient envoyer leurs enfants en Espagne cet été-là, mes parents leur avaient proposé de les accueillir chez nous en Andalousie.

C'est là que je fis la connaissance de leur fille. Je fus aussitôt sous le charme de sa personnalité secrète, encore enclose dans la chrysalide de l'enfance, d'une enfance qui n'avait pas été heureuse parce qu'elle était passée d'une nounou aimante à des collèges pour gosses de riches. Jeune fille au corps de femme, pas très grande mais bien proportionnée dont la silhouette, selon ma mère, évoquait celle des *majas* de Goya ; je revois surtout le beau regard rêveur de ses yeux sombres d'icône byzantine. Elle entra dans mon cœur d'une manière singulière. Je m'en ouvris à Christoph qui m'avoua ressentir lui-même un penchant pour elle. Elle n'avait que dix-huit ans et elle n'était encore qu'une belle princesse endormie dans le bois de l'enfance. Nous, nous n'avions que vingt-quatre ans et nous n'avions pas encore été ordonnés prêtres. Pourtant, ni Christoph ni moi n'envisageâmes un instant la possibilité du mariage : nous avions conscience que notre appel à la consécration dans la vie religieuse était incontestable. Rien ne fut donc dit. Je ne crois pas qu'elle s'aperçut de quelque chose. Il me semble que Christoph assez vite ne pensa plus à elle. Quant à moi, je ne devais jamais l'oublier.

Je ne la revis que des années plus tard, alors que j'étais dans la quarantaine et qu'elle-même allait l'atteindre. Elle vint me rendre visite à Lyon, ayant obtenu mes coordonnées par mes parents. La jeune fille en fleur de mon souvenir était devenue une femme dont les cheveux commençaient à grisonner. À l'émotion que me causèrent ses premières rides, je compris que je l'aimais toujours. Au cours d'une longue conversation dans le paisible jardin public qu'est maintenant le cloître du palais Saint-Pierre, elle me raconta l'histoire d'une vie sentimentale assez difficile, qui n'avait toujours pas abouti au mariage. Elle le fit avec simplicité et bonne humeur, ce qui me la rendit encore plus chère. À un moment, levant les yeux vers moi, elle me demanda si j'étais heureux dans ma vie actuelle. Cette question allait-elle au-delà d'une sollicitude bienveillante ? Je ne le lui demandai pas, et je lui répondis que oui, ce qui était l'exacte vérité. De mon côté, j'ignore si je sus lui cacher qu'elle était pour moi unique. En effet, parmi mes amis de cœur, il y a eu quelques femmes que j'aime d'amitié, et je suis avec l'une ou l'autre en profonde communion spirituelle. J'éprouve envers celles-ci un tendre sentiment de grand frère protecteur, analogue à celui qui m'attache si doucement à ma sœur. Mais avec elle, et avec elle seule, c'est tout autre chose. Non pas une passion, mais l'attrait puissant et paisible de ce qui aurait pu, je le crois, être un amour conjugal, unique et durable. C'eût été une autre vie, sans doute heureuse, mais pas celle qui s'est avérée être davantage la nôtre, pour elle comme pour moi.

Je devais encore une fois en ressentir la force quelques années après ces retrouvailles lyonnaises. Mes parents, désormais retirés de la vie diplomatique, passaient chaque été un mois de leurs vacances à Venise, où ils avaient déniché une charmante pension. J'allais toujours les y rejoindre pour une bonne semaine. Cet été-là, Christoph, qui était devenu depuis peu évêque auxiliaire à Vienne, vint d'Autriche passer quelques jours avec nous. Elle vint aussi, à l'invitation de mes parents. Elle avait désormais un couple durable et semblait très épanouie. Je nous revois le matin, sous les Tiepolo de l'église des Gesuati, où je concélébrais la messe avec mon ami, devenu mon père dans le sacerdoce. Elle se tenait devant nous dans la nef, près de mes parents, pour participer à l'eucharistie. Amour et amitié de nouveau, mais plus profondément enracinés dans ma vie adulte et dans ma vocation religieuse que vingt ans auparavant.

À la fin du séjour nous partîmes elle et moi pour Paris, par le même train de nuit. À la gare, nous étions tous les deux accoudés côte à côte à la fenêtre du wagon, pour dire au revoir à mes parents. Soudain, en un éclair, je sentis l'immense douceur que c'eût été de la garder à côté de moi toute la vie, de chercher à la rendre heureuse et d'avoir d'elle des enfants qui eussent été les nôtres. Je n'en ressentis néanmoins ni tentation, ni regret, car il me fut donné de voir au même moment que c'eût été une autre vie, une vie où j'aurais certes connu aussi le bonheur, mais qui n'aurait pas tracé en ce monde le sentier par lequel je devais, moi, aller vers Dieu. Ce fut donc un sentiment tendre et paisible qui monta dans mon cœur sous la forme d'une action de grâces : il restera toujours en moi comme un bouton de rose à jamais non éclos dans ma vie telle qu'elle aura été, mais qui lui donne en silence un peu de son parfum.

Philippe : Ce souvenir ne risquait-il pas de troubler votre consécration à Dieu dans la chasteté ?

Fr. Jean-Miguel : Non, car il n'y eut entre nous pas même le commencement d'une liaison, ne serait-ce que purement sentimentale. Je ne devais la revoir qu'une autre fois, quand elle vint à mes conférences de Carême. Je n'ai jamais cherché à la retrouver : jusqu'à une date récente nous nous sommes donc vus un tout petit nombre de fois et jamais vraiment seul à seule. Son souvenir, ou plutôt sa présence en moi, ne m'a jamais éloigné de Dieu, bien au contraire. L'expérience de cet amour, unique par rapport à celle différente et complémentaire de l'amitié, pour laquelle j'ai eu toujours un cœur disponible, a sans doute contribué à me protéger contre le dessèchement qui guette parfois la chasteté des célibataires consacrés. Je suis un homme qui aurait eu besoin, même dans une vie conjugale, d'aimer d'amitié plusieurs amis au cours de ma vie ; mais je n'aurais aimé d'amour qu'une seule femme : la mienne. Depuis cet été de mes vingt-quatre ans, je savais que c'eût été elle. Je me reposais dans cette douce et forte certitude ; et il en est toujours ainsi. Depuis peu nous nous revoyons dans la sérénité de l'âge, mais plus encore dans la paix de partager quelque chose de plus précieux que la vie en ce monde : la sagesse de Dieu, qui est un avant-goût d'éternité.

Avec le recul de celui qui est entré dans la soixantaine, je peux le dire : un célibataire consacré a pu rencontrer à un moment de sa vie celle avec laquelle il est convaincu qu'il aurait aussi pu vivre heureux dans le mariage ; il peut même garder durablement dans son cœur la présence sans trouble de cet amour offert à Dieu, tout en restant fidèle au chemin qui est celui de sa fécondité pour le Royaume. Dieu n'est pas jaloux de nos sentiments à la manière dont le sont certaines femmes. Il ne réclame que le don de notre cœur, mais cet engagement libre de notre volonté, Il le veut sans partage. Il n'exige pas un cœur amputé de sa capacité affective d'aimer, mais Il demande que ce cœur Lui soit pleinement remis. Voilà jusqu'où devaient me mener les conséquences de ce Mai 1968 qui nous obligeait à distinguer entre les exigences morales de la consécration religieuse et le refoulement affectif imposé par une convention bien-pensante.

Alexandre : Comment s'est terminé cet été ?

Fr. Jean-Miguel : En août, Christoph et moi partîmes pour l'Autriche. Ce fut un interminable voyage, commencé, jusqu'à Valence, dans un train de Far West surnommé alors de manière significative le *Transmisérien*, véritable organe témoin d'une Espagne famélique alors déjà révolue. D'autres trains nous conduisirent chez la mère de Christoph, en Vorarlberg, où nous fîmes halte, puis jusqu'à Vienne, par la vallée du Danube. Le nez collé à la fenêtre, dans la douce lumière de ce soir d'été, je ne me lassais pas d'en admirer la sereine et majestueuse beauté. L'Autriche, à la fois si différente de l'Espagne et si liée historiquement avec elle par les Habsbourg et par le catholicisme baroque, m'enchanta dès le premier jour. Pendant un mois je pus me remettre du lavage de cerveau idéologique auquel nous avions été soumis pendant l'interminable mois de mai. Un peu comme à Rome, j'étais heureux à Vienne, ville impériale, quoique désormais privée d'empire et coincée dans un cul-de sac par le rideau de fer. Vienne où s'étaient fécondées entre elles les cultures germanique, latine et slave ainsi que la tradition juive, ville pour moi mythiquement associée au film *Le troisième homme* de Carol Reed avec Orson Welles, et à sa lancinante complainte sortie du café Mozart. Toute la journée j'apprenais l'allemand dans une école de langues et le soir, pour me détendre des longues heures passées à faire des exercices sur magnétophone, Christoph et moi allions marcher dans le *Stadtpark* à côté du couvent, où un orchestre jouait en plein air des valses de Strauss. Cette joyeuse insouciance fut néanmoins vite étouffée par une nouvelle manifestation du pouvoir de l'idéologie avec l'invasion soviétique de la Tchécoslovaquie qui mit brutalement fin au « printemps de Prague ». Vienne vit arriver en ces jours angoissants un flot pitoyable de réfugiés tchèques et slovaques. Quant aux Autrichiens, dépourvus de toute armée par le traité d'État garantissant leur neutralité, ils redoutaient que leur territoire ne fût traversé, voire occupé par l'Armée rouge si l'URSS décidait de « normaliser » aussi la Yougoslavie.

Début septembre, nous amorçâmes le retour vers la France par le chemin des écoliers, en passant par Rome où Christoph devait ramener la voiture d'un couple ami. Nous logeâmes au Palazzo di Spagna, place d'Espagne, où nous accueillit l'ambassadeur, mon oncle Antonio, et j'eus la joie de refaire avec mon ami l'itinéraire spirituel des basiliques paléochrétiennes chères à mon enfance. Notre plongée dans la Rome chrétienne était éclairée par deux livres : *Le voile de Véronique* et *Le pape du ghetto* de Gertrud von Lefort, la romancière allemande convertie au catholicisme dont *La dernière à l'échafaud* a inspiré *Le dialogue des carmélites* de Bernanos, et à qui nous devons beaucoup. Comme guide, nous ne voulions que l'incomparable *Romée* écrit avec tant de savoir et de spiritualité par Noëlle Maurice-Denis (la fille du peintre) avec son mari Robert Boulet. Nous rentrâmes donc au Saulchoir en ayant presque oublié pendant ces grandes vacances ce qui s'était passé en mai mais, sitôt franchi le seuil de la porte, nous découvrîmes le champ de ruines dans lequel nous aurions à poursuivre nos études de théologie. Or je sentais peser sur moi une nouvelle responsabilité personnelle par rapport à l'Église depuis qu'en juin j'avais reçu l'ordination diaconale.

Philippe : Comment se passait désormais votre vie dans ce Saulchoir condamné ?

Fr. Jean-Miguel : Comme le projet utopique de partir à Paris en petites communautés logées en appartements ne pouvait pas se réaliser immédiatement, dès la rentrée, l'énorme communauté des cent vingt religieux du Saulchoir fut, faute de mieux, divisée sur place en de nombreuses sous-communautés d'une quinzaine de frères, qui célébraient certaines messes, prenaient certains repas et partageaient quelques récréations en groupe autour d'une table basse. Un bénédictin irlandais, envoyé par son abbaye faire des études chez nous, appela cela, avec l'humour facétieux qui était le sien, l'époque des « casse-croûte mystiques ». Le petit nombre, dont j'étais, qui considérait ce processus issu de mai comme illégitime et religieusement désastreux, fut bien obligé de se plier, la mort dans l'âme, à cet état de fait.

Néanmoins depuis l'arrivée de Christoph nous avions pu réunir quelques frères en un groupe de travail informel qui devait jouer un rôle important dans mes deux dernières années d'études. Dans la situation assez confuse qui régnait, nous avions beaucoup moins de cours, nous disposions donc de beaucoup de temps libre et nous décidâmes de le mettre à profit en travaillant à plusieurs. Dans l'obscur travail entrepris alors par ces quelques frères, je vois comme une pousse de renouveau théologique perçant silencieusement parmi les ruines de la précédente institution.

Philippe : Quelle était l'attitude du pape et de la Curie romaine face à cette crise ouverte dans l'Église ?

Fr. Jean-Miguel : Les pontificats suivent généralement dans l'opinion publique, ne serait-ce qu'en fonction du vieillissement du pape, une trajectoire d'abord ascendante, puis descendante. Paul VI a connu une immense popularité pendant le concile et dans l'immédiat après-concile, au temps où il inaugurait les grands voyages pontificaux. Celle-ci a brutalement chuté dans l'été 1968 quand il a publié l'encyclique *Humanæ vitæ* qui déclarait immorales les méthodes artificielles de contraception, parce qu'elles conduisaient à dissocier le plaisir de l'amour responsable. Peu avant, au mois de juin, sentant se lever au nom du concile mal compris un vent de relativisme doctrinal, il avait professé, suivant le conseil de Maritain, une confession très complète de la foi catholique. Le pontificat de Paul VI entrait désormais dans sa phase obscure et douloureuse. En France, ce pape lecteur attentif et grand admirateur de Maritain et de Bernanos se heurterait dorénavant à une incompréhension aussi totale qu'injustifiée. C'est le pape le plus francophile du XXe siècle qui a été le plus en butte à l'esprit gallican.

Paul VI, qui était un homme excessivement sensible, fut bouleversé de voir son encyclique *Humanæ vitæ* rejetée par tant de catholiques. On sait que la commission de théologiens qu'il avait consultée avait penché à une légère majorité en faveur de la légitimité morale de la pilule contraceptive. Moi-même, qui en matière doctrinale n'étais pas un progressiste, je fus surpris par la décision du pape, tout en l'acceptant loyalement. Mais beaucoup ne l'acceptèrent pas. Sans être ébranlé dans ses convictions par le choc qu'il en reçut, Paul VI, à partir de ce moment-là, eut tendance à se replier, au point de ne plus écrire d'autre encyclique pendant les dix années qui lui restaient à vivre. L'âge et l'arthrose se faisant de plus en plus sentir, il devait donner, après l'image lumineuse du pape du concile et des premiers grands voyages dans le monde, celle, plus poignante, d'un pontife qui parcourait, pour l'Église, et sans doute à cause de la trahison de tant de ses prêtres, dont beaucoup quittaient le ministère, un douloureux et solitaire chemin de croix.

Alexandre : Y a-t-il eu alors dans l'Église des personnes ayant autorité pour redonner le cap après la tempête ?

Fr. Jean-Miguel : En juin 1968, parut dans le journal *La Croix*, sous le titre « Une révolution spirituelle », un article qui me frappa beaucoup. Il était signé du père Le Guillou, dominicain, du pasteur Bosc, éminent théologien réformé, et de M. Olivier Clément, théologien orthodoxe. Il présentait une analyse de la crise de mai assez proche de la lecture que j'en faisais moi-même. Ce fut pour moi d'un grand réconfort, car tous les trois étaient professeurs de théologie, le premier à l'Institut catholique, le second à la Faculté protestante du boulevard Arago, le troisième à l'Institut Saint-Serge. J'ai écrit au père Le Guillou, que je n'avais encore jamais rencontré, et j'ai ainsi noué avec lui une relation qui allait se révéler bien féconde dans les années suivantes.

Philippe : Rétrospectivement, avez-vous le sentiment que cette crise a joué un rôle dans la manière dont vous avez envisagé votre engagement dans l'Église ?

Fr. Jean-Miguel : Sans aucun doute. Ma vie religieuse en a été marquée pour la suite. Mon oui définitif au Seigneur, je l'avais donné un an avant dans ma profession solennelle, mais j'ai dû le renouveler lors de mon ordination diaconale en juin 1968, puis un an après, pour mon ordination sacerdotale. Jusqu'en 1967, j'avais pu me sentir comme soutenu et enveloppé par des institutions ecclésiales séculaires. Après, je me suis senti humainement seul : il n'y avait plus désormais que le Seigneur, se donnant toujours à travers les médiations sacramentelles et magistérielles qu'il a garanties à jamais dans son Église, ma conscience, soutenue par sa grâce, et quelques rares amis. Je savais que dorénavant il faudrait avancer dans ma fidélité au Seigneur en sachant que des soutiens humains, qui pourtant semblaient inébranlables dans l'Église, pouvaient d'un jour à l'autre manquer, car ils n'avaient pas, contrairement à l'Église elle-même, les promesses de la vie éternelle. Je méditais la phrase de l'Épître aux Hébreux : « Les choses ébranlées seront changées, puisque ce sont des réalités créées, pour que subsistent celles qui sont inébranlables » (He 12, 27).

J'ai été ainsi amené très tôt dans ma vie de serviteur du Christ à ne pas tout sacraliser dans la vie de l'Église et surtout pas chez les hommes d'Église. Autrement dit, j'ai été vacciné contre le cléricalisme. Quand, bien plus tard, j'ai été appelé comme théologien à aider le Magistère dans la préparation des actes de repentance que l'Église par la bouche du pape Jean-Paul II a posés pendant le Grand Jubilé de l'an 2000 pour les fautes historiques de ses enfants, ministres compris, j'étais intérieurement prêt depuis longtemps à envisager toute la part de faiblesse humaine et même de péché dont la sainteté de celle-ci est enveloppée sur cette terre. Il m'a été donné très tôt de comprendre à quel point de grandes personnalités ecclésiales, des spirituels et même des saints gardent des aveuglements et des zones d'ombre dans leur comportement qui relèvent de conditionnements mauvais que leur charité n'a pas réussi à vaincre complètement en ce monde. Cela devait me rendre très circonspect devant toute théorie ou tout mouvement qui prétend étendre de manière mythique la sainteté de l'Église à l'ensemble du comportement d'une chrétienté, c'est-à-dire d'une société qui se déclare chrétienne mais dont les actes sont loin d'être tous évangélisés. Le personnel de l'Église, pour reprendre l'expression de Maritain, est fragile là où il n'est pas infailliblement assisté par l'Esprit-Saint : l'Évangile l'a prophétisé en la personne de Pierre. J'ai vu cela trop tôt pour être dupe d'une quelconque forme de cléricalisme.

Alexandre : Comment perceviez-vous la situation générale de l'Église en ces années-là ?

Fr. Jean-Miguel : J'avais conscience du fait que l'Église était entrée dans l'obscurité d'une sorte de samedi saint. Je ne savais pas combien il durerait. Elle n'en est sortie, pour autant qu'elle en soit sortie, qu'avec l'arrivée de Jean-Paul II. En voyant les atermoiements de bien des évêques et de certains membres de la Curie romaine, on a pu se demander si cette onde sismique n'allait pas ébranler l'exercice du Magistère lui-même. À partir de 1968, avec l'encyclique *Humanæ vitæ*, non reçue par une majorité de catholiques et acceptée avec difficulté par beaucoup de prélats, avec le synode des évêques de 1971 à Rome dont je parlerai, on s'est demandé si le Magistère allait se ressaisir ou s'il allait être comme réduit à l'impuissance par tout ce déferlement d'opinions théologiques erronées voire gnostiques largement répandues dans l'opinion catholique par des médias souvent chrétiens. Mais la faiblesse disciplinaire a continué à marquer la fin du pontificat de Paul VI. Celui-ci en effet était resté traumatisé par l'autoritarisme de la fin du pontificat de Pie XII, qui lui avait valu à lui-même d'être éloigné à Milan et de ne pas être promu au cardinalat. Paul VI était un homme intérieur d'une sensibilité exquise, qui allait jusqu'à la timidité. Il ne voulait pas être pasteur par des mesures coercitives, ni même par l'effet d'entraînement d'une dynamique de communication et de masse, mais en faisant appel à la conscience personnelle et à la vie spirituelle de chacun.

Philippe : Comment avez-vous tenu spirituellement à travers ce temps de détresse ?

Fr. Jean-Miguel : Pour autant que je puisse en juger, car ces choses-là restent très mystérieuses, même pour celui qui est concerné, je dirai ceci : ma génération, qui a été si éprouvée spirituellement, disposait néanmoins, il ne faut pas l'oublier, d'un grand atout : elle avait été formée dans un monde qui s'appuyait encore sur de solides certitudes morales et religieuses. Notre éducation nous avait donné une charpente forte au cours de notre enfance et de notre première adolescence. C'est probablement pour cela que je n'ai jamais connu un moment de vrai doute concernant les réalités surnaturelles atteintes par la foi.

J'ai éprouvé de grandes angoisses dans mon espoir humain au sujet de l'Église et de mon avenir en son sein. Mais l'espoir n'est pas l'espérance. L'espérance consiste à croire avec ferme confiance que Dieu nous donnera l'aide de grâce nécessaire pour atteindre au salut éternel à travers les vicissitudes de notre vie en ce monde. Mon espérance théologale n'a pas été ébranlée, mais elle a été durement purifiée et cela me fut d'un grand profit pour la suite. En effet les catholiques confondent trop souvent aujourd'hui espoir humain, voire optimisme, et espérance théologale : ils ont besoin de voir des signes qui leur permettent de sentir que Dieu est à l'œuvre pour leur assurer une vie personnelle et ecclésiale plus satisfaisante, ainsi qu'un monde meilleur ici-bas. Aussi, quand les événements ne se déroulent pas comme ils l'avaient souhaité, ils croient que Dieu les abandonne et ils en sont épouvantés.

Or, il nous faut aujourd'hui encore regarder les choses en face : la crise spirituelle dont j'ai vu les débuts est loin d'être terminée et, malgré son élan communicatif et ses rassemblements extraordinaires, le pontificat de Jean-Paul II n'a pas renversé la tendance. Lorsqu'ils doivent affronter ces dures réalités, les hommes de ma génération sont sans doute moins ébranlés que de plus jeunes, dont l'espérance a davantage pris appui sur des « temps forts » et des effets de groupe bien éphémères que sur une certitude proprement théologale. Une formation humaine et chrétienne plus solide nous avait donné assez d'autonomie pour pouvoir, le cas échéant, tenir vent debout dans une conviction personnelle et dans un témoignage solitaire.

Alexandre : Comment se présentait alors, pour vous qui commenciez vos études de théologie, cette exigence de fidélité personnelle ?

Fr. Jean-Miguel : La question que nous nous posions avec Christoph et quelques autres frères en ce temps de détresse ecclésiale était précisément : Quelle théologie ? Le fait de n'avoir pas été introduits à saint Thomas d'Aquin en philosophie nous rendait difficile la tâche d'assimiler sa théologie. Nous ne devions y parvenir qu'à travers une lente et laborieuse quête de vérité, mais, de ce fait même, plus profondément et avec plus de conviction peut-être que si nous avions hérité du thomisme par « patriotisme d'ordre religieux ». Par ailleurs, notre sens de la foi nous montrait clairement qu'une théologie phénoménologique, qui ne dépasse pas les figures et les symboles de la Révélation, ne pouvait pas rendre compte du Dieu de la Bible dont la Parole créatrice est acte et événement fondateur dans le réel.

Que faire ? Dans notre désarroi, nous avons été beaucoup aidés par des théologiens orthodoxes comme Vladimir Lossky, auteur d'une brève mais puissante synthèse intitulée *La théologie mystique de l'Église d'Orient*. Leur théologie, nourrie du symbolisme liturgique des Pères de l'Église, était facile d'accès pour nous qui venions de la phénoménologie, mais assumait en même temps le fondement métaphysique requis par la Révélation. Notre intelligence de la foi chrétienne a été alors sauvée par la Tradition de nos frères orthodoxes et nous leur en serons toujours reconnaissants. Parmi eux, nous devons au père André, un moine roumain qui fit alors des séjours au Saulchoir, de nous avoir fait découvrir un Père de l'Église byzantine qui allait devenir notre maître en théologie : saint Maxime le Confesseur. L'orientation que devait prendre ma vie religieuse après la fin de mes études au Saulchoir allait être marquée de manière décisive par cette rencontre avec l'Orient chrétien.

Les auteurs orthodoxes citaient beaucoup les Pères grecs. Ils nous en donnèrent ainsi le goût et nous nous mîmes à les lire pour eux-mêmes. Saint Maxime le Confesseur en particulier, théologien et martyr du VIIe siècle, parce qu'il était à la charnière entre Orient et Occident, nous apparaissait, comme la clé de voûte doctrinale de cette patristique grecque que saint Jean Damascène devait synthétiser un siècle après dans son traité *Sur la foi orthodoxe*, lequel serait traduit en latin au début du XIIIe siècle et influencerait profondément saint Thomas en Occident. À plusieurs, nous nous sommes donc mis à étudier les textes mêmes de saint Maxime, recueillis dans deux volumes de la *Patrologie* de Migne, dont le grec particulièrement dense et subtil avait découragé les traducteurs. Nous devions assez vite nous répartir l'étude des différents domaines de sa théologie, ce qui donnait lieu entre nous à d'incessants échanges.

Philippe : En quoi cet itinéraire théologique était-il alors original ?

Fr. Jean-Miguel : À vrai dire, son point de départ ne l'était pas, puisque nous refaisions pour notre propre compte un retour aux sources patristiques amorcé trente ans avant par les jésuites de Fourvière, à Lyon. Mais, comme j'ai eu l'occasion de le dire, les priorités que révèle le choix des textes édités d'abord dans leur collection « Sources chrétiennes » montrent qu'ils se réclamaient des œuvres spirituelles des Pères de l'Église contre une scolastique dont ils avaient souffert. Nous, en revanche, nous étions mis à l'étude des traités proprement doctrinaux des Pères. Par ailleurs, nous partions de la lecture qu'en donnaient les théologiens orthodoxes modernes, tous plus ou moins influencés, à la suite des penseurs religieux russes du XIXe siècle, par l'idéalisme allemand, d'Eckhart à Schelling. C'était là aussi le cas d'un théologien de renom, Hans Urs von Balthasar, lui-même passé par Fourvière, comme on le voit en particulier dans son livre de jeunesse *La liturgie cosmique de Maxime le Confesseur*. Mais les uns et les autres ne citaient les Pères que sous forme de formules, multiples mais brèves, et de passages très courts, qui ne permettaient pas de saisir leur doctrine pour elle-même, alors que nous, nous étudiions *in extenso* leurs grands traités dogmatiques.

Ce sont les Pères eux-mêmes, à travers leurs textes proprement dogmatiques, qui nous ont éloignés progressivement d'une théologie romantique développée selon une esthétique du sublime. Les Pères cappadociens au IVe siècle déjà, nous le constations dans les traités trinitaires anti-ariens de leurs *Contre Eunome*, avaient dû prendre leurs distances par rapport à ce que comportait de gnosticisme platonisant la théologie d'Origène. Mais surtout nous ne pouvions pas ne pas remarquer un tournant explicitement aristotélisant dans la seconde patristique grecque, celle qui, à partir du Ve siècle, a suivi la confession par le concile de Chalcédoine de l'humanité et de la divinité du Christ formulées en termes de « deux *natures* », à l'aide donc d'un concept clé du Stagyrite. Plus nous étudiions de près ces Pères grecs, comme saint Maxime le Confesseur (VIIe siècle), saint Jean Damascène (VIIIe siècle) ou saint Théodore le Studite (IXe siècle), plus nous avions la nette impression que leur théologie nous rappelait ce que nous connaissions de celle de saint Thomas.

Du même coup, les Pères grecs de la seconde patristique nous permettaient d'entrer dans la théologie de saint Thomas par ses racines les plus profondes : l'Écriture et la Tradition. Le Docteur angélique nous apparaissait comme le fruit le plus achevé de la seconde patristique aristotélisante, plutôt que comme le père d'une scolastique ultérieure. Celle-ci, en raison d'une fidélité trop matérielle ou d'un esprit de système rationaliste, l'avait souvent trahi par ses étroitesses. C'est là qu'a commencé pour nous une évolution dans laquelle Christoph nous a précédés grâce à un professeur du Saulchoir, thomiste effacé mais non sans profondes intuitions. Nous étions ainsi prêts pour la rencontre avec le père Le Guillou, qui devait plus tard patronner nos thèses de doctorat. Notre conviction était, en effet, que nous ne pourrions tenir, dans ce temps de détresse ecclésiale, qu'en creusant jusqu'aux racines bibliques et patristiques de notre foi catholique et en nous réappropriant à partir d'elles une intelligence plus ample, plus vivante et plus profonde de la synthèse théologique de saint Thomas.

À terme, notre souci était de consolider de l'intérieur la dogmatique catholique à partir de ses sources, tout en gardant la magnanimité intégratrice du concile face à tout ce que les autres confessions chrétiennes et la modernité elle-même comportaient de vrai et de bon, c'est-à-dire sans le durcissement d'un repli sur le concile de Trente du genre de celui que Mgr Lefebvre entreprenait alors à Écône.

Philippe : Aviez-vous déjà une idée de ce que pourrait être l'axe intégrateur d'une telle synthèse théologique ?

Fr. Jean-Miguel : Nous fûmes frappés à l'époque par une conférence que donna au Saulchoir le professeur Lukas Vischer, théologien luthérien du Conseil œcuménique des Églises. Au moment où l'on commençait à beaucoup parler d'herméneutique, c'est-à-dire, d'interprétation de l'Écriture, il termina en nous posant cette question : « Nous autres luthériens, nous avons comme principe d'interprétation de l'Écriture la justification par la foi. Et vous catholiques, dont le nom en grec veut dire *selon le tout*, avez-vous un principe d'interprétation de l'Écriture qui permette d'avoir une intelligibilité plus globale de la Révélation ? » Quelque professeur du Saulchoir répondit que nous avions deux principes d'interprétation, formulés par les Pères qui luttèrent contre le gnosticisme au IIe siècle (saint Justin et surtout saint Irénée) : d'abord l'intégralité des Écritures, lesquelles ne peuvent donc se contredire ou s'exclure entre elles, ensuite l'assistance du Saint-Esprit à l'Église dans l'explicitation du donné révélé à travers la Tradition et le Magistère.

Cette réponse, pour juste qu'elle fût dans ce qu'elle affirmait, n'en était néanmoins pas une à nos yeux, car elle ne répondait pas à la question du conférencier protestant. Le grand théologien réformé qu'était Karl Barth aurait souri en y reconnaissant la faiblesse de la théologie catholique qu'il qualifiait d'*Undtheologie,* de « théologie du et ». Le catholicisme, disait-il, tient la foi *et* (*und*) la raison, la foi *et* (*und*) les œuvres, la nature *et* (*und*) la grâce. Mais il ne suffit pas de tenir le tout par juxtaposition, il faut le tenir à partir du principe organisateur immanent à cet ensemble organique. Oui, nous demandions-nous après la conférence, quelle est la clé d'interprétation, « l'analogie de la foi » catholique qui permet de tenir ensemble toute la diversité de la Révélation selon le principe qui donne à celle-ci son organicité ? Quelle est la clé de voûte de ce que la théologie appelle « la connexion des mystères » ? Cette question nous habita au cours de nos études de théologie, mais je ne pus lui donner une réponse qu'en 1972, grâce à une compréhension plus profonde de l'œuvre d'un autre Père de l'Église, saint Irénée de Lyon, acquise au moment où je rédigeais pour le père Le Guillou des pages destinées à son livre intitulé *Le mystère du Père*. C'est dans une théologie du dessein bienveillant de Dieu et des économies de sa réalisation que je trouvai la réponse à cette question. Elle devait devenir le fil conducteur de mon intelligence de la foi et de mon œuvre postérieure.

Alexandre : Comment étiez-vous perçus par vos autres frères du Saulchoir ?

Fr. Jean-Miguel : Comme d'étranges bonshommes qui, puisqu'ils n'étaient pas révolutionnaires, étaient donc forcément des réactionnaires. Notre manque total de sympathie pour le traditionalisme de Mgr Lefebvre ne nous lavait pas – loin de là ! – à leurs yeux de ce grief infamant, car l'ambiance du moment n'était pas aux nuances. On y pratiquait le « qui n'est pas avec nous est contre nous ». Nous apparaissions donc comme des réfractaires au mouvement de l'histoire et des dissidents, émigrés de l'intérieur dans « une axiomatique du IVe siècle », comme ils disaient.

Le balancier est parti aujourd'hui à l'extrême opposé et cette démarche, qui est restée la nôtre, semble toujours également suspecte, cette fois-ci pour des raisons contraires, à de jeunes chrétiens tenants de l'auto-affirmation identitaire et « restauratrice » avec la même intransigeance que leurs prédécesseurs l'étaient de l'attitude inverse. Dans un cas comme dans l'autre, on est en présence de mouvements grégaires dans lesquels les personnes ne se déterminent plus en conscience mais par conformisme de masse. On se demandait alors comment un chrétien pouvait ne pas être de gauche et aujourd'hui, avec le même simplisme, on se demande comment un catholique peut ne pas être de droite. Maritain appelait les premiers les moutons de Panurge du progressisme et les seconds les ruminants de la Sainte Alliance [du trône et de l'autel]. Ces tenants d'une pensée unique ont, hélas, en commun le même réflexe moutonnier du troupeau (quand ce ne sont pas les instincts hargneux de la meute), qui exclut *a priori* celui qui ne pense pas comme eux, et le mépris de la génération précédente. Les uns et les autres se caractérisent par leur incapacité à avoir des relations avec quiconque ne leur renvoie pas leur image et leurs signes d'identification.

C'est le franquisme qui m'a vacciné dès mon enfance contre le grégarisme. Le conformisme d'une Espagne assommée par la guerre civile puis assoupie dans le conformisme national-catholique a assuré au régime quarante ans de pouvoir bien plus sûrement que l'oppression politique. J'ai donc cru par la suite que ma profession de religieux et ma condition d'intellectuel me faisaient une obligation morale de m'opposer par l'usage de mon esprit critique à tout réflexe d'intolérance grégaire dans la société civile ou dans l'Église, au risque de passer pour ce que je ne cherche pas à être : le chat de Kipling qui s'en va tout seul.

Chapitre X

En Grèce : un an dans la lumière d'Orient

Alexandre : Qu'est-ce qui a marqué la fin de votre formation dominicaine au Saulchoir ?

Fr. Jean-Miguel : En premier lieu, mon ordination sacerdotale en 1969, qui fut aussi l'ordination diaconale de Christoph. L'année suivante fut consacrée à mon mémoire de maîtrise, qui me donna le grade du lectorat, c'est-à-dire l'habilitation à enseigner la théologie dans l'ordre dominicain, et qui fut l'amorce de ma thèse de doctorat, dont une partie substantielle fut publiée en 1976 sous le titre *Saint Maxime le Confesseur : la charité, avenir divin de l'homme.*

Entre-temps, un lien de disciple à maître s'était noué avec le père Le Guillou et, plutôt que d'intégrer le nouveau corps enseignant du Saulchoir où je ne me sentais plus à ma place, j'avais demandé à le rejoindre à Paris, au Centre dominicain d'études œcuméniques Istina, qui publie encore aujourd'hui la revue théologique du même nom. Il obtint pour moi une bourse d'études du Conseil œcuménique des Églises pour que j'aille faire pendant l'année académique 1970-1971 ma première année d'habilitation au doctorat à la Faculté de théologie orthodoxe de Thessalonique (Salonique) en Grèce. J'avais reçu par les Pères orientaux et les théologiens orthodoxes la grâce d'une théologie priante, qui conjoint l'esprit et le cœur, à l'opposé du cérébralisme critique dont j'avais vu les méfaits. Le père Le Guillou m'encourageait dans cette voie, tout en souhaitant que la découverte de l'Église orthodoxe dans sa réalité effective me préserve d'une idéalisation illusoire de l'orthodoxie. En quittant Le Saulchoir j'ai donc posé mes affaires à Istina et, au mois d'octobre, après un été passé comme le précédent entre l'Andalousie et Vienne, je suis parti vers la Grèce en passant par Istanbul.

Philippe : C'était donc pour vous un retour au lieu de votre naissance ?

Fr. Jean-Miguel : En effet, et il était particulièrement émouvant pour moi de découvrir ce lieu dont je n'avais gardé, comme je l'ai dit, aucun souvenir, et qui était pourtant la ville où j'étais né. Et quelle ville ! La Ville, la *Polis* ! Grâce à l'entremise du père André, ce moine roumain qui avait fait des séjours au Saulchoir, je pus y rendre visite dans sa résidence du Phanar au patriarche œcuménique d'alors, Athénagoras, que Paul VI avait rencontré en 1964 à Jérusalem lors de son premier voyage. En parlant avec cet homme de grande stature ecclésiale, on avait l'impression que l'unité avec les orthodoxes était presque à portée de la main. Les mois que j'allais passer en Grèce me montreraient vite combien les vues prophétiques du patriarche ne reflétaient pas l'état d'esprit de l'Église orthodoxe locale.

Quand nous décollâmes pour Istanbul, les journaux que l'on nous distribua dans l'avion nous apprirent que le choléra s'y était déclaré depuis des semaines, que les autorités turques l'avaient caché, et que les morts se comptaient déjà par centaines. C'est donc une ville hantée par l'épidémie que je découvris, sale et grise, sous le ciel bas d'une journée de fin octobre. Le couvent dominicain qui m'offrit l'hospitalité, situé depuis le XIIIe siècle dans l'ancien quartier génois de Galata, était aussi sordide dans sa vétusté que vénérable par son ancienneté. Un vent du nord, humide et déjà froid, soufflait par le Bosphore, charriant les lourds nuages de la mer Noire. L'ambiance d'Istanbul me parut plutôt sinistre, malgré l'impression d'indescriptible plénitude que me firent Sainte-Sophie et la beauté du détroit, parcouru en bateau, que même la mélancolique lumière grise de l'automne ne parvenait pas à voiler.

La présence turque sur ce rivage byzantin alourdissait ma tristesse, car je ne pouvais m'empêcher de la ressentir comme incongrue. Ce peuple d'Asie centrale semblait toujours camper en conquérant sur les bords d'une Méditerranée qui lui restait étrangère. Sur la route du Bosphore, je remarquai, non sans étonnement ni sourde indignation, que la plupart des promeneurs qui s'asseyaient sur les bancs de la promenade tournaient le dos au paysage, l'un des plus beaux du monde pourtant, pour regarder passer les voitures. J'avais envie de leur dire que le spectacle qu'ils contemplaient aurait été identique en Asie centrale ou, du moins, en Asie Mineure. Je ne pouvais m'empêcher de songer, devant la saleté de cette ville non entretenue, à ce que les Grecs auraient su en faire aujourd'hui et de rêver à la *mégalè idéa* de Venizélos : un Istanbul redevenu Byzance. À ces réactions viscérales, je compris que, même si j'étais né à Istanbul et n'étais pas grec, jamais je n'aurais voulu être turc. Je serais toujours un Latin de Constantinople, venu au monde au pied de la tour de Galata.

Les frontières des pays voisins de la Turquie ayant étant fermées à cause du choléra, je dus gagner Salonique en faisant un long crochet aérien par Vienne. C'est par un soir doux et lumineux de l'arrière-saison grecque que j'atterris enfin sur les rives du golfe Thermaïque.

Alexandre : Qui vous accueillit à Thessalonique ?

Fr. Jean-Miguel : Ma bourse du Conseil œcuménique des Églises prévoyait que j'étais l'hôte de l'Église orthodoxe de Grèce, doctorant à la Faculté de théologie orthodoxe de Thessalonique, et que je serais logé dans cette ville au monastère urbain des Vlatades. J'avais prévenu celui-ci de l'heure d'arrivée de mon avion, mais je ne trouvai personne pour m'attendre.

Comme j'avais attendu un bon moment à l'aéroport, il ne restait plus qu'un taxi pour me conduire au monastère. Le chauffeur me regarda et sourit en apercevant mon col romain. Il me demanda en assez bon français si j'allais à la paroisse catholique de la rue Frangon [des Francs] et, quand je lui dis de me conduire plutôt à Moni Vlatadon, il sembla surpris. En arrivant à la porte du monastère, à mon grand étonnement, il refusa obstinément de repartir avant que je ne fusse revenu lui confirmer que j'y étais effectivement accueilli. J'entrai dans ce beau monastère byzantin du XIVe siècle qui dominait la ville, et je demandai à parler à l'archimandrite qui était à sa tête. Curieusement, je ne voyais pas de moines, et l'intérieur du bâtiment, par son côté cossu, faisait plutôt penser à une demeure bourgeoise. L'archimandrite apparut, m'offrit un verre d'ouzo et m'expliqua en bon anglais et avec la plus grande gentillesse qu'il était le seul moine du monastère, où il habitait avec sa mère et son neveu. N'ayant pas de place pour moi chez lui, il me conseilla d'aller loger à la paroisse catholique. L'apprentissage de la réalité de l'Église grecque commençait.

Quand mon chauffeur me vit ressortir, il me fit un large sourire entendu et me dit qu'il savait d'avance que je ne serais pas logé à Moni Vlatadon, lequel n'avait plus vraiment de monastère que le nom. Il me dit qu'il était le seul chauffeur de taxi catholique de Salonique, qu'il avait étudié au collège des Frères des écoles chrétiennes, où il avait appris le français, et qu'il fréquentait la paroisse catholique de la rue Frangon. Je débarquai donc impromptu dans cette paroisse où je fus accueilli cordialement par les Pères Lazaristes qui la desservaient et par un compatriote espagnol, jésuite, thésard et boursier comme moi. Celui-ci, ayant appris que j'arrivais et sachant d'expérience ce qui m'attendait, était allé me chercher à l'aéroport, mais à une mauvaise heure, et ne m'avait donc pas trouvé. Je me voyais donc ramené tout naturellement à ma condition de Latin en pays de Proche-Orient ou, pour user d'un nom que je revendique volontiers parce que je le trouve joli et injustement péjoratif, de Levantin.

Philippe : Comment était l'orthodoxie grecque que vous découvriez alors ?

Fr. Jean-Miguel : Je rapportais, de mes premiers contacts avec des orthodoxes parisiens, l'image idéale que donne d'elle-même toute Église très minoritaire. J'allais découvrir, et ce dans une Grèce qui, sous le régime dit « des colonels », se voulait « la Grèce des Grecs orthodoxes », une Église à la fois très intégriste et très nationaliste. Elle était extrêmement réticente à l'œcuménisme et particulièrement hostile au catholicisme. Les moines de l'Athos, péninsule monastique située près de Thessalonique, venaient d'excommunier le patriarche Athénagoras à cause de ses rencontres avec Paul VI et, comme le patriarche de Constantinople est leur évêque ordinaire, ils célébraient la prière eucharistique sans le nom de l'évêque du lieu, ce qui est proprement monstrueux d'un point de vue ecclésiologique, surtout orthodoxe. J'allais vite mesurer dans les mois qui suivirent combien le monachisme, par son intégrisme ignorant et fanatique, est un boulet qui paralyse la vie d'une Église orthodoxe comme l'Église de Grèce.

Philippe : L'attitude œcuménique du concile et du pape Paul VI n'avaient-elles donc pas atténué la méfiance des orthodoxes grecs envers Rome ?

Fr. Jean-Miguel : J'ai découvert, dans l'Église orthodoxe grecque, deux comportements très différents envers les catholiques. Les diocèses de la Grèce continentale et des îles Cyclades dépendent du Saint-Synode présidé par l'archevêque d'Athènes. On y trouve cet intégrisme dur dont j'ai parlé. Inversement, les diocèses de Crète et des îles du Dodécanèse dépendent du patriarche de Constantinople. L'esprit y est tout autre. À l'époque, il reflétait déjà l'ouverture œcuménique du patriarche Athénagoras. J'eus l'occasion de m'en rendre compte quand je fus invité en Crète par l'archevêque d'Héraklion. Je séjournai quelques jours à l'archevêché et il me demanda de célébrer chaque jour la messe en rite latin dans son oratoire privé en sa présence, en insistant pour que je la chante en grégorien, car il appréciait particulièrement ces mélodies. Le moment le plus extraordinaire fut un Office des Présanctifiés, office du soir célébré certains jours de Carême, au cours duquel prêtres et fidèles communient à l'eucharistie consacrée à la messe du dimanche et gardée dans un tabernacle posé sur l'autel. La cathédrale d'Héraklion était comble quand j'y arrivai avec lui. Je m'apprêtais à prendre place discrètement parmi les fidèles, quand il m'invita à entrer avec lui dans le sanctuaire en passant par la porte Royale qui est au milieu de l'iconostase, laquelle est réservée aux seuls prêtres. J'assistai donc à l'office avec l'archevêque et les prêtres, mais je ne communiai pas. À la sortie, les fidèles qui avaient pu constater mon entrée dans le sanctuaire avec l'archevêque, en voyant mon habit blanc dominicain, l'associèrent à la soutane blanche du pape, et ils disaient entre eux avec une évidente satisfaction : « C'est l'union des Églises. » C'est vrai qu'en Crète, puis à Rhodes où je me rendis plus tard, cette union semblait alors à portée de main. Mais à Thessalonique et à Athènes j'avais découvert que les résistances seraient farouches, comme l'avenir devait le montrer.

Alexandre : Êtes-vous allé au mont Athos ?

Fr. Jean-Miguel : Oui, à plusieurs reprises, car cette république monastique de Chalcidique est située assez près de Salonique. La vie monastique n'y était pas alors très brillante (j'ai su qu'elle a connu depuis un net redressement). En contraste avec la splendeur du cadre géographique et des monastères byzantins, ce qui frappait, c'était l'ignorance de la plupart des moines. Un jour que je lisais le Nouveau Testament dans l'édition grecque, un moine se pencha sur mon épaule et, voyant au bas de la page l'apparat critique qui donne en notes les variantes, il me demanda ce que c'était. Je lui expliquai que cela correspondait aux divers manuscrits par lesquels les écrits du Nouveau Testament étaient parvenus jusqu'à nous. Il en fut grandement scandalisé et s'écria : « Voilà bien l'esprit hérétique des Latins ! Nous savons bien, nous ici, que l'original de cette épître de saint Paul que vous lisez se trouve gardé à la cathédrale d'Athènes dans un coffret en argent. »

À chaque fois que je me rendis à la célébration de la divine liturgie (messe en rite oriental), j'en fus expulsé. Cela se passait invariablement de la manière suivante. Au début de la prière eucharistique, un moine venait vers moi et me demandait : « Êtes-vous orthodoxe ? » Je répondais à chaque fois : « Oui. — Mais vous êtes catholique ! — Oui. Et vous aussi vous vous considérez catholique. — Sortez ! » Et je sortais, mais en passant la porte de l'église je restais dans le narthex avec les moines excommuniés qui suivaient de là la messe en tant que pécheurs publics. Je tenais à faire comprendre que je restais humblement en attente de communion. Une fois, cela toucha un jeune moine qui, à la fin de la messe, alla prendre un morceau du pain bénit que l'on donne à tous les fidèles et vint me l'apporter dehors. Je voulus y voir une promesse d'avenir pour la réconciliation entre orthodoxes et catholiques.

Alexandre : Quel a été le moment spirituel le plus marquant de votre année en Grèce ?

Fr. Jean-Miguel : Paradoxalement, mon pèlerinage manqué à l'île de Patmos. J'avais préparé ce voyage depuis des mois, mettant de l'argent de côté sur ma maigre bourse d'étudiant. Il signifiait énormément pour moi. Patmos est une petite île du Dodécanèse, proche de Rhodes, où, d'après l'Apocalypse, saint Jean l'Évangéliste reçut de Dieu les révélations qu'il consigna dans ce livre. Or, je l'ai déjà dit, en entrant dans la vie religieuse, j'avais pris le nom de Jean, le plaçant devant Miguel, mon nom de baptême, par dévotion envers Jean l'Évangéliste.

Au mois de mars, de retour de mon séjour en Crète, je m'embarquai au Pirée pour l'île de Rhodes, avec un ami prêtre anglican. À peine le bateau avait-il quitté les côtes de l'Attique qu'une tempête se déchaîna. Les tempêtes de la Méditerranée sont bien plus redoutables que celles de l'Océan, car les vagues s'y précipitent en désordre. Celle-là était digne de celle qu'essuya saint Paul et, dans ce vieux rafiot grec dont la coque semblait tenir grâce aux couches de peinture superposées, nous nous vîmes proches d'un naufrage. Nous arrivâmes néanmoins, non sans mal, au port de Rhodes. Nous nous installâmes, mon ami anglican et moi, dans un hôtel des plus modestes en attendant que la tempête fût passée, car le petit bateau de Patmos ne pourrait pas quitter le port avant. Or, pendant quinze jours de suite, sans discontinuer, elle souffla avec fureur. Chaque jour nous allions sur le quai voir le bateau, et les marins levaient les yeux au ciel, ce qui en Grèce est le geste pour dire non. Tout en visitant la merveilleuse cité médiévale de Rhodes bâtie par des croisés venus d'Occident, nous vivions de pain et de café au lait. Mais nos maigres économies s'épuisèrent, et, la mort dans l'âme, nous dûmes reprendre le bateau pour Le Pirée et nous ne vîmes Patmos que de loin, dans la tempête.

Je me dis alors qu'en certains lieux sacrés on ne doit pas aller de soi-même, mais seulement si on y est appelé par Dieu. Instruit par cette expérience avec l'île de saint Jean l'Évangéliste, je me promis de ne jamais essayer d'aller en Terre sainte tant que Dieu ne me ferait pas signe de monter à Jérusalem. Je déclinai donc pendant de longues années les nombreuses propositions qui me furent faites d'y accompagner des groupes de pèlerins et j'arrivai à l'âge de cinquante ans sans m'y être encore rendu quand Dieu m'y appela à travers une demande du cardinal Lustiger dont je parlerai par la suite.

Philippe : Comment perceviez-vous cette Grèce des colonels à partir de votre expérience du régime franquiste ?

Fr. Jean-Miguel : Comme la copie conforme de celui-ci : un autoritarisme national-orthodoxe à la place d'un autoritarisme national-catholique. Il avait néanmoins un comportement nettement plus musclé, étant encore une dictature récente. Les prisonniers politiques étaient parqués en grand nombre dans une île perdue. Même à la paroisse catholique nous percevions à divers indices que notre téléphone était écouté et notre courrier lu. La dictature militaire soutenait excessivement l'Église orthodoxe, tout en la contrôlant de manière éhontée. Je me souviens d'avoir croisé sur une route déserte de la Macédoine grecque une grosse Mercedes battant le fanion jaune frappé de l'aigle noir de l'Empire byzantin, dont la plaque minéralogique ne portait que : M. TH (Métropolite de Thessalonique) en lettres grecques. Cela aurait été impensable dans l'Espagne franquiste où l'Église, parce que catholique et donc dépendante de Rome, ne pouvait pas être à ce point confondue avec le pouvoir.

Alexandre : Quelle impression vous fit la Grèce en elle-même ?

Fr. Jean-Miguel : Je reçus la Grèce de plein fouet comme un pays d'une beauté à vous faire mal. À la paroisse catholique, ma fenêtre donnait sur la mer et, comme le golfe Thermaïque est très large à la hauteur de Salonique, je ne pouvais pas apercevoir le rivage d'en face. Mais devant moi je voyais, émergeant de la mer comme une île en raison de ses deux mille mètres, le mont Olympe. En hiver il était divinement majestueux avec sa crête enneigée surplombant l'eau outremer du golfe. Le soir il devenait violet alors que la mer prenait ces teintes vineuses dont parle Homère. Je comprenais pourquoi les anciens Grecs avaient vu en lui la demeure de leurs dieux. En contemplant chaque matin cette splendeur, en la retrouvant sans cesse dans le paysage, jamais aussi lumineux que dans l'air limpide de l'hiver, je me pinçais en me disant : « Ouvre grand les yeux ! Tu dois pouvoir conserver cela en toi toute ta vie. » De mes fréquentes excursions sur les rivages de la Chalcidique, encore presque vide de touristes, surtout hors saison, je revenais littéralement ivre de beauté. Je comprenais le sens de cette chanson grecque que j'entendis un jour chanter à un paysan : « Ce qu'il y a de plus beau au monde, c'est la lumière. »

Je ressentis vite une vraie sympathie pour le peuple grec, joyeux, malin et malicieux, courageux face à l'ennemi et à l'adversité mais curieux et accueillant pour l'étranger. Les Grecs m'évoquaient souvent Ulysse et, en les écoutant discuter, je percevais mieux la part importante de malice et même de blague que comportent les dialogues socratiques. En cours, à la Faculté de théologie orthodoxe, mes camarades m'opposaient farouchement un argumentaire anticatholique bétonné, à propos du *Filioque* ou de la primauté du pape. Mais quand nous nous retrouvions dehors à une terrasse de café du front de mer, ils me tapaient amicalement sur l'épaule en disant : « Ne t'en fais pas pour la procession du Saint-Esprit ! De toute façon, qu'en sait-on vraiment du nombre des personnes dans la Trinité ? » Visiblement, l'orthodoxie était pour la plupart une idéologie nationale à défendre en public mais qui avait peu de chose à voir avec leur conviction théologique personnelle – ou plutôt leur scepticisme – exprimée en privé. Dès qu'ils ne se sentaient plus tenus de soutenir l'orthodoxie contre les « hérésies des Latins », ils retrouvaient les qualités naturelles de leur peuple. Mais je ne pouvais m'empêcher de reconnaître aussi dans ce dédoublement la marque fâcheuse des mœurs islamiques laissée par la longue occupation turque.

Philippe : Dans la paroisse catholique qui vous accueillait, exerciez-vous quelque tâche pastorale ?

Fr. Jean-Miguel : Le dimanche soir je célébrais la messe en anglais. Il y venait une assistance composée d'étrangers – diplomates, militaires américains d'une base voisine, étudiants et touristes – des pays les plus divers. Ce fait frappait beaucoup mes amis orthodoxes quand ils venaient me chercher à la sortie. Plusieurs m'avouèrent que, quand ils voyageaient à l'étranger, s'ils ne trouvaient pas sur le lieu une église grecque-orthodoxe, il ne leur serait pas venu à l'esprit d'aller participer à l'eucharistie même dans une église russe-orthodoxe. Le week-end nous accueillions souvent des diplomates occidentaux en poste à Sofia, plus rarement à Belgrade, qui venaient prendre un bol d'air de quarante-huit heures hors du rideau de fer.

J'avais aussi des permanences de confessionnal en français, espagnol, anglais et italien. Il arrivait assez souvent que des Grecs orthodoxes parlant une de ces langues viennent se confesser à la paroisse catholique. Les prêtres avaient pour principe de ne pas s'étonner si un pénitent ne connaissait manifestement pas le rituel latin. Je pus vite constater que cela répondait à une détresse pastorale du côté orthodoxe. Un étudiant en médecine, de mentalité aussi occidentale que son équivalent italien ou espagnol, s'était confessé au prêtre orthodoxe d'avoir couché avec sa fiancée. Celui-ci, le plus souvent un moine-prêtre, tenu d'appliquer une discipline remontant à l'époque patristique où il existait dans l'Église un état de pénitent public, lui imposait trois ans d'excommunication. Cet étudiant nous disait que, s'il ne recevait pas l'absolution ailleurs, il décrocherait définitivement de la pratique religieuse. Des cas de détresse pastorale comme celui-ci n'étaient pas rares et ils justifiaient de notre côté la pratique de l'hospitalité sacramentelle. Pour que l'on ne puisse pas nous accuser de prosélytisme, nous ne demandions jamais à l'intéressé s'il était orthodoxe.

Alexandre : Jouiez-vous aussi un rôle pastoral vis-à-vis des diplomates étrangers qui sortaient des pays communistes voisins ?

Fr. Jean-Miguel : Simplement la messe et la confession au cours de leurs week-ends à Salonique, car la pratique du culte catholique était très entravée dans les capitales des républiques populaires où ils résidaient. En outre, les services secrets de ces États totalitaires leur tendaient parfois des pièges et les soumettaient à des pressions diverses.

Je me trouvai ainsi un jour devant un cas particulièrement poignant. Pendant une permanence à l'église, je fus abordé par un homme d'environ trente ans qui me dit être diplomate, en poste dans un des pays communistes voisins. Il appartenait à l'ambassade d'une république latino-américaine qui était confrontée alors à une guérilla d'inspiration castriste. Il me raconta comment, quelques mois auparavant, il avait fait la connaissance d'un jeune étudiant qui s'était présenté comme opposant au régime communiste de son pays. Ils s'étaient liés d'une amitié qui, en raison des penchants homosexuels de l'un et de l'autre, était devenue une liaison. Puis, un beau jour, l'étudiant avait disparu et le diplomate, pris d'un pressentiment, avait examiné de près sa chambre et avait trouvé une petite caméra avec laquelle on avait filmé ses ébats. Quelques jours plus tard il était abordé par un agent des services de sécurité qui lui demanda de travailler pour eux, en lien avec la guérilla de son pays, s'il ne voulait pas que son ambassadeur ait connaissance d'un certain film dont le jeune diplomate était le protagoniste. Désespéré, celui-ci était venu passer quelques jours à Salonique et venait de se procurer une ampoule de poison. Il l'avait dans sa poche, me dit-il, et allait se suicider le soir même. Catholique pratiquant, il avait voulu néanmoins dire avant à un prêtre qu'il se voyait contraint au suicide mais qu'il ne voulait pas offenser Dieu.

Ce n'était pas une confession, puisque l'acte n'avait pas été posé. Pour respirer et pour gagner du temps, je proposai au diplomate de poursuivre ailleurs cet entretien. Il en fut ravi et m'invita à déjeuner dans un restaurant du front de mer pour, dit-il, « le festin du condamné à mort ». Ce repas fut pour moi un véritable cauchemar. J'avais des sueurs froides, ma gorge était serrée par l'angoisse, je luttais pour avaler les morceaux de la langouste que mon hôte avait commandée. Les yeux perdus dans les eaux outremer du golfe Thermaïque, j'écoutais parler, sans arriver vraiment à l'entendre, cet homme qui badinait avec la joie factice du désespéré. J'essayais de prier, mais ma prière n'était qu'un gémissement silencieux.

Soudain, mû par un élan intérieur, je lui dis à brûle-pourpoint : « Je suis moi-même fils de diplomate. » Il ne s'attendait pas à cela et je profitai de l'effet de surprise pour continuer : « Je connais la carrière diplomatique et je sais que vous n'êtes pas le premier à être impliqué dans une affaire de mœurs de ce type. Vous n'allez pas vous tuer pour cela. En sortant d'ici, vous ne rentrerez pas chez vous. Vous prendrez immédiatement la route pour Athènes, vous vous rendrez à votre représentation diplomatique, vous demanderez à voir l'ambassadeur et vous lui direz tout. On vous rapatriera au plus vite dans votre pays. Votre carrière en souffrira, certes, car on vous mettra au placard pendant quelques années dans un poste peu désirable. Mais vous ne vous serez pas donné la mort et vous n'aurez pas offensé Dieu. Puisque vous m'avez dit que vous ne vouliez pas L'offenser et que je vous indique le moyen de ne pas le faire, maintenant, donnez-moi la capsule que vous avez dans votre poche. » Je n'avais jamais encore parlé avec une telle autorité et j'en étais moi-même surpris. Il me regardait stupéfait et je sentis que son âme chancelait comme un boxeur groggy. Il tendit la main. J'avais la capsule. J'étais glacé. Il partit comme un automate, encore sous le choc. Trois jours après je reçus un mot de lui que j'ai longtemps gardé. Il l'avait écrit de l'aéroport d'Athènes avant de prendre l'avion qui le ramenait dans son pays. Je le revis des années après à Paris, marié et heureux. Il n'est plus de ce monde et j'espère qu'aujourd'hui il prie pour moi auprès de Dieu. Je pressens en particulier qu'il m'a obtenu sur l'homosexualité des lumières, que je n'avais pas encore quand je le rencontrai, mais qui devaient m'être précieuses plus tard, comme on le verra par la suite.

Philippe : Étiez-vous le seul étudiant étranger à la Faculté de théologie orthodoxe de Thessalonique ?

Fr. Jean-Miguel : Non, un jeune prêtre anglican de mon âge, auquel j'ai fait allusion à propos de Patmos, y préparait aussi son doctorat. Nous fîmes connaissance au cours d'une réunion rassemblant tous les boursiers du Conseil œcuménique des Églises en Grèce. La plupart de ceux-ci étaient de jeunes protestants mennonites américains, objecteurs de conscience qui refusaient de faire la guerre du Vietnam. Quand le prêtre anglican me vit arriver, il vint vers moi et me salua par ces mots : « Enfin quelqu'un d'une Église sérieuse ! » Il me dit qu'il n'avait pas trouvé, lui non plus, de logement ecclésiastique auprès des orthodoxes ; il avait dû prendre une chambre dans un foyer d'étudiants et il souffrait du bruit qui y régnait. Je lui proposai de venir habiter à la paroisse catholique et il y déménagea. Tous les jours, dans notre oratoire intérieur, je célébrais la messe et il me la servait ; puis il célébrait l'eucharistie anglicane. C'est avec lui, je l'ai dit, que je visitai les îles de Crète et de Rhodes. Il avait de fait une foi catholique et, s'il ne faisait pas encore le pas de la conversion, c'était par peur de se retrouver parmi les catholiques d'Angleterre dans « un ghetto irlandais », selon son expression. Mais il me dit un jour : « Si jamais l'Église d'Angleterre ordonne des femmes, comme certains commencent à le demander, ce sera pour moi le signe décisif qu'elle n'a pas la constitution que le Christ a voulue pour son Église, et je me ferai catholique romain. » Après mon séjour en Grèce, j'ai perdu contact avec ce prêtre, mais j'ai toutes les raisons de penser qu'il a fait partie des quelques centaines qui ont rejoint l'Église catholique quand, des années après, l'Église d'Angleterre a ordonné des femmes.

Alexandre : Quelle impression avez-vous gardée de vos voyages à travers la Grèce et ses îles ?

Fr. Jean-Miguel : J'en ai retiré tout d'abord un grand respect pour le petit peuple grec. La Grèce était alors assez pauvre et les villages pouvaient être misérables, mais ils étaient toujours dignes et propres. Sur ce point, la comparaison avec la Turquie, par où j'étais déjà passé et où je devais voyager trois ans plus tard, était frappante. En Turquie, même les hôtels de luxe avaient quelque chose de douteux et de mal entretenu. En Grèce, même dans les villages les plus reculés, je pouvais loger chez l'habitant en toute tranquillité, car tout y était parfaitement propre. Je voyais là l'influence de la religion : à la différence des musulmans, ces Grecs chrétiens savaient que, pauvres ou riches, ils avaient la dignité inamissible que donne la révélation biblique d'avoir été créé à l'image de Dieu. En conséquence, tout chez eux était empreint d'une noblesse à la fois antique et chrétienne. C'était d'autant plus frappant que la Grèce est beaucoup plus pauvre en ressources naturelles que la Turquie. J'admirais avec quelle astuce les Grecs savaient tirer parti de leur pays.

Il faut dire (tout le monde, d'ailleurs, l'a dit) que leur terre est un miracle de beauté. Après un bref passage en 1974, je ne suis plus retourné en Grèce, mais je l'ai survolée à plusieurs reprises pour aller en Israël ou en revenir. À chaque fois, en contemplant ses côtes déchirées par le bleu intense de la mer, j'ai été bouleversé. La Grèce, mer et montagnes enchevêtrées, terre rouge, d'où les oliviers se penchent sur les flots...

Philippe : Vous avez donc perçu que la Grèce, c'était l'Europe, alors que la Turquie appartenait à l'Asie ?

Fr. Jean-Miguel : Cela s'imposait à moi de mille manières comme une évidence. Il aurait fallu être aveugle pour ne pas le voir. Je me sentais une telle parenté culturelle et spirituelle avec la Grèce et avec les Grecs que cela me rendait encore plus amère la situation de schisme religieux qui s'est indurée entre eux et nous. De ce point de vue, je devais quitter la Grèce en ayant perdu beaucoup d'illusions et d'enthousiasme affectif, mais en gardant toute ma détermination pour continuer à œuvrer inlassablement en faveur de l'unité avec les orthodoxes.

Alexandre : Cela a donc été assez décevant pour vous qui vouliez vous consacrer à l'œcuménisme ?

Fr. Jean-Miguel : Ce fut une purification de tout ce que mon engagement œcuménique avait encore d'emballement juvénile, idéaliste et esthétisant. Je compris qu'il fallait comparer ce qui était comparable : soit une Église orthodoxe en situation de majorité, comme en Grèce, avec une Église catholique majoritaire, soit une Église orthodoxe minoritaire avec une Église catholique en situation minoritaire. Les Églises minoritaires sont toujours beaucoup plus ferventes et moins alourdies par les pesanteurs sociales. Je suis donc devenu plus réaliste et plus patient dans le domaine de l'œcuménisme. Mais c'est en Grèce que vint vers moi, sans que je la cherche, la rencontre avec les juifs et, avec elle, l'appel par Dieu à une tâche de réconciliation encore plus radicale dans le Peuple de Dieu.

À Salonique, je poussai un jour la porte d'une droguerie. Les commerçants, un couple, parlaient espagnol entre eux. Un espagnol qui me sembla un peu désuet, mais néanmoins tout à fait compréhensible. Dans mon étonnement et dans mon ignorance, je leur demandai : « Vous êtes espagnols ? » Eux parurent encore plus étonnés que moi et me demandèrent à leur tour : « Et vous, vous êtes espagnol ? » Je répondis oui et j'expliquai ma présence, insolite en cette ville encore peu touristique, surtout en hiver. Ils furent très émus. Ils se présentèrent comme juifs séfarades originaires de l'Espagne du XVe siècle. Je fus aussitôt invité chez eux : ils me montrèrent la clé de la maison que leurs ancêtres avaient eue à Tolède, me firent manger des plats de chez moi et entendre des chansons judéo-espagnoles qui me bouleversèrent.

Ils me racontèrent aussi une touchante saga familiale. Comme je leur demandais s'ils ne gardaient pas de l'amertume envers mon pays, qui les avait expulsés sous les rois catholiques, ils me dirent : « Cette faute a été expiée par ce que l'Espagne a fait pour nous, juifs séfarades de Salonique, au moment de l'invasion allemande pendant la dernière guerre mondiale. » Ils me racontèrent ces jours d'angoisse qui suivirent la rupture du front grec par les armées hitlériennes. Celles-ci fonçaient sur Salonique. Des centaines de juifs originaires d'Espagne se tournèrent alors comme eux vers le consulat espagnol et celui-ci put, avec l'accord de Madrid, leur délivrer en hâte des passeports avant l'arrivée des Allemands et le début de la déportation qui devait pratiquement anéantir la communauté séfarade de Salonique. Ces passeports d'un pays dont le régime était ami des puissances de l'Axe les sauvèrent des camps et leur permirent d'émigrer en Argentine pour la durée de la guerre. J'ai su seulement plus tard par mon père qu'avant ma naissance à Istanbul le délégué apostolique Mgr Roncalli, le futur Jean XXIII, avait demandé la même chose à l'ambassade d'Espagne, pour protéger les juifs de la ville au cas où, comme tout le laissait craindre, la Turquie serait entrée en guerre du côté des Allemands, lesquels avaient déjà des troupes tout près, sur la frontière bulgare. L'Espagne devait renouveler en 1967 cette protection en donnant des passeports aux juifs séfarades du Caire et d'Alexandrie menacés en Égypte pendant la guerre des Six-Jours.

Mes nouveaux amis juifs me dirent que depuis lors ils n'avaient jamais abandonné la nationalité espagnole, qu'ils avaient récupérée après tant de siècles, et qu'ils avaient découvert le pays où avaient vécu leurs ancêtres en allant y passer des vacances. Le chef de ce qui restait de la communauté séfarade était devenu le consul honoraire d'Espagne à Salonique. Ce qui me frappa, et que je devais constater tant de fois par la suite en d'autres occasions, ce fut l'amour des juifs pour leur nation, en l'occurrence pour l'Espagne, qui pourtant les avait chassés des siècles auparavant. Cela me fit entrevoir d'emblée le caractère sacerdotal et « ecclésial » de ce peuple rassemblé par Dieu qui n'est pas une nation parmi d'autres. Je ne savais pas alors que ma vie serait un jour rattachée par un engagement personnel à la destinée religieuse d'Israël.

Philippe : L'Orthodoxie, Israël ! En Grèce, vous approfondissez ou découvrez deux domaines qui marqueront votre vie ultérieure. Cette année vous a-t-elle aussi permis de compléter la formation intellectuelle reçue au Saulchoir ?

Fr. Jean-Miguel : Les cours de la faculté de Thessalonique étaient assez médiocres, mais j'ai disposé de beaucoup de temps libre pour lire à fond les deux volumes de la *Patrologie* grecque de Migne consacrés aux œuvres de saint Maxime le Confesseur en vue de ma thèse de doctorat. C'était une consolation pour moi, qui étais confronté au durcissement orthodoxe, d'étudier dans le texte grec ce Père d'une Église encore indivise, qui avait été au VIIe siècle un trait d'union entre sa tradition orientale et sa tradition occidentale.

Mais l'apport le plus considérable à mon enrichissement intellectuel me vint cette même année à travers une rencontre inattendue, qui devait avoir une influence durable sur toute la suite de ma vie. En janvier 1971, je me rendis une semaine à Rome où je devais participer à un des colloques qu'organisait alors le Pr Enrico Castelli. Ces colloques rassemblaient d'éminents intellectuels autour de thèmes à la charnière entre la théologie d'une part, la philosophie et les sciences humaines d'autre part. Je n'étais pas peu flatté, moi jeune thésard de vingt-six ans, d'être invité à y participer, sinon comme conférencier, du moins comme auditeur pouvant intervenir dans les échanges qui suivaient les communications. En arrivant à Rome, je trouvai le volume imprimé contenant toutes les conférences qui allaient être données. Je le parcourus et un des textes attira mon attention. Son auteur, Alain Besançon, était professeur d'histoire de la Russie à l'École pratique des hautes études de Paris. Nous avions lu au réfectoire du Saulchoir son premier livre, aussi original que suggestif : *Le tsarévitch immolé*. Sa conférence au colloque Castelli exposait une réflexion nouvelle et pénétrante sur le rapport perverti qu'entretient l'idéologie avec la temporalité, et elle était particulièrement éclairante pour analyser la poussée idéologique que nous subissions depuis mai 1968. Je me promis de faire sa connaissance au cours du colloque.

Le père Geffré, notre ancien régent des études au Saulchoir, devenu professeur de théologie à l'Institut catholique de Paris, participait aussi à ce symposium. Dans sa conférence, il développa les thèses, par lesquelles il allait marquer durablement l'intelligence de la foi en France, qui prônaient une théologie fondamentalement herméneutique, c'est-à-dire réinterprétant la Révélation à partir d'un contexte historique et culturel donné. Au cours du débat qui suivit, Alain Besançon demanda la parole et commença par cette parole provocante, mais que je ne pouvais m'empêcher de trouver juste dans le fond : « Le père Geffré vient de dire fort bien tout ce à quoi je ne crois pas. » Puis il argumenta fermement contre la conférence que nous venions d'entendre. Tout Besançon était déjà dans ces propos. Je caractériserais son esprit par quatre qualificatifs : sagacité, clarté, alacrité, courage. J'allai vers lui pendant une pause et je lui dis mon admiration pour ce que j'avais lu et entendu de lui. Il me regarda droit dans les yeux et, voyant que j'étais habillé en clergyman, me demanda à brûle-pourpoint : « Vous êtes prêtre ? — Oui. — Et vous y croyez vraiment ? — Oui. — Alors vous m'intéressez. Il faudra qu'on se revoie quand vous rentrerez à Paris. » C'est ainsi que commença une amitié qui dure toujours et qui devait m'apporter, comme je le dirai, tant d'intelligence, surtout dans les domaines de la pensée politique et de l'Histoire.

Âgé alors d'à peine quarante ans, Alain Besançon, qui avait été communiste dans sa jeunesse étudiante, comme il l'a raconté dans *Une génération*, commençait à être connu comme soviétologue. Il achevait sa thèse de doctorat d'État avec Raymond Aron, laquelle paraîtrait bientôt en livre sous le titre *Les origines intellectuelles du léninisme*. Alain sortait d'un passage par la pensée psychanalytique dans laquelle sa grande culture et son esprit critique lui avaient fait déceler lucidement la part de gnosticisme. Catholique de naissance et d'éducation, très conscient de la place de la religion et de la théologie dans l'histoire de la pensée, il cherchait alors un prêtre qui l'aidât à réintégrer l'Église. Or, au milieu de la crise qu'il découvrait en celle-ci, il commençait à désespérer de trouver celui qu'il lui fallait. Notre rencontre à Rome me permit, après mon retour à Paris, de lui faire connaître le père Le Guillou, qui l'accueillit paternellement et qui célébra son mariage religieux avec sa femme Maria, belle et lumineuse comme celle dont elle porte le nom, en une touchante cérémonie domestique au milieu de leurs enfants. En Alain, Dieu venait de me donner ce frère aîné qui m'avait tant manqué.

Chapitre XI

Paris : le combat de la foi

Alexandre : Quand vous êtes rentré à Paris en 1971, après une année universitaire passée en Grèce, quelle a été votre mission ?

Fr. Jean-Miguel : Je retournai au Centre d'études Istina, qui constituait alors une dépendance du couvent de Saint-Jacques donnant sur la rue de la Glacière, dans le XIIIe arrondissement. Je devais faire ma deuxième année d'habilitation au doctorat à l'Institut catholique de Paris en suivant plusieurs séminaires et rédiger ma thèse sous la direction du père Le Guillou. En même temps, celui-ci, comme directeur de l'Institut œcuménique de l'Institut catholique, me confia la direction de quelques séminaires pour commençants. Par ailleurs je collaborais étroitement avec lui à Istina pour tout ce qui touchait aux relations avec les orthodoxes et pour son travail théologique personnel. Le père Le Guillou avait alors cinquante ans, il était membre de la Commission théologique internationale et, en voyant la confiance que lui témoignaient le pape et les plus hautes autorités de la Curie romaine, on était fondé à penser qu'il allait accéder à de très hautes responsabilités dans la hiérarchie de l'Église. Ce fut le cas pour son contemporain et ami Joseph Ratzinger, ce l'eût très certainement été pour lui si la maladie de Parkinson ne l'avait très vite et très gravement handicapé.

Philippe : Qu'est-ce exactement que le Centre d'études Istina ?

Fr. Jean-Miguel : C'est un centre d'études œcuméniques fondé par des dominicains après la Première Guerre mondiale sous le nom de Russie et Chrétienté. Il avait pour but de faciliter les relations religieuses avec cette foule d'orthodoxes russes qui arrivaient alors en France, fuyant le bolchevisme. Le nom d'*Istina*, qu'il a pris par la suite, est un mot russe qui signifie vérité, mais ne s'emploie que pour la vérité métaphysique et divine, alors que le mot *Pravda* désigne la vérité pratique et donc plutôt la justice. Remarquons au passage que cette particularité de la langue russe risque de conduire à dissocier la vérité éternelle et religieuse de la vérité pratique et humaine. Par la suite, le Centre Istina a élargi sa sphère d'études à l'œcuménisme en général, englobant donc le protestantisme, et même le judaïsme, avec le père Bernard Dupuy, qui a été pendant de longues années le directeur du centre.

Philippe : En quoi consistait alors votre travail œcuménique vis-à-vis des orthodoxes ?

Fr. Jean-Miguel : J'accompagnais le père Le Guillou dans ses dialogues théologiques avec les théologiens orthodoxes de l'Institut Saint-Serge de Paris : Olivier Clément, Paul Evdokimov, Serge Andronikov, tous trois laïcs, et le père Boris Bobrinskoy. Avec l'un ou l'autre d'entre eux j'animais quelque séminaire catholique-orthodoxe à l'Institut œcuménique de l'Institut catholique de Paris. Par ailleurs, avec le père Le Guillou, nous publiions en ce début des années 1970 des numéros de notre revue *Istina* consacrés à des dossiers de théologie patristique sur les principaux points de divergence doctrinale entre catholiques et orthodoxes : la primauté romaine, la théologie de la divinisation et de la grâce, le *Filioque*, c'est-à-dire la procession du Saint-Esprit à partir du Père et du Fils au sein de la Trinité. Notre souci était de faire droit aux difficultés légitimes que ressentaient les théologiens orthodoxes à partir de la Tradition de l'Orient chrétien, tout en nous efforçant d'y répondre en les resituant dans l'intégralité de la Tradition patristique de l'Église indivise du premier millénaire.

Je ne me doutais pas qu'avec ces articles sur le *Filioque* je commençais une recherche œcuménique de théologie trinitaire qui aboutirait à un livre paru en 1981 sous le titre *L'Esprit qui dit : Père !* et encore moins que ces études me vaudraient de coopérer comme expert avec le Magistère à l'occasion de la publication, en septembre 1995, de la note de clarification doctrinale sur le sens du *Filioque*. Le 29 juin de cette même année, dans son homélie de la messe de saint Pierre et saint Paul célébrée à Rome en présence du patriarche œcuménique Bartholomé, le pape Jean-Paul II avait exprimé du côté catholique « la ferme volonté que soit clarifiée la doctrine traditionnelle du *Filioque*, présent dans la version latine du *Credo* latin, pour pouvoir mettre en lumière sa complète harmonie avec ce que le concile œcuménique de Constantinople, en 381, confesse dans son symbole : le Père comme source de toute la Trinité, seule origine, et du Fils, et du Saint-Esprit ». Cette clarification fut publiée à Rome par le Conseil pour l'unité de chrétiens sous le titre *Les traditions grecque et latine concernant la procession du Saint-Esprit*. Elle parut le 13 septembre 1995, en la fête de saint Jean Chrysostome patriarche de Constantinople, signée de trois étoiles, ce qui dans le code de communication propre au Vatican signifie que le document engage l'autorité du Saint-Siège. Au cours des mois qui suivirent je la commentai dans plusieurs articles parus dans diverses revues théologiques. Le théologien orthodoxe français

Olivier Clément, dans un article paru dans le journal *La Croix* le 25 janvier 1996 sous le titre « Enfin un œcuménisme créateur », considéra que cette clarification « pourrait bien marquer la fin de la querelle du *Filioque* » et conclut en disant : « Nous pouvons maintenant comprendre le *Filioque* dans la perspective de l'Église indivise ! »

Alexandre : Quels étaient, au début des années 1970, les autres membres d'Istina ?

Fr. Jean-Miguel : À Istina, je retrouvai un frère aîné qui terminait ses études au Saulchoir au moment où moi j'y étais arrivé, le frère Albert-Marie de Monléon, qui devait devenir des années plus tard évêque de Pamiers puis de Meaux. Il eut une forte influence spirituelle sur ma vie à travers le Renouveau charismatique. Chargé à Istina des rapports avec le protestantisme évangélique, il rentrait des États-Unis, où il avait connu, à l'université de Notre-Dame, le Renouveau catholique qui s'y développait, au contact des pentecôtistes et des protestants charismatiques, depuis la fin des années 1960. Il serait de ceux qui l'introduiraient ces années-là en France et il deviendrait un des fondateurs de la Communauté de l'Emmanuel.

Dans cette maison d'Istina logeait alors aussi mon ami, le frère Christoph Schönborn, qui avait été ordonné prêtre puis avait terminé sa dernière année d'études au Saulchoir pendant mon séjour en Grèce et qui commençait sa première année d'habilitation au doctorat à l'Institut catholique de Paris, en vue d'y soutenir, comme moi, une thèse sous la direction du père Le Guillou. Il n'y est resté qu'une seule année, car il n'a pas supporté le bruit assourdissant que faisaient de huit heures du matin à six heures du soir les huit marteaux-piqueurs qui creusaient sous nos fenêtres le trou de plusieurs étages où devait venir se loger la bibliothèque du Saulchoir, lequel était en train de fermer définitivement à Étiolles. À sa demande, le père Le Guillou l'envoya faire sa deuxième année d'habilitation à l'université de Ratisbonne auprès de son ami le professeur Joseph Ratzinger. Celui-ci apprécia ce merle blanc qu'était alors un jeune théologien germanophone à la fois intelligent et fidèle à la doctrine catholique gardée par Rome. Il se souvint de lui plus tard et, après que celui-ci fut entré à la Commission théologique internationale, il le nomma secrétaire du comité de rédaction du *Catéchisme de l'Église catholique*. Mais, pendant son année à Ratisbonne, Christoph devait revenir souvent à Istina revoir le père Le Guillou, car celui-ci était resté le patron de sa thèse de doctorat destinée à l'Institut catholique de Paris. Cette thèse fut publiée plus tard sous le titre *L'icône du Christ : fondements théologiques de Nicée I à Nicée II*, livre que je considère comme une des grandes œuvres théologiques du XXe siècle.

Alexandre : D'autres étudiants préparaient-ils leur thèse sous la direction du père Le Guillou ?

Fr. Jean-Miguel : Nous étions plusieurs en ces années-là à écrire une thèse sur saint Maxime le Confesseur sous la houlette du père Le Guillou. Le plus proche de Christoph et de moi était un frère de mon noviciat et un ami, le frère Alain Riou, qui devait publier son travail en 1973 sous le titre *Le monde et l'Église selon Maxime le Confesseur*. Peu après viendraient les thèses du père carme François-Marie Léthel, *Théologie de l'agonie du Christ : la liberté humaine du Fils de Dieu et son importance sotériologique mises en lumière par saint Maxime le Confesseur* (1979), puis celle du père jésuite Pierre Piret, *Le Christ et la Trinité selon Maxime le Confesseur* (1983). Le nombre relativement important, mais plus encore la variété des membres de ce groupe font qu'on a pu parler à son sujet d'une « école théologique » issue du père Le Guillou. En fait chacun de nous appartenait déjà à une tradition théologique qui le rattachait plutôt à son ordre religieux, comme la suite devait le montrer. Le père Le Guillou n'était soucieux que de la doctrine de la foi, bien malmenée en ces années, et il accueillait avec bienveillance toute recherche théologique susceptible de la renforcer, de quelque école qu'elle fût issue.

Philippe : Dans quel état avez-vous trouvé les études théologiques à l'Institut catholique de Paris trois ans après Mai 1968 ?

Fr. Jean-Miguel : Nous les percevions à travers le professeur de patristique dont nous devions suivre les séminaires et qui était en même temps le responsable du troisième cycle, c'est-à-dire de tous les doctorants. Je me souviens encore des propos stupéfiants que tenait alors ce prêtre, qui devait d'ailleurs quitter le ministère quelques années après. Un jour il nous dit avec un étrange sourire : « Je vais vous parler franchement, puisque vous êtes des doctorants. Nous pouvons nous dire sans fard des choses que des étudiants de licence ou de maîtrise ne pourraient pas entendre. Ce pauvre Jésus de Nazareth ne pouvait pas se douter qu'au moment où il faisait de jolis sermons en Galilée vivait à Alexandrie un théologien juif appelé Philon dont les spéculations sur le Verbe donneraient un jour à ses paroles une portée d'éternité. » Indigné, je me tournai vers Christoph Schönborn, qui était mon voisin de table. À mi-voix il me dit, blême de colère : « Je me lève et je vais immédiatement faire un scandale auprès du recteur. » Je lui soufflai aussitôt à l'oreille : « N'en fais rien ! Ce sera le pot de terre contre le pot de fer et cela ne servira qu'à te couler toi-même. »

En effet, dans l'extrême confusion qui régnait alors, il ne fallait pas compter obtenir justice, ni même seulement faire entendre une protestation. Dans ces conditions, nous devions seulement ne pas cautionner pour notre propre compte pareil discours. C'est moi qui pris la parole et qui demandai à notre brillant patrologue : « Mais comment avez-vous pu, si vous pensez cela, écrire un livre sur le traité *De l'Incarnation du Verbe* de saint Athanase ? » Sans se départir de son inquiétant sourire il me répondit avec aménité : « Parce que entre Jésus de Nazareth et le Verbe Incarné de saint Athanase il n'y a en commun que quelques valeurs morales. » Tout était dit. Quant à Christoph, je me réjouis qu'il se soit laissé persuader de ne pas brandir l'étendard de la révolte. D'abord parce que la révolte est toujours ambiguë, même si elle a pour origine une juste colère. Ensuite parce que, dans le cas particulier, si Christoph avait suivi ce premier mouvement, cela aurait rendu difficile qu'il puisse devenir plus tard maître d'œuvre du *Catéchisme de l'Église catholique*, puis cardinal-archevêque de Vienne, c'est-à-dire de se trouver en situation de répandre de manière particulièrement active et efficace la parole de Dieu. En effet, la hiérarchie ecclésiastique partage avec l'administration la même méfiance envers les personnes qui ont « fait des vagues ». Je suis heureux d'avoir ce jour-là, à ma manière, contribué à ce qu'il pût garder son calme.

Alexandre : Et où en était la vie religieuse dominicaine dans votre couvent ?

Fr. Jean-Miguel : Le Centre d'études Istina faisait partie d'un des trois couvents dominicains de Paris, celui qui, à la fermeture du Saulchoir, avait accueilli la majorité des professeurs et des frères étudiants en provenance de celui-ci. L'esprit « prophétique » de 1968 y soufflait donc impétueusement. Certains sermons étaient tels qu'ils allaient bientôt susciter chez le père Le Guillou et chez moi une objection de conscience. Notre ancien professeur de morale du Saulchoir y prêcha à plusieurs reprises à la messe dominicale que l'avortement, dont on commençait alors à discuter dans l'opinion, n'était pas seulement l'expression du « droit de la femme à disposer librement de son corps », mais qu'il devenait un devoir moral, si toutes les conditions n'étaient pas réunies pour que l'enfant à naître fût physiquement, mentalement, affectivement et économiquement épanoui. À la sortie, un jeune couple de fidèles du couvent, habitué pourtant à entendre des sermons qui décoiffaient, me dit : « Après cela, on se demande si on a encore le droit de laisser venir au monde un enfant. » Puis, s'adressant à moi personnellement : « Êtes-vous d'accord avec ces affirmations ? — En aucune manière. — Comment ne vous rendez-vous pas compte qu'en assistant comme concélébrant à un pareil sermon vous cautionnez ce qui y est dit ? » Comme ce sermon n'était pas le seul que je ne pouvais pas cautionner par ma présence, je me trouvai désormais souvent exclu en conscience de la célébration dominicale de mon propre couvent et j'allais ces jours-là concélébrer la messe à Notre-Dame de Paris en me disant que c'était quand même l'église cathédrale.

À la messe du jeudi saint de 1972, l'assemblée fut invitée à s'asseoir par petites tables avec les frères pour partager un repas festif tout en regardant et en commentant, en guise de liturgie de la Parole, des diapositives sur les mouvements révolutionnaires en Amérique latine. Ensuite, entre la poire et le fromage, un de nos professeurs de théologie entouré de deux laïcs, un homme et une femme, lut, sans aucune espèce de prière eucharistique, le récit de l'institution, en vue de « consacrer » tout le pain et le vin qui étaient sur les tables, puis il invita les fidèles à se communier, avant de terminer le repas par une glace au moka. Ceux-ci, qui pourtant en avaient vu d'autres en ces lieux, semblaient assez gênés. Après qu'ils furent partis, un frère convers demanda dans la simplicité de son cœur ce qu'il devait faire de tout ce pain et ce vin consacrés qui restaient sur les tables et il lui fut répondu qu'il n'avait qu'à les servir au déjeuner du vendredi saint. Le père Le Guillou et moi avions observé du fond de la chapelle, sans y participer, cette célébration au mieux gravement illégitime, au pire objectivement sacrilège. Nous savions qu'il s'agissait d'une eucharistie invalide, car il y manquait totalement l'action de grâces au Père pour le sacrifice pascal de son Fils actualisé par la puissance de l'Esprit, c'est-à-dire l'intention de faire ce que veut faire l'Église. Mais, avec cette transgression volontaire, une limite avait été franchie : nous ne pouvions plus concélébrer au couvent. Nous ne célébrâmes donc plus la messe en semaine que dans la petite chapelle d'Istina, où nous nous retrouvâmes désormais avec Christoph, Albert-Marie et l'un ou l'autre frère.

Le malaise que nous ressentions face au style qu'avait pris la vie communautaire était si grand que Christoph et moi développâmes pendant des mois une gastrite nerveuse tenace à cause des odeurs, de la vulgarité des attitudes et de la teneur des conversations que nous devions subir au self. Je me souviens d'avoir entendu un religieux, au demeurant la crème des hommes dans la vie fraternelle, parlant du Chili d'Allende, dire que si celui-ci ne se décidait pas à « éliminer » rapidement un million d'opposants, il serait bientôt renversé par un coup d'État. Nous nous repliâmes donc, les mêmes frères qui concélébrions déjà entre nous à Istina, sur la cuisine exiguë et le petit réfectoire dont disposait le Centre d'études. Parfois, quand avec le père Le Guillou nous recevions un invité personnel, nous l'emmenions au restaurant voisin de l'Armée du Salut où, pour cinq francs d'alors, nous mangions un repas fort correct au milieu de gens sans domicile fixe qui avaient une tenue bien plus digne que celle de la plupart des religieux au self-service du couvent.

Philippe : N'avez-vous pas été protégé de cette déliquescence du milieu ecclésial par votre enracinement dans les Pères de l'Église ?

Fr. Jean-Miguel : Si, je le crois. Mon ministère sacerdotal me faisait désormais un devoir moral de ne pas me dérober au combat de la foi qui se déroulait dans l'Église et l'exemple des Pères, de saint Irénée à saint Maxime le

Confesseur, m'y encourageait, tout en me fournissant les repères de la Tradition, mais sans le traditionalisme fossilisé dont faisait preuve déjà un Mgr Lefebvre. Les dimanches où je ne pouvais pas en conscience concélébrer dans mon couvent, si je ne concélébrais pas la messe à Notre-Dame, j'allais participer à la divine liturgie de saint Jean Chrysostome chez les melkites catholiques de Saint-Julien-le-Pauvre.

Alexandre : À Istina, ne jouissiez-vous pas de la protection du père Le Guillou ?

Fr. Jean-Miguel : Certes, son autorité théologique et sa forte personnalité ont abrité pendant un certain temps les deux ou trois jeunes religieux que nous étions. Mais la situation a commencé à se dégrader pour nous avec la santé du père Le Guillou dès janvier 1972.

Philippe : Qu'est-ce qui a été à l'origine de sa maladie ?

Fr. Jean-Miguel : Probablement l'effort surhumain qu'il dut fournir et le choc émotionnel qu'il subit en une occasion exceptionnelle de la vie de l'Église. À mon retour de Grèce, le père Le Guillou m'annonça qu'il avait été nommé, avec les pères Urs von Balthasar et Medina (l'un et l'autre créés plus tard cardinaux), théologien du synode des évêques convoqué par le pape à Rome cet automne 1971. Il me demanda de l'aider dans l'énorme travail de préparation que cela exigeait de lui. Ce synode devait traiter du sacerdoce ministériel des prêtres et d'une question que Paul VI avait soustraite à la délibération du concile : le célibat sacerdotal. Le pape avait décidé, en effet, de laisser le synode des évêques libre de lui conseiller, s'il le jugeait opportun pastoralement, l'ordination dans certains cas de *viri probati*, c'est-à-dire d'hommes mariés qui, après de longues années de vie conjugale éprouvée, ayant achevé l'éducation de leurs enfants et atteint la retraite ou une préretraite, voulaient se mettre au service de l'Église en recevant, comme dans les Églises orientales orthodoxes et catholiques, le ministère sacerdotal.

Le père Le Guillou, comme la plupart des théologiens, ne voyait pas d'objection doctrinale dirimante à cette éventualité. Depuis Pie XII, des pasteurs protestants mariés qui s'étaient convertis au catholicisme avaient été ordonnés prêtres tout en étant autorisés à poursuivre leur vie conjugale ; leur ministère ne s'en était pas ressenti. Il restait seulement dubitatif sur l'opportunité pastorale d'un changement de la discipline du célibat sacerdotal pour le rite latin dans les circonstances d'alors. Il se souvenait en effet de la mise en garde qu'il avait reçue un jour d'un pasteur protestant suisse. Un tiers des pasteurs suisses avaient divorcé et s'étaient remariés au cours de leur ministère. Si le dérapage sexuel d'un prêtre célibataire représente une défaillance lamentable dans sa fidélité personnelle à Dieu, la déchirure, sous les yeux de toute une paroisse – souvent à cause d'un de ses membres –, du couple du pasteur qui porte le ministère eucharistique de l'unité est un scandale infiniment plus destructeur pour la vie de l'Église.

Alexandre : Quelle situation le père Le Guillou trouva-t-il en arrivant à Rome ?

Fr. Jean-Miguel : Peu avant l'ouverture du synode des évêques, un prêtre de Paris, l'abbé Jean-Claude Barreau, auteur de livres à succès, avait annoncé dans un article de journal retentissant qu'il quittait le ministère pour se marier. Or, depuis la crise de mai 1968, une hémorragie de départs frappait le clergé. C'est dans ce climat explosif que le père Le Guillou arriva à Rome comme théologien du synode. Il fut aussitôt contacté par un grand prélat européen alors très en vue qui, après avoir joué un rôle important au concile, entretenait depuis 1968 une fronde contre Paul VI, jugé par lui trop timoré dans ses réformes. Il exprimait publiquement son désaccord, jusque dans des interviews accordées à de grands quotidiens. Comme le père Le Guillou était un des théologiens dominicains présents au concile, il lui dévoila son plan, en lui demandant le plus grand secret, plan auquel il pensait avoir gagné les représentants au synode des épiscopats d'Europe occidentale et d'Amérique du Nord, lesquels étaient capables d'entraîner comme au concile les Églises d'Afrique et d'Asie. Il s'agissait de recommander au pape la possibilité d'ordonner des *viri probati* et, une fois la décision obtenue, de laisser à la campagne de presse qui ne manquerait pas d'être menée à sa suite le soin d'obliger Rome à permettre la réintégration sacerdotale des milliers de prêtres qui venaient de quitter le ministère pour se marier.

Le père Le Guillou reçut cela comme un choc particulièrement traumatisant. En effet, jamais dans ses différents rites aucune Église détentrice du sacrement de l'ordre n'a jamais, au long de son histoire, permis à un prêtre de se marier et de continuer à exercer son ministère. Dans le projet du prélat, conçu pour des raisons démagogiques, le père Le Guillou vit donc se dessiner une grave perversion doctrinale de l'éventuelle ordination des *viri probati*, sur l'opportunité de laquelle il aurait été possible autrement de délibérer. Par ailleurs, ce plan ressemblait étrangement à une conspiration ecclésiastique, puisqu'il était secret et qu'il comptait sur une campagne de presse pour atteindre son but inavoué : forcer la main au pape à propos de la réintégration sacerdotale des milliers de prêtres qui, les années précédentes, avaient quitté le ministère pour se marier.

Philippe : Quelle a été la réaction du père Le Guillou ?

Fr. Jean-Miguel : Il s'en alla aussitôt trouver le modérateur du synode nommé par le pape, le cardinal Duval, archevêque d'Alger, et lui dévoila la manœuvre en cours. Celui-ci était un prélat politiquement progressiste, qui avait soutenu l'indépendance de l'Algérie et a pris la nationalité de ce pays, ce qui le rendait très populaire auprès des évêques des pays récemment décolonisés. Mais, sur le plan doctrinal, c'était un évêque traditionnel et fidèle au pape. Il en parla avec Paul VI et déjoua habilement la manœuvre auprès des épiscopats africains et asiatiques qui, contrairement à ce qu'ils avaient fait au concile, se désolidarisèrent alors pour la première fois des Églises mères de leurs anciennes métropoles et firent bloc autour de Rome, avec les évêques de l'Europe de l'Est et du Sud, ainsi qu'avec une majorité d'évêques latino-américains. Désormais ce n'étaient plus les Églises d'Europe occidentale et d'Amérique du Nord qui, comme au concile, exprimaient le *sensus Ecclesiae* de manière déterminante.

Le père Le Guillou, avec les deux autres théologiens du synode, travailla pendant un mois d'arrache-pied car il s'agissait, par-delà la question du célibat sacerdotal, de défendre la sacramentalité du ministère ordonné catholique contre une conception protestante qui lui enlèverait sa spécificité pour en faire l'un des nombreux ministères ecclésiaux, voire le ramènerait à une fonction pour un temps déterminé. Le père Congar lui-même ne venait-il pas de publier un article où il affirmait que le caractère sacerdotal, confessé par le concile de Trente, n'était qu'une doctrine tardivement élaborée par les théologiens scolastiques des XIIe et XIIIe siècles ? Le père Le Guillou, un autre frère et moi avions dû répondre, à la veille du synode, par un autre article en accumulant les citations de Pères grecs qui, depuis la fin du Ve siècle, parlent du caractère sacerdotal avec le terme même qu'ils emploient pour le sceau indélébile du baptême.

Le résultat du synode, à l'opposé du plan préparé d'avance par certains, fut une réaffirmation de la doctrine catholique du sacerdoce ministériel et une ferme exclusion pastorale et spirituelle de l'éventualité d'ordonner dans cette situation de crise des hommes mariés, même des *viri probati*. Si, depuis 1968, Rome avait pu sembler intimidée par la vague de contestation théologique, le synode sur le sacerdoce montra que, pour le Magistère, le concile n'était pas une table rase révolutionnaire renvoyant la doctrine de la foi professée antérieurement par l'Église au magasin des vieilles lunes. Le concile devait être interprété comme un développement homogène du Magistère antérieur. Quant à la discipline du célibat, étant donné les circonstances présentes de sécularisation du monde occidental, l'Église latine a décidé de la conserver et elle est restée jusqu'à maintenant sur ce discernement pastoral, en mettant en même temps en lumière les profondes convenances spirituelles entre le sacerdoce ministériel et le célibat consacré. Je crois que, tant que ne sera pas disparue la génération de prêtres qui a connu un abandon aussi massif de l'engagement au célibat, l'Église ne changera pas cette discipline pour le rite latin.

Alexandre : Quel a été pour le père Le Guillou le contrecoup de son engagement personnel au cours du synode ?

Fr. Jean-Miguel : Quand il rentra à Paris, ses mains étaient affectées d'un tremblement qu'elles ne présentaient pas auparavant. Il consulta le médecin qui lui dit : « Quel choc émotif puissant avez-vous pu subir pour qu'il déclenche chez un homme de cinquante ans le plus mauvais des types de parkinson ? » Le médecin le prévint que dans les années à venir il devrait assez vite renoncer à la vie active qui était la sienne et trouver une retraite où il pourrait être assisté, car il deviendrait de plus en plus dépendant.

Philippe : Outre ce choc psychosomatique, qui a été un facteur déclenchant de la maladie de Parkinson, quelle impression spirituelle a-t-il rapportée du synode ?

Fr. Jean-Miguel : Je retrouvai, à son retour de Rome, un homme qui venait de subir une grande épreuve dans sa foi. Il me dit aussitôt : « Nous sommes dans un combat de la foi, aux prises avec une crise comme jamais l'Église n'en a connu, même pendant l'arianisme du IVe siècle qui avait servi de référence à Newman. Dans les hérésies antérieures, c'était un aspect de la vérité révélée qui était nié. Maintenant, c'est la vérité révélée comme telle qui est subvertie. C'est tout le mystère chrétien qui se trouve donc faussé de l'intérieur. Il faut qu'on fasse quelque chose. » C'est ainsi qu'est né d'abord le projet de reprendre le mouvement « tractarien » de Newman en rédigeant de brefs manifestes sur les bases de la foi catholique. Mais ce projet fut abandonné, car des tracts ne permettaient d'aborder que des aspects partiels, alors que la crise touchait la foi comme telle.

En vue de les associer dans ce combat de la foi, le père Le Guillou consulta alors ceux des théologiens du concile qui voyaient la situation présente de l'Église de la même manière que lui. Alors qu'au lendemain du concile tous les théologiens de la majorité s'étaient retrouvés pour fonder ensemble une revue intitulée symboliquement *Concilium*, depuis 1968, après qu'elle eut pris un tournant hypercritique et anti-magistériel sous l'influence surtout de Hans Küng, un certain nombre de grands théologiens la quittèrent. Parmi eux, les pères Joseph Ratzinger, Hans Urs von Balthasar, Henri de Lubac, Jean Daniélou, Louis Bouyer, André Feuillet, Aimé Martimort et, seul dominicain, le père Le Guillou lui-même. Dans les premiers mois de 1972, je vis donc passer à Istina bon nombre d'entre eux et j'assistai aux entretiens qu'ils avaient avec le père Le Guillou sur l'opportunité d'aider comme théologiens le raffermissement doctrinal dont le Magistère avait donné le signal au synode. Sous la houlette de Hans Urs von Balthasar s'ébaucha alors le projet de fonder une autre revue théologique fidèle à l'interprétation que le Magistère donnait du concile. Elle s'appela *Communio* et son édition française fut vite confiée par Balthasar à un groupe de jeunes et brillants normaliens catholiques dont je devais faire la connaissance cette même année. Le père Le Guillou y participa, mais il était convaincu qu'il fallait écrire rapidement un livre donnant un diagnostic adéquat de cette crise singulière et exceptionnelle. Ce projet devait aboutir au livre *Le mystère du Père*.

Philippe : Qu'est-ce qui vous a permis à vous-même de ne pas perdre la boussole de la foi au milieu de cette confusion théologique ?

Fr. Jean-Miguel : Le Saint-Esprit m'a certainement aidé de différentes manières, entre autres en me faisant rencontrer dans le père Le Guillou et dans ses amis des théologiens fidèles. J'ai aussi le souvenir précis d'un choix existentiel que je posai à l'époque et qui fut autant d'ordre moral que d'ordre intellectuel. Je venais de lire le grand ouvrage de saint Irénée de Lyon intitulé *Contre les hérésies*, où ce Père de l'Église du IIe siècle expose et réfute le gnosticisme qui parasitait la foi de l'Église naissante. Les gnostiques ne subvertissaient pas telle ou telle partie du christianisme mais la foi chrétienne comme telle. Ils réinterprétaient celle-ci de fond en comble selon la culture religieuse de l'hellénisme ésotérique et syncrétiste qui dominait à leur époque. Saint Irénée a dû lutter pour maintenir contre eux l'interprétation de la Révélation biblique transmise par la Tradition de l'Église remontant aux Apôtres et il a ainsi jeté les bases de toute la théologie catholique postérieure. À la lumière du combat de la foi mené en son temps par saint Irénée, j'ai perçu très clairement que l'Église traversait de nouveau une crise gnostique radicale de la foi, comme elle n'en avait pas connu depuis ses lointaines origines des Ier et IIe siècles. En conséquence, je fus persuadé que saint Irénée devait être notre boussole et je le choisis contre les gnostiques de notre temps qui, dans ce qu'ils appelaient *théologie herméneutique*, reconnaissaient de nouveau, pour l'interprétation de la Révélation, un caractère *déterminant* au contexte culturel dans lequel elle s'est exprimée et dans lequel elle est reçue, alors que ce facteur n'est en réalité qu'un facteur *conditionnant* de sa communication. Mais pour eux, selon une formule de Herbert Marshall McLuhan, qui synthétisait bien la culture dominée par la communication médiatique et le spectacle dans laquelle nous entrions, *the medium is the message*. Ce néo-gnosticisme herméneutique était à mes yeux exposé de manière à la fois rigoureuse et complaisante dans les grandes Conférences de méthode qui étaient alors données à l'Institut catholique de Paris par celui qui y deviendrait bientôt le doyen de sa Faculté de théologie. Il nous fallait en conséquence le diagnostiquer. Nous le fîmes dans *Le mystère du Père*.

Je me suis dit à ce moment devant le Seigneur qu'en fidélité à la foi confessée par l'Église je choisissais d'être en communion avec saint Irénée plutôt qu'avec les nouveaux gnostiques qui dominaient alors la partie la plus brillante et la plus séduisante de la théologie contemporaine. Ce ne fut pas seulement un discernement intellectuel mais inséparablement un choix moral, posé au nom de la vertu théologale de foi. Je voulais rester fidèle à la tradition apostolique et je lisais dans saint Irénée qu'il se souvenait avoir entendu dans sa jeunesse à Smyrne le vieil évêque saint Polycarpe lui parler de saint Jean qu'il avait connu. Par ailleurs, la sainteté de l'intelligence théologique de saint Irénée et le courage de sa foi me sont apparus comme un martyre non sanglant mais tout aussi réel que celui de ses contemporains saint Pothin, sainte Blandine et les autres premiers martyrs de Lyon. Martyre en grec veut dire témoignage et, si la Révélation n'est plus le témoignage de Dieu lui-même mais une version de la culture d'une époque habillée d'oripeaux chrétiens, alors on n'a plus besoin de foi puisqu'on ne croit en définitive rien d'autre que ce que tout le monde pense. Il n'est donc plus nécessaire de donner sa vie pour le Christ, car il n'était pas non plus nécessaire que le Christ lui-même mourût pour que l'on prêche aujourd'hui l'humanitarisme de base du journal télévisé.

Cette dimension « martyrielle », que j'avais rencontrée déjà chez saint Maxime le Confesseur, m'est apparue alors comme une exigence incontournable de la foi s'imposant à ma conscience de croyant. Au même moment, en étudiant avec Christoph saint Maxime et son père spirituel saint Sophrone de Jérusalem, nous avons décelé un lien profond entre le martyre non sanglant, que représente dans l'Église la vie monastique, et la confession de la foi, au besoin jusqu'à la persécution subie et au martyre sanglant. C'est quelque chose de cela que nous voyions transparaître alors chez le père Le Guillou, rentré de Rome atteint par un parkinson, et qui commençait un obscur chemin de croix, lequel allait durer vingt ans, pendant que les deux autres théologiens du synode allaient devenir cardinaux. Le témoignage de la foi n'implique pas seulement l'intelligence mais toute la vie et jusqu'au don de sa vie.

Alexandre : Comment caractériseriez-vous l'attitude gnostique en contraste avec cette exigence martyrielle de la foi ?

Fr. Jean-Miguel : Les gnoses, en réduisant l'objet de la foi à ce qu'une culture donnée est prête à croire de foi humaine, contournent ce témoignage. Bien sûr, on trouve dans toute culture certains conditionnements qui constituent des dispositions favorables et comme des pierres d'attente pour la Révélation divine. Mais chaque culture comporte aussi des conditionnements qui rendent au contraire réfractaire à la foi. Les dérives gnostiques dans l'Église commencent toujours par une apologétique opportuniste qui prétend rendre l'acte de foi si facile à ses contemporains qu'elle en vient à ne plus leur proposer comme objet de foi que ce qu'ils sont disposés à croire de foi humaine dans le conditionnement culturel qui est le leur. Pour les gnostiques du IIe siècle, c'était le syncrétisme philosophico-religieux de l'hellénisme ambiant, pour ceux de la fin du XXe siècle, c'était le progressisme révolutionnaire, pour ceux d'aujourd'hui, ce peuvent être les nouvelles religiosités sectaires. Dans une dérive gnostique, le Christ cesse d'être « l'image du Dieu invisible », selon l'expression de saint Paul, pour devenir l'idole dans laquelle se projette au mieux une culture, au pire une idéologie. Ainsi, comme avait surgi un Jésus docète conforme au platonisme du IIe siècle, est venu après Mai 1968 un Jésus guérillero, puis, aujourd'hui, un Jésus humanitaire ou gourou. Le gnosticisme produit à chaque fois des figures polymorphes d'un Jésus anté-christique.

Philippe : Vous avez fait allusion au projet du père Le Guillou d'écrire un livre pour diagnostiquer cette crise singulière de l'Église. Comment a-t-il vu le jour ?

Fr. Jean-Miguel : Se sachant atteint déjà par une maladie qui allait diminuer inexorablement ses forces physiques, le père Le Guillou était pressé de voir paraître ce livre et me demanda mon aide, alors que moi-même j'étais attelé à la rédaction de ma thèse de doctorat sur saint Maxime au milieu du boucan que faisaient huit marteaux-piqueurs travaillant sous nos fenêtres du matin jusqu'au soir. Mais je ne pouvais qu'accepter, car je mesurais avec lui l'enjeu pour la foi de l'Église. Comme le père Le Guillou était encore très pris par toute la suite du synode, qui exigeait qu'il expliquât aux évêques français des décisions qui en étonnaient beaucoup, nous convînmes que je rédigerais la première mouture du texte. Plusieurs fois par semaine, nous discutions ensemble du contenu d'un chapitre, puis je rédigeais celui-ci et je le lui soumettais. C'est ainsi que, mis à part un chapitre sur les idéologies écrit par Alain Besançon et un autre sur le Père qui est du père Paul Toinet, j'ai rédigé ce livre dont le mode d'exposition et le style ne sont donc pas ceux des autres écrits du père Le Guillou. Mais nous l'avons conçu ensemble, comme il le dit lui-même dans sa préface.

Le livre devait paraître début 1973, sous le titre *Le mystère du Père, foi des Apôtres et gnoses actuelles.* Pourquoi « le mystère du Père » ? Parce qu'il nous apparaissait que derrière toute gnose et toute idéologie on trouve le refus de la paternité, la volonté de s'auto-engendrer qui contraste avec le témoignage du Christ et des Apôtres qui ne parlent pas d'eux-mêmes. Le livre consistait tout d'abord en un diagnostic, posé à la lumière de saint Irénée, de la crise récente de l'Église comme étant une nouvelle crise gnostique. Nous montrions, à travers les brillantes conférences de méthode qui étaient alors données à la faculté de théologie de l'Institut catholique de Paris, comment le courant dominant de la théologie était entraîné dans une dérive gnostique. Le livre, à cause du diagnostic qu'il portait, fit l'effet d'un pavé dans la mare ecclésiastique, mais il éclaira beaucoup de personnes, en particulier parmi les séminaristes alors en formation, dont certains sont devenus aujourd'hui des évêques. Le fait que, plus de trente ans après, il ne soit encore pas possible de le rééditer montre, hélas, que ce livre est encore d'actualité et que l'Église n'est toujours pas sortie de cette crise gnostique de la foi, sinon il ne serait pas redouté.

Alexandre : Les rencontres qui ont précédé la rédaction du *Mystère du Père* vous ont mis en contact avec de grands théologiens. Êtes-vous resté en rapport avec eux ?

Fr. Jean-Miguel : Je n'étais qu'un modeste thésard, mais j'ai retenu certaines paroles qu'ils m'ont adressées personnellement. Je me souviens que le père de Lubac, à la sortie d'une rencontre avec le père Le Guillou au cours de laquelle j'avais pris des notes, se tourna vers moi et, sachant sans doute que je faisais ma thèse sur saint Maxime le Confesseur, me dit d'un ton ému : « Savez-vous que Schönborn et vous, vous êtes les derniers ? — Les derniers de quoi ? demandai-je, interloqué. — Les derniers par exemple à pouvoir lire saint Maxime le Confesseur dans le texte et à comprendre ce qu'il dit. » Je fus touché de sa considération, mais je crois que, comme tout le monde sait, le père de Lubac était trop pessimiste. En effet, d'autres théologiens plus jeunes devaient poursuivre et perfectionner nos études sur saint Maxime. Mais il avait raison en ceci qu'au moment où il parlait le « petit reste d'Israël » était vraiment très restreint. Nous avions conscience d'être à quelques-uns le maillon fragile qui devait tenir bon pour que la chaîne de la Tradition rejoignît les générations à venir à travers l'enseignement de la théologie. Je crois que c'était le sens profond de la remarque du père de Lubac. Je fus personnellement très touché de voir plus tard mon livre sur la divinisation chez saint Maxime cité par lui dans ses *Catéchèses sur la nature et la grâce.*

Quant au père Joseph Ratzinger, je suivais sa correspondance avec le père Le Guillou et j'entendais dire des merveilles à son sujet quand Christoph rentrait de Ratisbonne pour les vacances, mais je ne l'ai connu personnellement qu'en 1973, lors d'un colloque théologique catholique-orthodoxe organisé par la fondation autrichienne Pro Oriente à Vienne. Il me parla surtout de Christoph et je pus mesurer l'estime qu'il avait déjà pour lui. Je ne fus donc pas étonné de ce qu'il aille plus tard chercher Christoph, devenu entre-temps professeur de théologie dogmatique à Fribourg, en Suisse, pour faire de lui le secrétaire du comité de rédaction de ce qui serait le *Catéchisme de l'Église catholique.*

Vis-à-vis de Hans Urs von Balthasar, j'étais un peu gêné car, dans ma thèse sur saint Maxime, je m'étais vu obligé de critiquer certaines affirmations de son livre de jeunesse *La liturgie cosmique de saint Maxime le Confesseur*. J'admirais en Balthasar un créateur, puissant par l'ampleur thématique de sa théologie d'auteur et par la fulgurance de certaines de ses intuitions, mais je constatais non sans un certain malaise que son remarquable talent littéraire et une incontestable tournure idéaliste de sa pensée lui faisaient s'assimiler les Pères et les Docteurs de la Tradition au point que leur doctrine devenait immanquablement du Balthasar. Poussé par le père Le Guillou, je lui envoyai ma thèse et je reçus une réponse d'une humilité confondante. Je l'ai gardée présente à l'esprit quand, plus tard, des théologiens plus jeunes critiquèrent à leur tour, non sans raisons, telle interprétation que j'avais donnée moi-même de saint Maxime.

Parmi les théologiens dont je fis la connaissance auprès du père Le Guillou, il y en eut un avec lequel je restai en contact personnel : le père Louis Bouyer, prêtre de l'Oratoire. Je devais me lier avec lui d'une amitié durable qui s'étendit vite à ma famille quand il nous accompagna, en nous instruisant à chaque étape, dans un merveilleux voyage à travers la Turquie, où mon père avait été nommé ambassadeur en 1973. Il tira de ce périple passionnant, qui nous conduisit à Istanbul en passant par la Cappadoce et Éphèse, un petit récit de voyage qu'il intégra dans son livre *En quête de la Sagesse : du Parthénon à l'Apocalypse en passant par la nouvelle et la troisième Rome*, livre dédié à ma mère. C'est elle aussi qu'il évoque dans la préface de *Cosmos : le monde et la gloire de Dieu*, en se rappelant notre arrivée par mer à Istanbul à partir des Dardanelles. Ces relations d'amitié se poursuivirent pendant les années où mes parents étaient en Allemagne. Je me souviens des soirées à Bonn de l'été 1981 où, après dîner, mon père et lui nous lisaient chacun à son tour la partie des Mémoires qu'ils étaient l'un et l'autre en train d'écrire.

J'appréciai la justesse doctrinale du père Bouyer, ainsi que son utilisation fine et respectueuse des sources de la Tradition, ce en quoi il contrastait agréablement à mes yeux avec Balthasar, lequel, comme je l'ai dit, assimilait tout par *Aufhebung* dans sa vision personnelle. Je découvris avec émerveillement ses grandes œuvres et je m'amusai à lire aussi ses écrits polémiques voire ses romans écrits sous pseudonyme, dans lesquels il fustigeait d'une plume vitriolique la trahison des prêtres et des religieux qui s'étalait alors sous nos yeux. Très vite, il me demanda de l'aider à former en théologie un groupe de jeunes normaliens. Ceux-ci, désemparés par l'état dans lequel se trouvait alors l'aumônerie de l'École normale de la rue d'Ulm, s'étaient adressés à Mgr Maxime Charles, recteur de la basilique de Montmartre. Avec à sa tête ce prêtre à la foi intrépide, qui avait dirigé auparavant d'une main de maître le Centre Richelieu (l'aumônerie des étudiants de la Sorbonne), secondé par l'abbé Jean-Marie Lustiger, le Sacré-Cœur représentait, en ce temps d'étiage spirituel des années 1968-1975, le seul foyer exerçant à Paris une attraction spirituelle sur les étudiants catholiques ou intéressés par la foi chrétienne. Mgr Charles les avait intégrés dans les groupes d'adoration et d'étude théologique qu'il rassemblait autour de la revue étudiante *Résurrection*. Mais, comme il avait mesuré que ces normaliens étaient d'une intelligence et d'une culture supérieures à la moyenne, il avait demandé au père Louis Bouyer de les prendre personnellement en charge. Ce dernier, qui chaque année passait le semestre d'hiver à San Francisco pour y enseigner la théologie, me demanda de le seconder et de le remplacer pendant son absence.

Philippe : Ces jeunes normaliens du groupe de Résurrection, n'étaient-ce pas ceux qui allaient constituer plus tard l'équipe qui prit la direction de la nouvelle revue *Communio* ?

Fr. Jean-Miguel : Oui, c'étaient bien eux. Ils avaient seulement quelques années de moins que moi. J'étais néanmoins de l'autre côté de la barrière, puisque je commençais déjà à enseigner la théologie en dirigeant des séminaires à l'Institut catholique. Certains sont devenus depuis des universitaires réputés, comme Jean-Luc Marion ou Rémi Brague, d'autres des prêtres parisiens renommés, comme Jean-Robert Armogathe ou Michel Gitton et, *last but not least*, notre facétieux benjamin : Philippe Barbarin, aujourd'hui cardinal-archevêque de Lyon. D'autres enfin, laïcs ou clercs dont le nom est moins célèbre et qui donnaient déjà moins le ton dans le groupe d'alors, avaient tout autant de qualités d'esprit et de cœur.

J'appréciais leur appétit théologique et leur vive intelligence que je regrettais cependant de voir tournée plus souvent vers la voltige conceptuelle et sémantique que vers l'humble recherche du vrai et vers l'approfondissement méditatif et sapientiel. Je les trouvais aussi un peu trop « normaliens », avec leur jargon pour khâgneux et leur « tintinomanie » de grands ados, mais je les aimais bien personnellement, et leur enthousiasme de jeunes croyants m'était sympathique. Un moment, j'avais rêvé en les rencontrant de voir resurgir à partir d'eux un foyer spirituel chrétien ouvert aux intellectuels et aux artistes, comme l'avait été entre les deux guerres celui de Meudon. Je compris cependant que ce n'est pas parce qu'on adore une fois par semaine le saint sacrement sous la houlette de Mgr Charles qu'on est « des contemplatifs sur les chemins », comme le furent les Maritain et nombre de leurs amis. Le contraste entre la pompe montmartroise et la pauvreté évangélique de Maritain, qui finissait sa vie à Toulouse dans une cabane chez les Petits Frères de Jésus, me le rappelait de manière éloquente. Il régnait d'ailleurs au

Sacré-Cœur de Montmartre, autour de son recteur, un esprit d'autoritarisme et d'enrégimentement clérical, bien éloigné de celui de Meudon. La sacristie de la basilique résonne encore des éclats de voix du recteur à l'occasion de ses colères mémorables. Cet embrigadement m'horripilait et je le qualifiais parfois, dans ma jeune véhémence, de « fascisme spirituel ». Il n'empêche que Mgr Charles fut un apôtre courageux qui mena le bon combat de la foi à un moment particulièrement dramatique de l'histoire de l'Église en France au XXe siècle. C'est donc avant tout avec reconnaissance que j'évoque ici sa mémoire.

En théologie, ces jeunes normaliens vénéraient unanimement Balthasar, à en être entichés. Ils firent de sa théologie le critère doctrinal d'universalité catholique quand ils prirent en main la rédaction française de la revue *Communio*. Il me fut impossible de les suivre sur ce chemin, puisque je n'aurais même pas imaginé quant à moi de réclamer un pareil statut de type quasi magistériel pour saint Thomas d'Aquin, reconnu pourtant comme « Docteur commun » par l'Église. Saint Thomas, je le découvrais à l'époque personnellement à Toulouse, alors qu'eux-mêmes s'en tenaient plutôt éloignés. Cette divergence ne m'empêcha pas de garder des relations cordiales avec eux et de publier à l'occasion l'un ou l'autre article dans *Communio*. Par ailleurs, j'avais communiqué à Jean-Luc Marion un écrit de jeunesse sur Hölderlin, que j'avais rédigé à la fin de mes années du Saulchoir en guise d'adieu respectueux à la pensée de Heidegger. Il s'en inspira dans son livre *L'idole et la distance*, comme il l'a dit lui-même ; par la suite il eut la délicatesse de le faire publier dans le *Cahier de l'Herne* consacré au poète allemand, où il parut en 1989 sous le titre *Du « Dieu présent » au « Dieu plus médiat d'un Apôtre »*.

Le temps de la mission que le père Bouyer m'avait confiée à Montmartre touchait à sa fin. Quelques vocations dominicaines, que ma présence suscita parmi ces jeunes gens, m'y avaient d'ailleurs fait mal voir du recteur.

L'entrée au noviciat de Toulouse d'un neveu de Raymond Barre, lequel allait devenir bientôt Premier ministre, fut la goutte d'eau qui fit déborder le vase et je fus déclaré *persona non grata* dans le groupe de Résurrection par Mgr Charles. Celui-ci avait pour le moins une forte allergie vis-à-vis des religieux apostoliques qui, selon son expression, « faisaient dans la flanelle ». Mais, entre-temps, le cours de ma vie religieuse s'était chargé de m'éloigner de Paris.

Chapitre XII

Toulouse : les belles années

Alexandre : Comment votre départ de Paris s'est-il décidé ?

Fr. Jean-Miguel : Le père Le Guillou nous avait prévenus, Albert-Marie de Monléon et moi, qui étions les plus proches de lui à Istina, qu'il serait contraint bientôt par son parkinson de se retirer dans une maison des environs de Paris tenue par des religieuses. La perspective de rester sans lui dans un cadre de vie nettement sécularisé nous avait semblé bien difficile, mais nous n'avions pas de solution personnelle.

À ce moment-là, nous avons reçu un appel très inattendu dans lequel nous avons vu un signe de Dieu pour sortir notre vie religieuse de l'impasse dans laquelle elle se trouvait. Cet appel nous est venu par le frère André Gouzes, mon ancien frère de noviciat, qui appartenait à la province de Toulouse. Après une longue coopération au Québec, qui lui avait fait prendre du retard dans sa formation par rapport à moi, celui-ci avait demandé à faire ses études de théologie à l'Institut orthodoxe de Saint-Serge à Paris. Son père provincial avait accepté, à la condition que je serais son tuteur pour l'aider à intégrer dans la doctrine catholique l'enseignement qu'il y recevrait.

Comme je lui parlais un jour de notre avenir religieux que nous considérions désormais comme bouché à Istina, il me dit que le couvent de Toulouse allait rouvrir le noviciat et les études sur place, parce que presque tous les frères qui étaient envoyés dans la province de Paris y perdaient leur vocation. En conséquence, le couvent de Toulouse cherchait à s'étoffer en jeunes pères pour équilibrer sa pyramide d'âges. De son côté, il parla de notre situation au prieur du couvent et au père provincial, et il nous transmit leur invitation à les rejoindre à Toulouse.

Après que j'eus soutenu, début décembre 1972, ma thèse de doctorat en théologie à l'Institut catholique de Paris, nous obtînmes l'autorisation de notre père provincial. Nous arrivâmes au couvent dominicain de Rangueil, dans la banlieue universitaire de Toulouse, pour célébrer Noël. Je garde le souvenir d'avoir ressenti alors une impression de libération. Je quittais Paris sans regret. Ma seule tristesse était de m'éloigner géographiquement encore plus de Christoph qui devait continuer à y revenir jusqu'à sa soutenance de thèse en 1973. Mais nous étions bien décidés à ne jamais laisser se distendre une amitié que nous reconnaissions comme donnée par Dieu. Par la suite, nous fîmes coïncider autant que possible nos passages respectifs à Paris, nous restâmes en contact, et il en alla de même plus tard quand il fut devenu professeur à Fribourg, en Suisse, puis évêque à Vienne, en Autriche.

Alexandre : Quittiez-vous donc sans regret le milieu intellectuel fort riche qui était le vôtre à Paris ?

Fr. Jean-Miguel : J'avais très vite perçu combien Paris est souvent stérilisant pour une pensée créatrice. Ce que j'avais pu moi-même écrire à Paris, je l'avais puisé dans l'acquis de mes années du Saulchoir. Paris m'apparaissait comme une ville de salons dans les deux sens du terme : salons d'exposition et salons mondains. C'est un grand marché des modes et donc aussi du prêt-à-porter intellectuel. Je l'ai déjà dit, j'ai de Paris une vision balzacienne : de partout en France tout y aboutit, mais plutôt comme dans un vortex aspirant que comme dans un lieu qui accueille l'inspiration et lui permet de se renouveler. À cause du temps perdu par presque tous les Parisiens dans toutes les formes de transports et de communications, il y manque la qualité de vie minimale sans laquelle on ne peut disposer de ce recul d'intériorité qui est indispensable à la création dans quelque domaine que ce soit. On y est trop agité et bousculé pour qu'il puisse aujourd'hui s'y créer grand-chose, surtout dans le domaine spirituel.

Je partais donc à Toulouse, avec le désir de faire retraite auprès de Jacques Maritain qui vivait comme « le paysan de la Garonne » chez les Petits Frères de Jésus du père de Foucauld dans le jardin du couvent des dominicains. J'étais prêt désormais pour le rencontrer. J'étais conscient de renouer de cette manière avec le père de Foucauld qui avait joué un rôle si décisif dans ma vocation, et j'en étais heureux.

Philippe : Comment avez-vous fait pour changer ainsi de province dominicaine ?

Fr. Jean-Miguel : Nous n'avons pas eu à changer de province. Notre père provincial, qui nous savait en porte-à-faux avec la tendance dominante dans la province de Paris, n'a pas fait de difficulté pour nous envoyer au couvent de Toulouse, puisque le provincial et le prieur de là-bas souhaitaient notre venue. Il a été néanmoins convenu que nous resterions membres du Centre d'études Istina et que nous viendrions y travailler deux jours par semaine. Pendant les deux ans qui ont suivi, nous devions donc prendre le train de nuit Toulouse-Paris le dimanche soir afin d'être à Istina pour le comité de rédaction de la revue le lundi matin. Puis nous travaillions d'arrache-pied deux jours pleins pour le Centre d'études, et nous repartions le mardi soir, toujours par le train de nuit, pour être à l'office du matin le mercredi à Toulouse. Il faut avoir à peine trente ans pour pouvoir vivre à ce rythme pendant des mois. Je n'étais pas conscient que je commençais déjà à tirer sur des réserves de jeunesse qui n'étaient pas inépuisables et qu'un jour j'aurais à payer l'addition. Mais nous étions prêts à acheter au prix fort, en passant chaque semaine deux nuits dans une couchette de seconde, les cinq jours de vie religieuse selon notre cœur et notre appel au couvent de Toulouse.

Alexandre : Et à Toulouse, quels étaient vos apostolats ?

Fr. Jean-Miguel : J'enseignais la doctrine des Pères de l'Église à l'Institut catholique ainsi que certains traités de théologie dogmatique au studium que nous avions à Rangueil pour les religieuses, j'étais hôtelier et j'organisais chaque mois un week-end de jeunes au couvent dominicain de Rangueil, je prêchais aussi des retraites dans les périodes de vacances, enfin j'aidais au ministère pastoral dans notre église paroissiale et j'étais disponible pour des accompagnements spirituels personnels.

Philippe : Toulouse ne vous rapprochait-elle pas de l'Espagne ?

Fr. Jean-Miguel : Oui et non. À Toulouse, je sentais l'Espagne à la fois proche et lointaine. Toulouse est incontestablement une ville qui a une saveur espagnole dans l'architecture de ses maisons en brique et dans sa culture. Mais la barrière des Pyrénées est telle que l'Espagne est beaucoup plus accessible par terre de Montpellier ou de Bordeaux que de Toulouse.

Cependant l'Espagne allait devenir, ces années-là, très présente dans mes préoccupations. En effet, Franco mourut en 1975 et mon oncle Antonio, après une dizaine d'années comme ambassadeur auprès du Saint-

Siège, se retrouva ministre de la Justice dans le premier gouvernement du roi Juan Carlos, entraînant la famille dans l'aventure, qui semblait alors hasardeuse, de la transition vers la démocratie. Mon père se vit offrir peu après de devenir sous-secrétaire d'État aux Affaires étrangères, proposition qu'il déclina par aversion pour l'action politique. Il passa les années délicates de la transition espagnole comme ambassadeur à Bonn, poste stratégique pour l'Espagne surtout en pareilles circonstances, avant de prendre sa retraite en septembre 1981. Par la suite, Joaquin, le fils aîné de mon oncle, prit la relève de son père au gouvernement jusqu'à ce qu'une mort prématurée le surprenne dans l'exercice de sa charge, privant les libéraux espagnols d'un leader prometteur. Qui aurait deviné alors qu'en 2004 mon oncle Antonio quitterait cette vie à cent ans, ayant reçu du roi le titre héréditaire de marquis, un des rares titres de noblesse octroyés par la Couronne pour avoir servi l'Espagne dans cette période politique si délicate pour la paix civile et l'unité du pays ?

Alexandre : Pendant les deux journées par semaine que vous passiez à Paris, aviez-vous quelque ministère apostolique en plus de votre travail à Istina ?

Fr. Jean-Miguel : Je consacrais la soirée du lundi, souvent avec Christoph quand il rentrait de Ratisbonne, à un apostolat d'étudiants chez des sœurs dominicaines de notre âge qui avaient un foyer rue de Condé. Dans le désert spirituel de Paris au début des années 1970, ces religieuses avaient su accueillir plusieurs soirs par semaine, le Renouveau charismatique aidant, des jeunes du Quartier latin qui cherchaient un foyer religieux vivant. Chaque lundi soir, je célébrais la messe, je donnais un enseignement avec une sœur ou avec Christoph et je recevais personnellement des jeunes qui voulaient rencontrer un prêtre.

Au bout de quelques années, le foyer de la rue de Condé ne pouvait plus contenir la quantité de jeunes qui s'y retrouvaient en soirée. Il fallut donc que ces sœurs envisagent un nouveau départ. Trois d'entre elles partirent pour Vézelay, où prit naissance la communauté mendiante de l'Agneau : celle des petits frères et petites sœurs de saint Dominique. Trois autres sœurs emmenèrent les jeunes Parisiens de la rue de Condé vers la paroisse de Saint-Leu, rue Saint-Denis, à côté des Halles. Il s'y forma, autour des sœurs et des prêtres de la paroisse, une communauté ecclésiale variée et vivante qui existe toujours. Il est émouvant, quand on marche dans la rue Saint-Denis, de voir la succession des sex-shops soudain interrompue par la porte vitrée d'une église, à travers laquelle on voit briller dans la pénombre du sanctuaire la lampe du saint sacrement. C'est un symbole de ce que représente la communauté de Saint-Leu dans ce quartier. L'apostolat avec les jeunes rue de Condé puis à Saint-Leu fut l'occasion de découvrir, comme prêtre associé avec des religieuses qui sont pour moi de vraies sœurs, la complémentarité entre l'homme et la femme dans le témoignage de Dieu et le service de l'Église. Christoph devait rester par la suite très lié avec les sœurs dominicaines de l'Agneau et moi plutôt avec celles de Saint-Leu.

Philippe : Vous venez de parler du Renouveau charismatique, comment l'avez-vous connu ?

Fr. Jean-Miguel : Pendant ces années, plusieurs composantes de la vie de l'Église se sont imbriquées dans ma propre existence, à tel point qu'il me sera désormais difficile de parler de l'une sans parler des autres. En particulier la vie religieuse fervente que je trouvai à Toulouse fut marquée par le Renouveau charismatique, tout comme mon apostolat avec les jeunes à Paris. À Noël 1972, j'arrivai à Toulouse avec le frère Albert-Marie de Monléon. J'ai déjà dit que celui-ci, envoyé par Istina étudier le protestantisme américain, avait rencontré aussi aux États-Unis le Renouveau charismatique catholique et avait été l'un des tout premiers à le rapporter en France. Pendant l'année 1971-1972, il parlait à mots couverts d'un groupe de prière qui se réunissait chez une jeune fille : il s'agissait de Martine Laffitte (aujourd'hui Martine Catta) laquelle, avec Pierre Goursat et Frère Albert-Marie lui-même, était en train de fonder sans le savoir à Paris le premier groupe de prière charismatique de ce qui deviendrait la Communauté de l'Emmanuel.

Frère Albert-Marie avait malicieusement donné mon nom au Secrétariat romain pour l'unité des chrétiens qui organisait en juin 1972 à Zurich la première rencontre entre théologiens catholiques et pentecôtistes et qui préférait que les membres catholiques qui y participeraient ne soient pas déjà engagés dans le Renouveau charismatique catholique. Ayant écrit sur le Saint-Esprit, mais dans le contexte tout différent du dialogue avec les orthodoxes à propos de la procession éternelle de celui-ci dans la Trinité, je ne connaissais rien au pentecôtisme. Comme les autres membres catholiques, ce n'est pas sans réticences que j'abordais des pentecôtistes. Je fus néanmoins impressionné par l'authenticité évangélique et la ferveur de ces pasteurs, parmi lesquels se trouvait le fameux « M. Pentecost », David Du Plessis, pasteur réputé appelé aussi « le pape du pentecôtisme ». Le dernier jour de la rencontre, ils nous invitèrent tous à une assemblée de prière pentecôtiste, où j'entendis pour la première fois des chants aussi mélodieux qu'insolites, dont on me dit ensuite que c'étaient des « chants en langues ». Une de nos traductrices venue de Genève, jeune fille belle et élégante habituée à évoluer dans le milieu mondain des organisations internationales, se convertit au Seigneur au cours de cette assemblée de prière, en confessant, en larmes, qu'elle avait un rendez-vous pour se faire avorter dans les jours suivants et qu'elle y renonçait pour Jésus. Cela nous frappa favorablement, nous les membres catholiques :

nous devions tous prendre part au Renouveau charismatique à partir de l'année suivante, ainsi que nous l'avait prophétisé David Du Plessis.

Or, en arrivant à Toulouse, nous avons trouvé, vivant déjà au couvent, quelques jeunes postulants dominicains qui avaient découvert le Renouveau charismatique l'été précédent au centre spirituel protestant de La Porte Ouverte près de Chalon-sur-Saône. Ils se retrouvaient tous les soirs après complies, avec les frères qui souhaitaient se joindre à eux, dans la chapelle du Saint-Sacrement pour un temps de prière charismatique. Frère Albert y alla aussitôt et m'invita à faire de même. Je participais donc en silence à cette prière spontanée et paisible, qui me semblait sonner juste.

L'un des jours qui suivirent Noël, Frère Albert-Marie se pencha vers moi pendant un de ces temps de prière et me dit à l'oreille : « Veux-tu qu'on prie pour toi ? » J'acquiesçai, croyant qu'il s'agissait seulement d'adresser à Dieu une intercession pour moi. Je me vis alors entouré par les membres du groupe de prière qui m'imposèrent les mains, demandèrent pour moi une effusion de l'Esprit me renouvelant dans la grâce de mon baptême, chantèrent en langues et dirent des prophéties. Je me laissais faire, pressentant que Dieu m'avait coincé. Je ne ressentis aucun phénomène charismatique, mais il se produisit néanmoins en mon âme un changement remarquable, que je ne pus considérer que comme une grâce. Du fait de la crise dans l'Église et dans notre vie religieuse, je traversais alors une période de désespoir allant jusqu'à des tentations de désespérance qui me plongeaient dans une tristesse épouvantable. Or, ce fut comme si Dieu, enlevant soudain ce voile de mort qui m'enveloppait intérieurement comme un suaire, me faisait renaître à l'espérance.

Alexandre : Vous avez senti que le Renouveau charismatique allait représenter un tournant dans la vie de l'Église ?

Fr. Jean-Miguel : Sans aucun doute. J'ai dit que le synode des évêques de 1971 avait déjà représenté un tournant au sommet de la hiérarchie, par le ressaisissement du Magistère catholique. Avec le Renouveau charismatique, le Saint-Esprit agissait dans l'Église à partir du peuple de Dieu. Il nous réveillait en nous redonnant le goût de la prière à tous les moments et en nous sortant du rationalisme hypercritique qui nous avait tant desséché l'âme.

Bien sûr, Frère Albert-Marie et moi percevions nettement le risque de glissement du Renouveau catholique vers une « protestantisation » évangélique de type fondamentaliste, adogmatique et « émotionnaliste ». Nous nous engageâmes donc dans une prédication destinée à enraciner ce Renouveau dans la tradition doctrinale et spirituelle de l'Église. C'est ainsi que le Renouveau devint un vecteur de la musique liturgique d'inspiration traditionnelle que commençait alors à composer le frère André Gouzes, ainsi que de la redécouverte de l'adoration du saint sacrement. C'est dans ce même esprit que les premiers rassemblements annuels se firent dans des lieux hautement symboliques pour la spiritualité catholique : Vézelay en 1974, Paray-le-Monial en 1975, Lourdes en 1976, Lyon en 1977 où le 2 juin je présidai la messe en la fête des premiers martyrs des Gaules au théâtre romain de Fourvière. J'ai prêché dès janvier 1973 le premier week-end de la Communauté de l'Emmanuel, qui ne rassemblait alors que les groupes de prière parisiens. À la suite de ce premier week-end, j'ai prêché à l'Emmanuel plusieurs fois par an, surtout aux grands rassemblements de Paray-le-Monial, entre 1975 et 1978.

Avec frère Albert-Marie et d'autres prédicateurs (le cardinal Suenens, Mgr Maurice Gaydon, Georgette Blaquière, le père Jacques Marin, etc.), nous avons tout fait en ces années pour épargner aux catholiques français une dérive proprement pentecôtiste, en canalisant le courant du Renouveau dans la tradition doctrinale, sacramentelle et spirituelle de l'Église catholique. Je devais donc donner beaucoup de mon temps au Renouveau charismatique dans ses commencements en France, jusqu'à la fin des années 1970 où je discernai une dérive inquiétante dans les communautés nouvelles. Heurté par l'autoritarisme des responsables et par la manipulation des personnes que je constatais en leur sein, ainsi que par les rivalités entre elles qui s'étalaient au-dehors, voyant que je prêchais dans le désert et suscitais des durcissements, je préférai m'éloigner discrètement des instances du Renouveau et en général des communautés nouvelles. Que ne me suis-je tenu bien plus tard à cette prudente décision !

Entre-temps, le pèlerinage international du Renouveau à Rome pour l'Année sainte de 1975, dont le sommet fut la rencontre avec Paul VI, avait marqué l'intégration du Renouveau dans l'Église catholique. J'y participai avec Christoph et, au moment où nous montions en procession embrasser l'autel papal de Saint-Pierre au début de la messe, je lui dis : « Quel privilège ! Cela ne nous arrivera certainement plus jamais. » Comment me serais-je douté que, devenu cardinal, il concélébrerait plus tard bien des fois avec le pape sur ce même autel ?

Philippe : Et votre vie à Toulouse ?

Fr. Jean-Miguel : Au couvent, je retrouvais une vie régulière fervente, mais sans raideur. J'ai déjà parlé de mes diverses activités d'enseignement et de contacts apostoliques avec les jeunes. Je dois ajouter qu'en plus de l'hôtellerie j'avais aussi, avec le frère Jean Legrez, dominicain parisien passé dans la province de Toulouse, la responsabilité du foyer d'étudiants qui occupait une bonne partie de notre immense couvent de Rangueil.

Mon cours à l'Institut catholique m'avait été confié par le doyen de la Faculté de théologie d'alors, le père Marie-Joseph Nicolas, dominicain, dans des circonstances délicates. Le professeur qui avait la chaire de christologie, un homme à la foi tourmentée et qui se suicida quelques années plus tard, enseignait une christologie adoptianiste selon laquelle Jésus est une personne humaine élevée par grâce à une communion intime avec Dieu. Le père Nicolas n'avait pas le pouvoir de lui enlever sa chaire pour cause d'hérésie, mais il voulait que les séminaristes pussent être correctement informés de la foi catholique concernant le Christ. Il avait donc créé un autre cours, intitulé « La christologie des conciles et des Pères », qu'il m'avait confié en tant que patrologue. Ma situation n'était pas commode, d'autant plus que j'étais un tout jeune professeur : mon collègue me regardait de travers, car il avait évidemment compris le but de l'opération, et les séminaristes, sentant la divergence entre nos deux enseignements, s'amusaient à me poser des questions perfides pour monter en épingle les contradictions entre leurs deux professeurs.

Si on avait fait appel à moi pour ce cours, c'est qu'il n'y avait personne d'autre. On n'imagine pas combien était réduit le nombre d'ecclésiastiques à qui on pouvait alors confier un enseignement en étant assuré qu'il serait conforme à la doctrine de la foi. Quand je pense à tout ce qu'à quelques-uns nous avons dû porter pendant ces années-là, je me demande comment on a pu le faire. Dieu nous aidait secrètement et nous ne nous posions même pas la question.

Philippe : C'est bien aussi à ce moment, avez-vous dit, que le frère André Gouzes a commencé à composer sa musique liturgique pour vos offices au couvent de Rangueil ?

Fr. Jean-Miguel : C'est bien cela. Il a tout composé d'abord pour le couvent de Rangueil, dont il était alors le chantre. *La Messe de Rangueil*, nous l'avons conçue en vingt-quatre heures, à l'occasion d'une session que nous avons animée ensemble pour des sœurs contemplatives. J'ai fait le découpage de la deuxième prière eucharistique de telle manière qu'elle puisse être chantée avec de nombreuses interventions de l'assemblée, comme dans les anaphores orientales, et frère André a composé la musique.

La conjonction de frère André Gouzes comme chantre, de frère Jean-Philippe Revel comme prieur et curé de la paroisse, lui qui nous avait tous formés à la théologie sacramentaire et à la liturgie, des sœurs du studium qui nous permettaient de chanter tous les offices à quatre voix mixtes et d'une paroisse extrêmement jeune, puisque située au milieu des cités universitaires, des facultés et des grandes écoles scientifiques, plus le Renouveau charismatique naissant, a donné une incroyable vitalité au couvent. Les fidèles venaient de sensibilités très différentes. Je me souviens que le groupe de prière charismatique du couvent a reçu ses premières recrues des élèves de la grande école militaire de Sup-Aéro et d'un groupe de jeunes pacifistes se réclamant de Lanza del Vasto. Ces militaires à cheveux ras et ces babas cool se sont accueillis dans le Christ, alors qu'on vivait dans un contexte très idéologique, puis ils se sont découverts et estimés personnellement, malgré leurs options opposées. La redécouverte de la rencontre personnelle avec le Christ et de l'intériorité avait un effet libérateur par rapport à tout enfermement idéologique.

Alexandre : Comment avez-vous pu approcher Jacques Maritain à Toulouse ?

Fr. Jean-Miguel : Je suis arrivé à Noël 1972 et il est mort à Pâques 1973. Je ne l'ai donc vu que pendant quelques mois. Il avait quatre-vingt-dix ans, mais il avait gardé une étonnante vitalité intellectuelle. Il ne donnait plus aux Petits Frères de Jésus que des « séminaires » au cours desquels il parlait très librement de ses recherches dans tel ou tel domaine de la philosophie ou de la foi. Mais l'acuité de son esprit était restée intacte, comme on peut le constater en lisant ses enseignements d'alors, qu'il a regroupés lui-même en un livre intitulé *Approches sans entraves*, paru seulement quelques mois après sa mort. Je n'ai malheureusement pas pu entendre ces causeries, qui étaient réservées aux frères de sa congrégation, car il avait fait profession religieuse un ou deux ans avant. En revanche, je pouvais le voir très souvent à la messe du couvent à laquelle il venait volontiers, car il aimait particulièrement la musique liturgique que composait le frère André Gouzes.

J'aimais aussi apercevoir souvent frère Jacques, à la dérobée, aux heures d'exposition du saint sacrement, recueilli en adoration au fond de la chapelle des Petits Frères. Son visage maigre et très ridé, translucide comme une icône, auréolé d'une chevelure blanche et lumineuse comme la neige, était animé par des yeux d'un bleu myosotis d'une incroyable intensité. Sa jeunesse d'esprit le faisait s'intéresser au Renouveau charismatique, qui germait alors à Rangueil sous ses yeux, et c'est pour nous interroger sur celui-ci qu'il nous reçut, Frère Albert-Marie et moi, dans le cabanon où il logeait avec deux autres frères. Il nous dit à cette occasion qu'il aimerait être jeune pour prendre une guitare et aller chanter Jésus dans les cafés. Celui qui le rencontrait ne pouvait pas ne pas être frappé par son écoute attentive, ainsi que par sa sagesse et son intériorité. En même temps, tout en lui exprimait une vraie humilité : il était habillé comme les Petits Frères qui, en dehors de la chapelle, ne portaient pas d'habit mais des vêtements civils très modestes. C'est dans cette tenue qu'il avait reçu des mains de Paul VI, en 1965, lors de la clôture solennelle du concile Vatican II, le message aux intellectuels, en ce même lieu où vingt ans avant il avait dans la pompe présenté à Pie XII ses lettres de créance comme ambassadeur de France auprès du Saint-Siège.

Philippe : Comment Maritain voyait-il la crise que traversait l'Église ?

Fr. Jean-Miguel : Il en était très préoccupé, comme il l'avait écrit dans son livre *Le paysan de la Garonne*, mais en même temps c'était un homme que le chemin de sa vie avait jeté en Dieu. Chaque jour, il passait plusieurs heures en adoration ou en oraison silencieuse.

Alexandre : Quels étaient à Rangueil les interlocuteurs habituels de Maritain ?

Fr. Jean-Miguel : Tout d'abord certains Petits Frères qui étaient ses disciples. En premier lieu, le frère Heinz, un Allemand en qui il reconnaissait son héritier, mais qui malheureusement est mort jeune après avoir donné à la *Revue thomiste* des études très pénétrantes sur la philosophie allemande. Mais aussi les vieux professeurs dominicains de l'ancien couvent d'études de Saint-Maximin, dans le Var, en particulier le père Labourdette et le père Leroy. Avec le départ des frères étudiants de Toulouse vers le studium du Saulchoir, ceux-ci s'étaient repliés sur l'enseignement de la théologie aux Petits Frères, tout en gardant la direction de la *Revue thomiste*. Ils nous paraissaient déjà âgés mais devaient avoir alors entre soixante-cinq et soixante-dix ans. J'ai personnellement immensément reçu d'eux, car c'est à Toulouse que pendant quatre ans j'ai lu auprès d'eux saint Thomas d'Aquin à fond. Le père Leroy, qui était un dogmaticien de haut vol et un connaisseur de première main des Pères de l'Église, me fut particulièrement précieux, car mes fréquents entretiens avec lui achevèrent de me permettre de faire le lien entre la patristique et saint Thomas dans la ligne même que le père Le Guillou m'avait indiquée. C'est pendant ces années aussi que j'ai lu l'œuvre de Maritain, son œuvre philosophique et les ouvrages à thématique théologique de la fin de sa vie, qui m'ont beaucoup influencé.

Philippe : Qu'est-ce qui vous semble le plus remarquable dans la pensée de Maritain ?

Fr. Jean-Miguel : Avant la pensée, il y a l'homme qui pense. Ce qui frappait chez Jacques, c'était l'imbrication profonde de la quête de sagesse, en philosophie et en théologie, avec le désir d'amitié : amitié avec Dieu dans l'intimité de l'oraison et amitié avec les hommes dans le partage du cœur. C'est cette unité spirituelle d'abord que m'a donnée Maritain, dans laquelle j'ai tout de suite reconnu une révélation de mon moi profond. C'est sans doute aussi en raison de cela qu'il ne s'est pas contenté, comme tant de scolastiques, d'une approche purement formelle de la réalité. Il ne regardait pas seulement du côté de l'objet connu ou aimé, mais il considérait inséparablement l'acte du sujet connaissant et aimant. C'est, en effet, le sujet qui, par son acte, recherche ce vrai et désire ce bien. Mais Maritain considérait le sujet existant qui exerce ces actes, non pas du point de vue de la seule immanence subjective, mais en prenant en compte l'intégralité du réel, en particulier quand la personne humaine est engagée. En effet, si les objets que nous connaissons et aimons sont réels et spécifient nos actes, le sujet qui pose les actes de connaissance et d'amour l'est tout autant dans l'exercice de ceux-ci.

Maritain a exploité de plus en plus chez saint Thomas le domaine de ce que celui-ci appelle l'exercice de l'acte pour ré-assumer, à leur vrai niveau de réalité, certaines exigences exorbitées de la subjectivité moderne. Il a eu tellement d'empathie pour la modernité, à travers tant d'amis incroyants, qu'il a assumé tout ce que son siècle pouvait charrier de quête de vérité au milieu de ses passions les plus troubles. Tout Maritain est dans cette parole qu'il adresse dans sa *Lettre ouverte* à Jean Cocteau : « Il faut avoir l'esprit dur et le cœur doux. Sans compter les esprits mous au cœur sec, le monde n'est presque fait que d'esprits durs au cœur sec et de cœurs doux à l'esprit mou. »

Je devais plus tard apprendre avec émotion que cette phrase se trouve recopiée dans les carnets de Hans et Sophie Scholl, ce frère et cette sœur, étudiants de Munich, que leur foi conduisit avec d'autres chrétiens, dans le groupe appelé « La rose blanche » (« Weiße Rose ») inspiré par la grande revue catholique *Hochland*, à une résistance chrétienne au nazisme qui alla jusqu'au martyre puisqu'elle leur valut de mourir décapités en 1943. Ils avaient été à l'université de Munich des disciples du professeur catholique Theodor Haecker, auteur d'un courageux *Virgile et l'Occident* (en allemand : *Vergil, Vater des Abendlandes*, 1931), sur l'héroïcité authentique d'Énée opposée au pseudo-héroïsme néo-païen exalté alors par les nazis. Lui-même opposant spirituel au nazisme, il était lié à Maritain. C'est dans son atelier de Munich que furent imprimés clandestinement les tracts de « La rose blanche », dont les deux derniers furent rédigés par son ami Kurt Huber, professeur catholique comme lui à Munich et inspirateur direct du mouvement, lequel devait mourir, comme les Scholl et bien d'autres membres du groupe, sous la hache du bourreau. Personnellement, j'avais entendu parler de cette résistance catholique à l'université de Munich par mon propre père, qui y avait étudié en 1936, envoyé par son maître, le philosophe libéral José Ortega y Gasset. Il nous racontait comment là-bas on savait d'emblée à qui on avait affaire, suivant qu'on vous saluait par un *Heil Hitler* nazi ou par un *Grüß Gott* chrétien.

Alexandre : Y a-t-il des moments particulièrement lumineux dans le souvenir que vous gardez de ces quatre belles années passées au couvent de Toulouse ?

Fr. Jean-Miguel : Oui. Tout d'abord les fêtes de Pâques 1973. Avec la permission du prieur, j'avais décidé, comme hôtelier, d'accueillir un maximum de jeunes au couvent, en utilisant aussi, avec leur accord bien sûr, les chambres du foyer que les étudiants laissaient libres pendant le Triduum pascal. Le bouche à oreille joua, en particulier dans les réseaux charismatiques, et nous reçûmes une centaine d'hôtes. Frère André Gouzes venait de composer les chants liturgiques de la semaine sainte et la liturgie nous donna une impression de splendeur d'autant plus forte que, depuis le passage à la liturgie en français, nous ne connaissions que des chants particulièrement plats. Les charismatiques, forts de leur ferveur et de leur jeunesse, trouvèrent naturel de rester devant le reposoir toute la nuit du jeudi au vendredi saints et un grand nombre d'entre nous les suivîmes. Le Reposoir se trouvait dans la chapelle des Petits Frères, où le saint sacrement avait été porté en procession à la fin de la messe de la Cène. C'était la nuit de l'agonie de Jésus et nous restions près de lui, chacun le veillant comme il pouvait.

Dans le cabanon d'en face, Maritain agonisait d'une angine de poitrine et tous ceux qui le connaissaient priaient pour lui. De temps en temps, un Petit Frère nous glissait à l'oreille une nouvelle sur son état. Il ne mourut pas, sembla même se rétablir, tout en disant qu'il allait bientôt mourir et, après une semaine pascale passée à mettre de l'ordre dans ses affaires et à faire ses adieux, il s'éteignit soudain sans agonie le samedi de Pâques. À son enterrement, célébré dans la lumière du Ressuscité, on chanta le *Gloria* et on entendit un enregistrement d'une causerie de lui intitulée « À propos de l'Église du ciel ».

La vigile pascale se termina dans une joyeuse farandole à laquelle prirent part même nos anciens et sages pères Labourdette et Leroy, entraînés par la joie contagieuse de cette jeunesse charismatique. Dans l'assemblée quelqu'un avait fait une expérience spirituelle qui devait marquer un tournant dans sa vie. Le pasteur Gérard Croissant, qui nous avait demandé l'hospitalité eucharistique pour pouvoir communier à la vigile pascale, en avalant l'hostie, sentit au-dedans de lui un feu inconnu dans lequel il reconnut un signe que Dieu lui donnait de la présence réelle du Christ dans l'eucharistie. Deux ans après, nous le retrouverions, sous le nom d'Ephraïm, demandant l'entrée dans l'Église catholique, lui avec les membres protestants de la communauté charismatique du Lion de Juda qu'il avait fondée à Cordes-sur-Ciel, dans le Tarn. À la demande de Mgr Coffy, archevêque d'Albi, Frère Albert-Marie et moi allions recevoir leurs professions de foi catholique dans la chapelle des

Petits Frères de Jésus, celle-là même où Jacques Maritain – lui aussi d'origine protestante – avait passé tant d'heures en prière silencieuse.

L'autre grand moment de ces belles années fut la translation des reliques de saint Thomas d'Aquin dans la basilique des Jacobins de Toulouse nouvellement restaurée, d'où la Révolution les avait chassées. Pour le cinquième centenaire de sa mort, le 28 janvier 1974, au jour de sa fête, précédée la veille par des vigiles nocturnes dans la salle du chapitre, cette translation eut lieu au cours d'une messe qui vit la consécration par le cardinal Guyot, archevêque de Toulouse, du nouvel autel sous lequel fut placée la châsse contenant les reliques. Celles-ci avaient été auparavant examinées par une commission d'experts, laquelle avait conclu à l'authenticité de ces ossements imprégnés de tanin : ils correspondaient bien à ceux du corps de l'Aquinate que les cisterciens de l'abbaye de Fossanova, où il était mort entre Naples et Rome, avaient longtemps fait bouillir dans du vin pour en détacher les chairs. Chacun des frères reçut un morceau, plein de parcelles d'os, du coton qui avait enveloppé le crâne de saint Thomas. Je cédai le mien à sa demande au père Louis Bouyer, venu pour l'occasion, et qui participa avec des larmes d'émotion à la translation des reliques du Docteur commun. De longues conversations avec le père Leroy l'avaient préalablement convaincu que saint Thomas était autant, sinon plus, fils de la patristique que père de la scolastique postérieure. Ce tournant, chez ce théologien assez réticent vis-à-vis de saint Thomas, devait s'exprimer dans son dernier livre intitulé *Sophia*.

Cette translation, entourée d'un grand concours de peuple, fut le symbole d'une renaissance dominicaine dans la fidélité aux racines de l'ordre. Des vocations arrivaient à Rangueil, alors qu'elles s'étaient taries dans les autres ordres apostoliques. Nous vivions heureux et, cependant, les belles années allaient vite finir pour nous.

Chapitre XIII

Penser le politique : entre Aron et Maritain

Philippe : Pendant ces années de vie dominicaine, avez-vous gardé un intérêt pour le politique ?

Fr. Jean-Miguel : Je dois dire que jusqu'en 1968 la politique, même dans son sens le plus élevé, a disparu complètement de mon horizon. J'étais totalement adonné à la vie spirituelle et à ma formation philosophique et théologique. Même Mai 1968, je l'ai déchiffré à travers *Les possédés* de Dostoïevski, c'est-à-dire à travers un roman visionnaire et prémonitoire, beaucoup plus qu'en analysant une crise qui, d'ailleurs, n'était sans doute pas d'abord politique.

Il est vrai qu'au Saulchoir, pendant le mois de mai 1968 et les deux années qui ont suivi, j'ai fait en quelque sorte l'expérience du pouvoir idéologique et du terrorisme mental qui l'accompagne. Les dictatures classiques s'imposent par la contrainte extérieure de l'armée et de la police, le totalitarisme idéologique s'empare de vous de l'intérieur par le pouvoir de mots falsifiés et par la peur du voisin, comme George Orwell l'a si bien décrit dans *1984*. J'ai été très frappé, en lisant les Mémoires du cardinal Joseph Ratzinger, de voir qu'il a fait cette même expérience ces années-là comme professeur à l'université de

Tübingen. Le totalitarisme idéologique, même s'il a des conséquences politiques, est cependant à mon avis d'ordre méta-politique. Il relève ultimement d'un dévoiement du spirituel qu'Alain Besançon a très profondément analysé dans une grande partie de son œuvre. Dès la lecture de sa conférence au colloque Castelli à Rome, j'avais pressenti tout ce qu'il allait m'apporter, en particulier dans ce domaine.

Alexandre : Mai 1968 a-t-il ébranlé l'Espagne franquiste ?

Fr. Jean-Miguel : Non, les troubles universitaires y ont été peu notables. La société espagnole, corsetée par le régime franquiste, était encore très stable. Jamais sans doute le régime n'a été moins menacé que vers sa fin. Tout le monde savait que le pouvoir personnel de Franco allait vers son terme, et personne ne voulait donc d'une nouvelle guerre civile, surtout au moment où le régime se libéralisait. Cela n'est pas sans analogie avec ce qu'a été en France la dernière phase du second Empire, connue sous le terme d'Empire libéral. Ces régimes personnels de longue durée finissent par devenir quasiment légitimes, parce que la société civile y est de plus en plus libre et écoutée. Le renforcement de celle-ci faisait pressentir qu'à la mort du dictateur le régime tomberait comme une cosse sèche, vide et inutile. Il est vrai que la génération de mes parents, qui avait connu la guerre civile, appréhendait ce moment, mais les générations plus jeunes, celle du prince héritier Juan Carlos notamment, étaient paisibles et plutôt confiantes.

Vus d'Espagne, les désordres qui se produisaient en France, et moins gravement en Allemagne et en Italie, étaient incompréhensibles, car c'étaient des convulsions propres à des sociétés très démocratiques. Mai 1968 était porté par une *hybris* démocratique tournant à l'idéologie libertaire du « Il est interdit d'interdire ». Mais en Espagne, dans une société qui entrait progressivement dans un État de droit mais qui n'était pas encore une démocratie, les revendications de Mai 1968 n'avaient que peu de pertinence. Je me souviens qu'à Madrid cet été-là il me fut difficile de faire comprendre aux Espagnols ce qui s'était passé en mai à Paris.

Philippe : Vous avez déjà raconté votre rencontre avec Alain Besançon et vous venez de mentionner ce qu'il vous a apporté par son analyse du pouvoir idéologique. Un échange intellectuel s'est-il développé entre vous et sur quelles bases ?

Fr. Jean-Miguel : L'analyse de l'idéologie avait amené Alain à discerner, sous-jacente à celle-ci, la présence de la gnose religieuse, et à définir ce qui la distingue de l'orthodoxie. Il avait pu ainsi mesurer l'importance de la théologie pour un historien qui se voulait honnête homme au sens classique. Il connaissait déjà la pensée de saint Thomas à travers les études de Michel Villey sur le droit naturel. Cela me permettait de le rejoindre à travers la culture jusnaturaliste que m'avaient donnée mes années de droit à l'université de Madrid. C'est donc lui qui m'a initié à la pensée politique en général et à la compréhension du pouvoir idéologique en particulier. De mon côté, je complétais sa connaissance théologique qui était déjà considérable, mais qu'il était avide d'accroître. Quand je fus arrivé à son niveau, nous avons pu beaucoup échanger, de sorte que sur certains points nos idées nous sont communes parce que nous les avons conçues ensemble au cours d'un dialogue permanent.

Alexandre : Comment Alain Besançon vous a-t-il formé à la pensée politique ?

Fr. Jean-Miguel : Il a commencé par me faire comprendre le communisme. Saoulé par la rhétorique anticommuniste primaire de l'Espagne franquiste, je n'avais cependant aucune sympathie personnelle envers le communisme en raison de mon indépendance farouche, mais je ne voyais en celui-ci qu'un parti de gauche du mouvement ouvrier. Alain me fit comprendre son essence idéologique, intrinsèquement mensongère, dont je n'avais même pas idée, et me montra comment il avait parasité le mouvement ouvrier en France et en Italie, empruntant à celui-ci ses lettres de noblesse sociales et résistantes. Je me souviens que lui-même et son amie Annie Kriegel, elle-même ancien membre du Comité central, nous expliquèrent de l'intérieur, avec une grande clarté pédagogique, le mouvement communiste international en une série de conférences au Centre Istina. Istina touchait à la Russie soviétique par le biais de l'orthodoxie et il était précieux pour nous de savoir de manière précise ce qu'était le principal pouvoir communiste du monde.

À travers Alain, je fis aussi la connaissance de Kostas Papaioannou, et je lus son œuvre. Il était lui aussi un ancien communiste comme Alain et Annie Kriegel. Tous les trois faisaient partie du groupe des disciples et amis de Raymond Aron, lequel rassemblait un certain nombre d'ex-communistes dont les yeux s'étaient dessillés. C'est aussi dans ces années que j'ai lu attentivement l'œuvre de Raymond Aron que je connaissais déjà, car mon père l'admirait, l'avait rencontré et le lisait depuis longtemps.

Philippe : L'avez-vous rencontré en personne ?

Fr. Jean-Miguel : Oui, dans un contexte très particulier où j'ai été conduit à m'intéresser à l'actualité politique et à entrer modestement dans le cercle des aroniens, à un moment dramatique pour l'Espagne : la mort de Franco en 1975 et les événements qui l'ont immédiatement précédée. Franco avait été à plusieurs reprises sérieusement malade cette année-là, puis était venue en septembre la condamnation à mort de plusieurs Basques membres de l'ETA coupables de crimes terroristes. Cette condamnation avait soulevé une immense indignation en Europe qui s'était traduite par de violentes manifestations devant les ambassades d'Espagne. Par ailleurs, Franco avait utilisé le prince Juan Carlos pour assurer l'intérim à la tête de l'État, cédant puis reprenant le pouvoir au gré des hauts et des bas de sa santé. Il décrédibilisait ainsi le prince aux yeux de l'opinion publique, qui risquait de ne plus voir en lui qu'un pantin aux mains de la camarilla franquiste appelée alors en Espagne « le Bunker ». Mon père m'avait téléphoné juste avant les exécutions, car il se demandait si, dans ces circonstances, il ne devait pas démissionner de son poste d'ambassadeur à Bonn en Allemagne fédérale, où il était depuis un an.

Un peu perdu moi-même pour donner un avis à mon père en un moment aussi crucial, je me suis confié à Alain. Je n'oublierai jamais sa réaction : il me proposa aussitôt de partir pour Bonn en voiture, lui, sa femme et moi, pour rendre visite à mes parents. Alain et Maria étaient passés, deux étés plus tôt, par le village d'Andalousie où nous avions une propriété de famille et avaient fait la connaissance de mes parents. Alain avait toujours manifesté non seulement une vive sympathie pour l'Espagne, mais aussi un inébranlable espoir en son avenir, ce en quoi il s'est montré comme à l'accoutumée très clairvoyant. Mais de là à venir s'enfermer dans une ambassade vilipendée et en état de siège pour éclairer et conforter des amis... ce geste nous toucha infiniment. Le message qu'il apportait à mon père était clair : tenir bon, ne pas lâcher un poste important à un moment décisif pour le pays, car l'avenir de la société espagnole était à la démocratie et le régime de pouvoir personnel touchait à sa fin.

C'est dans ce contexte qu'à notre retour de Bonn Alain parla de ma famille à Raymond Aron. Celui-ci voulut me voir pour m'interroger. Il estimait sans doute déjà qu'il devait s'engager lui-même pour conseiller l'Espagne à ce tournant historique ; ce qu'il fit en effet quelques mois plus tard en rencontrant le roi Juan Carlos aux prises avec le délicat processus d'une transition pacifique vers la démocratie. L'Espagne lui doit une grande reconnaissance pour cela, ainsi d'ailleurs qu'à son collègue de *L'Express* Jean-François Revel, qui a immunisé bien des intellectuels de gauche espagnols contre ce qu'il avait appelé *La tentation totalitaire*. Je me souviens très bien de la soirée passée chez Aron avec certains de ses disciples : Alain, bien sûr, mais aussi la fille d'Aron, Dominique Schnapper, Jean-Claude Casanova et le benjamin, alors aussi jeune que brillant, Pierre Manent.

Alexandre : Quand avez-vous commencé à écrire vous-même sur le politique ?

Fr. Jean-Miguel : Après avoir fait mes classes et après la fondation par Raymond Aron et ses amis de la revue *Commentaire*, où j'écrivis des articles à partir de 1979. Ce sont là des domaines où l'on ne s'improvise pas spécialiste, mais surtout c'est un sujet qu'il revient d'abord au laïc d'aborder, et non pas au clerc. C'est en constatant l'absence regrettable des catholiques dans la réflexion sur le politique, après la mort de Maritain et du père Gaston Fessard, que je me suis senti tenu en conscience d'y jouer comme théologien un rôle de suppléance. C'est aussi dans ces années que j'ai lu très attentivement la partie de l'œuvre de Maritain concernant la philosophie politique, en particulier ses ouvrages d'après-guerre sur la démocratie, dont *L'homme et l'État* que je considère comme un grand livre.

En 1984, je devais rassembler et développer ces articles dans un livre intitulé *L'Église, la société libre et le communisme*, publié dans la collection que *Commentaire* avait désormais chez Julliard. Il comportait une préface retentissante d'Alain Besançon sur ce qu'il appelait « le second silence de l'Église », ce silence sur le communisme, maintenu par la hiérarchie depuis le concile. Le communisme et le pouvoir soviétique constituaient encore une menace très réelle pour le monde libre. Le silence sur leur perversité intrinsèque, dénoncée pourtant dès 1937 par Pie XI et par Pie XII, et l'adoption par l'Église d'un nouveau langage beaucoup plus flou, qui recouvrait désormais la netteté du discernement antérieur, nous avaient amenés à pousser ce cri d'alarme. Je ne crois pas qu'il soit devenu entièrement obsolète. Aujourd'hui le pouvoir idéologique du système soviétique a implosé, mais cette implosion est apparue aux yeux du monde libre surtout comme la conséquence d'une faillite économique. Or, l'Europe n'a jamais condamné moralement ce système, qui a englouti de par le monde environ cent millions de victimes. Il n'est pas sûr qu'il ne s'agisse pas là d'un faux oubli, d'une amnésie mensongère, qui l'intoxique d'autant plus qu'elle essaie de la compenser par une hypermnésie portant sur les dernières et infinitésimales traces d'un nazisme dont la mémoire a été publiquement condamnée, elle, à maintes reprises depuis 1945.

Alexandre : Votre livre *La politique du meilleur possible* est donc postérieur à ce premier essai ?

Fr. Jean-Miguel : Il est postérieur de dix ans, puisqu'il a été publié en 1994. On voit bien dans ce livre, qui entre autres recueille des articles parus dans les années 1980, le passage d'une réflexion politique encore très centrée sur la menace du communisme international et du pouvoir soviétique, à la problématique qu'ont imposée à partir de 1989 le triomphe de la démocratie et le danger d'une possible démesure chez elle. Cette démesure nous a conduits aujourd'hui à une nouvelle dérive idéologique sur la base d'un relativisme moral.

Philippe : Vous avez donc été obligé de penser le politique à l'occasion de ses crises et de ses déviances ?

Fr. Jean-Miguel : En effet. Je me l'explique d'abord par le fait que, comme je l'ai dit, il ne m'appartenait d'assumer cette tâche que par mode de suppléance. Par ailleurs je pense que tant Alain Besançon, mon maître en la matière, que moi-même avons toujours été stimulés dans ce domaine par la nécessité de résoudre un problème. Lui vient d'une famille de médecins et moi, si je n'avais pas été prêtre, j'aurais justement aimé être médecin. Nous ne sommes pas de ces intellectuels pour qui le politique est un objet qui mérite par lui-même la suprême considération. La beauté de la nature, la littérature ou les autres arts, et plus encore l'amitié et la religion catholique avec sa théologie attirent beaucoup plus par eux-mêmes notre attention méditative.

Je n'ai jamais lié dans mon esprit le politique et le religieux, comme c'est souvent le cas chez les catholiques. J'ai toujours refusé tout autant l'instrumentalisation maurrassienne du religieux par le politique, que l'instrumentalisation contraire du politique par le religieux propre à l'augustinisme politique. Cela m'a permis de me sentir très à l'aise pour penser le politique avec les disciples d'Aron dont une majorité était, comme lui, agnostique. Mais cet agnosticisme s'est toujours accompagné chez Aron et ses disciples d'un haut sens moral et d'un grand respect pour la religion. Le libéralisme tocquevillien d'Aron n'a rien à voir avec le relativisme éthique dont certains prétendent faire aujourd'hui le fondement de la démocratie libérale. Il le dit lui-même dans un passage de ses *Mémoires* qui a été choisi de manière significative pour figurer en frontispice de l'invitation au colloque de 2005 commémorant le centenaire de sa naissance : « Le libéral ou le penseur critique, conscient des pièges que lui tendent ses passions, conscient de l'équivoque de la réalité elle-même, remet perpétuellement ses hypothèses et ses jugements en question. Scepticisme ? Nullement. Le libéral cherche patiemment la vérité, il ne bougera jamais de ses convictions ultimes, à savoir ses maximes morales autant qu'intellectuelles. » Tout Aron est dans cette subtile dialectique entre la relativité du politique, dans la complexité duquel il faut « chercher patiemment la vérité », et la permanence morale des « convictions ultimes ».

Philippe : Comment avez-vous intégré la doctrine sociale de l'Église dans votre pensée du politique ?

Fr. Jean-Miguel : La doctrine politique n'occupe qu'une part modeste dans ce que l'on appelle la « doctrine sociale » de l'Église. Celle-ci s'est davantage préoccupée d'abord de la question sociale proprement dite, puis de la famille comme cellule de base de la société. Seuls deux papes ont laissé une doctrine politique marquante à l'époque contemporaine. Le premier a été Léon XIII, lequel vers la fin du XIXe siècle a enseigné dans plusieurs encycliques que, s'il y a de bons et de mauvais choix politiques, il n'y a pas de meilleur régime politique dans l'absolu mais seulement relativement à une situation historique de la société. Au même moment, il a invité les catholiques français à laisser de côté leur nostalgie monarchiste d'une alliance entre le trône et l'autel pour influer, par leur Ralliement au régime représentatif, sur la législation de la IIIe République. Le second pape a été Pie XII qui dans son radio-message de Noël 1944 a rappelé les fondements authentiques du régime démocratique : non pas une souveraineté absolue du peuple, l'habilitant à légitimer n'importe quel choix, mais la responsabilité de tous les citoyens dans la commune recherche délibérative du bien commun ; des institutions représentatives et juridiques constituées sur la base de l'égalité de tous les citoyens, gouvernant non seulement des personnes protégées par les droits de l'homme mais aussi une société civile tissée d'interdépendances (couple, famille, éducation, entreprise, religion). Ces réalités sociales jouissent de prérogatives et le pouvoir politique doit les respecter sans prétendre les niveler sur une base associative en leur appliquant indûment le principe d'égalité démocratique.

À côté de la formulation de ces principes doctrinaux pour l'ordre politique démocratique d'une société pluraliste, on voit aussi le Magistère tâtonner de manière plus pastorale dans sa doctrine sociale à la recherche d'une « troisième voie » entre libéralisme et socialisme, en particulier pendant les années 1930 autour de l'idée assez utopique d'un régime corporatif. Il faudra attendre l'effondrement du communisme pour que Jean-Paul II, dans son encyclique *Centesimus annus*, enterre une bonne fois pour toutes le rêve d'une « troisième voie » et accepte ce que l'économie de marché a d'incontournable, sans pour autant l'absolutiser.

Alexandre : Quand avez-vous commencé à discerner, à la suite de la « tentation antidémocratique » dans l'Église, une « tentation démocratique », pour reprendre les termes du livre d'Alain Besançon *Trois tentations de l'Église* ?

Fr. Jean-Miguel : C'est le benjamin des aroniens, Pierre Manent, qui à partir de Tocqueville a mis en lumière les effets pervers que peut avoir la démocratie libérale quand elle déborde le cadre des institutions représentatives pour devenir, comme on le voit aujourd'hui, un projet global de société. Son livre *Tocqueville et la nature de la démocratie* date de 1982 et son *Histoire intellectuelle du libéralisme* de 1987. Mais c'est son ouvrage synthétique *La cité de l'homme* qui devait en 1994 sonner fort justement l'alarme sur la dérive que le triomphe de la démocratie libérale imposait désormais à nos sociétés.

Avec Alain Besançon nous divergions néanmoins par rapport à Pierre Manent sur un point fondamental de son analyse. Considérant la démocratie presque exclusivement en historien des idées, il voyait cette dérive comme une fatalité intrinsèque, une nécessité de nature, inscrite déjà dans les principes subjectivistes de la pensée libérale qui avait porté le projet démocratique. Cette critique nous semblait en définitive plus straussienne voire maurrassienne que tocquevillienne ou aronienne. Plus attentifs à l'histoire des institutions, nous étions portés à penser que, si l'*idée* ou le *projet* de la démocratie peut connaître actuellement une dérive idéologique en raison d'une *hybris libertiniste*, la *nature* de la démocratie comme régime représentatif, lequel n'est pas une *valeur* mais simplement un *moyen* pour que l'ensemble des citoyens participent à la recherche et au discernement des fins du bien commun politique, garde sa légitimité intrinsèque malgré le dévoiement actuel de son exercice. Plus largement, Alain Besançon et moi, par tournure d'esprit et par formation, nous sommes attentifs à l'histoire concrète (comment les choses se sont effectivement passées), alors que Pierre Manent a tendance à faire découler le devenir historique du mouvement des idées, lui-même réduit à la succession des doctrines philosophiques.

Je crois que, derrière cette divergence dans l'analyse de la démocratie et du devenir de notre société occidentale, jouaient en fait des références philosophiques différentes. Celles de Manent sont plus modernes, curieusement à la fois pascaliennes et rousseauistes, ce qui risque de pousser le paradoxe jusqu'à l'absurde. Les nôtres, à Alain et à moi, sont plus classiques (Aristote, Cicéron et les jurisconsultes romains, saint Thomas d'Aquin) et donc plus soucieuses de distinguer entre une *faculté* ou une *institution* naturellement bonne et son *exercice* souvent vicié. Or, c'est justement sur ce point que j'avais reçu des lumières précieuses de la philosophie politique de Maritain.

Philippe : Comment résumeriez-vous cet apport de la philosophie politique de Jacques Maritain dans ce qu'il a eu de décisif pour vous ?

Fr. Jean-Miguel : Il est contenu dans le double regard que Maritain pose d'une part sur la faculté ou l'institution et l'objet qui la spécifie, d'autre part sur le sujet qui par son acte libre exerce cette faculté. Ce regard en quelque sorte binoculaire permet de saisir la réalité intégrale, avec son relief et sa profondeur de champ, sans la raplatir sur un schématisme formel. Il permet en même temps de faire droit à l'importance que la modernité reconnaît à l'acte libre du sujet, mais sans l'opposer comme elle à la réalité de ses facultés et de l'objet qui les spécifie (en définitive le vrai et le bien).

C'est ainsi qu'aux yeux de Maritain le droit naturel, en raison de la manière formaliste dont l'avait conçu l'école rationaliste qui va de Grotius à Pufendorf et à Wolff, n'a pas résisté aux constatations ethnologiques sur les différences culturelles des mœurs. S'en est suivi le relativisme éthique qui domine de nouveau nos sociétés occidentales, après la parenthèse de la lutte contre le nazisme, et qui affirme, comme Sartre (reprenant Nietzsche) que « l'homme est créateur des valeurs ». Or, pour Maritain la Loi naturelle est essentiellement une Loi non écrite : dès qu'elle connaît un début de formulation conceptuelle, comme par exemple dans les déclarations des droits de l'homme, on n'est plus en droit naturel mais dans le droit positif le plus général, que les anciens appelaient le « droit des gens » (*jus gentium*). Celui-ci ne doit pas être réduit au droit international des traités à respecter, comme le fait la pensée moderne. Il englobe toutes les normes juridiques que les nations sont capables de reconnaître au-dessus d'elles et de leurs lois civiles à une étape de l'histoire, comme c'était le cas dans l'Antiquité pour le respect des morts à la guerre, dont la transgression était néfaste. Ce « droit des gens » s'exprime donc aujourd'hui au plus haut point dans une charte comme la Déclaration universelle des droits de l'homme approuvée par l'ONU en 1948.

Il faut néanmoins que la Loi naturelle, comme sens du bien et du mal, laquelle pour saint Thomas ne relève pas d'une connaissance conceptuelle mais d'un jugement par inclination et connaturalité, transcende et finalise par son exigence de justice tout droit positif, si universel soit-il. Sans cette Loi non écrite, aucune norme positive, même des chartes des droits de l'homme, ne garantit la justice, car toute disposition peut être contournée ou utilisée de manière abusive, voire perverse. Par ailleurs, le caractère non formulable d'une Loi, qui n'est autre chose que le sens du juste et de l'injuste dans la conscience morale, permet d'une part d'affirmer sa portée universelle sur tous et, d'autre part, de prendre en compte ses concrétisations positives toujours approximatives, et donc variées, selon les degrés et les domaines d'éveil ou d'engourdissement de la conscience morale dans les diverses circonstances culturelles où se trouvent les hommes et dont témoignent l'histoire et l'ethnologie.

De même toute la critique que Maritain fait de la notion de souveraineté dans *L'homme et l'État* est capitale pour éviter à la modernité de s'enfermer dans une impasse. En effet, avec le tournant volontariste du XIVe siècle, la monarchie a revendiqué progressivement une souveraineté absolue, *ab-soluta*, c'est-à-dire détachée de l'ordre de sagesse que représente la Loi non écrite, se considérant non plus comme interprète mais comme principe du juste et de l'injuste, selon la parole de Louis XV au cours d'un lit de justice : « C'est légal parce que je le veux. » C'est ici la souveraineté du monarque qui fonde le droit, alors qu'en réalité cette *souveraineté spécificatrice* est celle du Bien comme fin ultime par rapport à une *souveraineté d'exercice* dans la recherche de ce Bien, qui est à la fois la prérogative et la responsabilité du sujet dans son acte libre. Malheureusement, c'est cette souveraineté fondatrice du droit que, par le biais du *Contrat social*, le peuple a ravi au monarque comme un cadeau empoisonné. Mais, s'il est vrai que le prince par ses actes peut être source d'injustice, le peuple n'est pas prémuni contre des choix injustes du seul fait qu'il a pris sa décision en respectant la procédure démocratique garantissant l'expression de la volonté générale. Tout comme l'individu, la majorité est susceptible de s'égarer et cela peut aller jusqu'à un suicide de la démocratie exprimé démocratiquement, comme ce fut le cas en Allemagne aux élections de 1933 dans le cadre de la constitution de Weimar.

En contraste avec le souverainisme politique et le positivisme juridique de l'Europe continentale, c'est ce sens éthique de la justice comme Loi non écrite que Maritain a tellement apprécié dans le comportement politique du peuple nord-américain. Ce n'est pas par hasard qu'il a écrit *L'homme et l'État* pendant ses années de Princeton après la guerre. Il a admiré le fait qu'aux États-Unis le débat politique sur le juste et l'injuste puisse sans cesse être relancé, même à l'encontre du machiavélisme du pouvoir et de la passivité d'une opinion peu informée, par une minorité non conformiste, qui est reconnue par tous comme pouvant représenter la petite Antigone.

Chapitre XIV

Nouveaux départs : Aix-en-Provence, Avignon

Philippe : Qu'est-ce qui a mis fin aux belles années de Toulouse ?

Fr. Jean-Miguel : L'élection priorale de 1975 a manifesté un malaise, latent jusque-là, chez une minorité de frères du couvent de Rangueil. La majorité de la communauté souhaitait élire pour la troisième fois le frère Jean-Philippe Revel, lequel, comme prieur et curé, avait œuvré pour donner au couvent la vitalité nouvelle qui était alors la sienne. D'après les constitutions dominicaines, une seconde réélection nécessite une postulation au prieur provincial demandée par deux tiers au moins des votants. Or, les sept tours de scrutin prévus par notre droit furent épuisés sans qu'on parvînt à cette majorité qualifiée. On devine sans peine que, si une candidature de remplacement ne fut pas présentée par ceux qui voulaient réélire le prieur, c'est que l'on frôla sans cesse la majorité des deux tiers. Or, aucun vote ne se décrocha pour faire pencher la balance dans le sens souhaité par la majorité. Cela manifestait l'opposition d'un tiers de la communauté, assez déterminé pour constituer jusqu'au bout une minorité de blocage. Qu'est-ce qui avait pu la durcir à ce point ? Avec le recul, il m'apparaît aujourd'hui qu'en plus de quelques inimitiés personnelles, que deux priorats consécutifs ne manquent pas de susciter, l'élément déterminant dans cette opposition était l'adjonction à la communauté de Toulouse d'un nombre assez important de frères venant d'une autre province dominicaine, en l'occurrence de Paris.

Âgé alors d'à peine quarante ans, le prieur avait fait appel à des pères qui avaient autour de trente ans pour rajeunir le couvent, mais aussi pour l'aider dans la tâche de le ranimer. Nous étions cinq frères de la province de Paris à avoir rejoint le couvent de Rangueil dans les premières années de 1970. Cela avait provoqué des tensions quand notre province dominicaine d'origine s'était rendu compte qu'elle perdait ainsi cinq frères jeunes d'une certaine valeur, au moment même où elle subissait par ailleurs une véritable hémorragie de frères qui quittaient l'état religieux et le ministère sacerdotal. À Rangueil, le tempérament affectif du prieur et nos maladresses, dues à notre jeunesse, nous avaient fait passer, aux yeux de la minorité qui allait bloquer la seconde réélection, pour un groupe de pression dont l'influence sur le prieur était excessive et dont la seule présence provoquait une tension regrettable entre la province de Toulouse et la province de Paris. De notre côté, dans notre désir enthousiaste de dynamiser la vie conventuelle et de faire repartir le noviciat et les études pour accueillir les vocations qui se présentaient, nous avions incontestablement commis des erreurs en bousculant certaines situations.

Tout d'abord nous avions demandé aux « vieux » professeurs venus de l'ancien studium de Saint-Maximin de reprendre l'enseignement de la théologie pour les nouveaux frères étudiants. Le prieur n'y voyait pas d'inconvénient, car il s'était plu dans sa formation à Saint-Maximin, et nous qui venions de Paris nous ne pouvions qu'apprécier la qualité théologique de ces professeurs, certes un peu trop scolastiques de notre point de vue, mais profonds et très compétents. Nous n'avions pas mesuré, le prieur par inconscience, nous par ignorance, qu'une bonne partie des religieux de la province avaient, eux, souffert de leurs années de formation à Saint-Maximin et n'approuvaient pas que nous eussions remis en selle des professeurs qu'ils estimaient trop fermés aux évolutions récentes de la théologie.

Par ailleurs, comme le frère Jean-Philippe était à la fois prieur du couvent et curé de la paroisse de Rangueil, il avait poussé avec notre concours à une compénétration entre notre vie religieuse et la vie paroissiale, entre autres au moyen de la participation active de nombreux fidèles, attirés par la musique liturgique du frère André Gouzes, non seulement aux messes mais aussi aux offices de la liturgie des heures. Or cette minorité de frères ressentait cela comme une intrusion de la vie paroissiale dans la vie conventuelle, intrusion qui la mettait mal à l'aise, et elle était déterminée à ne pas laisser réélire un prieur qui ne cachait pas son désir de poursuivre dans ce sens.

Frère Jean-Philippe ne fut donc pas réélu et, la communauté ayant épuisé ses tours de scrutin réglementaires et ayant perdu en conséquence le droit d'élire, le provincial nomma prieur celui qui jusque-là était le sous-prieur. Le couvent ne serait donc pas représenté au futur chapitre provincial par celui qui avait été l'artisan de sa revitalisation et de notre venue.

Alexandre : Quel était le rôle de ce chapitre provincial ?

Fr. Jean-Miguel : Dans l'ordre dominicain, le chapitre provincial rassemble tous les quatre ans les prieurs et des délégués des couvents pour élire le prieur provincial et tracer les grandes orientations pour les quatre années suivantes. En fonction de celles-ci il peut changer la composition des communautés conventuelles par le jeu des nominations.

En 1976, le chapitre provincial était saisi des tensions qui avaient empêché le couvent de Toulouse d'élire normalement son prieur. Par ailleurs, des prieurs et des délégués d'autres couvents estimaient que le couvent de Toulouse était trop atypique. En effet son style liturgique, régulier, doctrinal et pastoral contrastait avec celui d'autres couvents de la province au point que les recrues qui entraient au noviciat de Rangueil disaient parfois qu'elles y entraient pour le type de vie religieuse du couvent de Toulouse et non pour celui de certains autres couvents de la province. Il faut reconnaître qu'à l'époque en passant d'un couvent à un autre on changeait non seulement de vie religieuse mais parfois même de confession de foi. Néanmoins la requête des jeunes qui postulaient au couvent de Toulouse allait formellement contre les institutions de l'ordre dominicain, dans lequel chaque frère entre au noviciat pour être fils d'une province et non d'un couvent.

Le chapitre décida donc de normaliser le couvent de Toulouse en déplaçant Frère Jean-Philippe, l'ancien prieur, et quelques autres frères qui avaient joué un rôle marquant dans les dernières années, dont certains venus de Paris. Frère Albert-Marie de Monléon fut prié de rejoindre sa province d'origine et obtint de son provincial la permission de mener pendant quelques années la vie érémitique à Cordes auprès de la Communauté du Lion de Juda. Ensuite, il retourna à Paris pour s'occuper de la Communauté de l'Emmanuel, après quoi il devint successivement évêque de Pamiers, puis de Meaux. Frère Daniel Bourgeois et Frère Jean Legrez, jeunes religieux venus de Paris, qui venaient d'être ordonnés, reçurent la charge pastorale de la paroisse de Rangueil à la place du frère Jean-Philippe. Lui et moi fûmes envoyés au couvent de Marseille. Ce fut aussi le cas du frère André Gouzes mais, comme d'autres frères dans son cas, il obtint qu'on lui concédât une situation personnelle et s'installa durablement dans l'ancienne abbaye de Sylvanès en Aveyron, qu'il devait restaurer pour en faire le centre de diffusion de sa musique sacrée.

Philippe : Quel a été pour les principaux intéressés et pour vous-même le résultat de ces mutations ?

Fr. Jean-Miguel : On nous avait envoyés au couvent de Marseille, avec quelques frères en formation de philosophie, en nous encourageant à y faire une opération de dynamisation de la vie religieuse analogue à celle qu'avait connue le couvent de Toulouse. Or, dès les premiers mois, force a été pour nous de constater que cette opération était impossible. À l'époque, les frères du couvent exerçaient pour la plupart un travail professionnel. Après une journée de travail à l'extérieur, ils rentraient le soir plus désireux de détente et de repos que de vie régulière. Cela orientait inévitablement la vie communautaire dans un sens nettement sécularisé. À ceux qui n'avaient pas un salaire régulier, l'économe demandait d'apporter chaque mois une somme à peu près équivalente à celle que gagnaient les autres. J'ai été ainsi obligé de passer la plus grande partie du temps hors de Marseille pour prêcher des retraites et donner des sessions de théologie, afin de pouvoir m'acquitter. Par ailleurs, entre nous qui arrivions de Toulouse et les frères qui étaient là avant nous existaient de multiples divergences portant sur la vie régulière et liturgique du couvent, d'où des frictions stériles qui nous usaient. Malgré une estime et une affection réciproques réelles, il en résulta pour nous un épuisement nerveux. À Noël, nous reçûmes un coup de téléphone de frère Daniel et de frère Jean, les deux nouveaux ordonnés chargés de la paroisse de Rangueil : ils pliaient de leur côté sous un fardeau trop lourd pour eux que personne dans le couvent ne voulait plus aider à porter, au nom du primat revendiqué de l'apostolat non paroissial dans la vie dominicaine. Pour nous quatre, à Toulouse comme à Marseille, c'était donc l'impasse.

Philippe : N'avez-vous pas eu recours à une autorité capable d'arbitrer ces différends ?

Fr. Jean-Miguel : On nous voulait séparés et, en partie du moins, hors du couvent de Toulouse pour que nous ne risquions pas d'influencer les frères en formation. Nous avons demandé si nous pourrions nous regrouper tous les quatre en une petite communauté dans une ville du Midi qui n'ait pas de couvent dominicain. Mais la province avait besoin de nous là où nous étions. Par ailleurs on nous faisait comprendre qu'autant il nous serait accordé à chacun une solution individuelle, autant on nous refuserait une solution communautaire parce que le style de notre vie religieuse allait trop à l'encontre du courant dominant depuis Mai 1968 dans les provinces françaises.

Nous avons alors pris conseil auprès de Mgr Collini, archevêque coadjuteur de Toulouse, désolé de notre départ de son diocèse, qui s'est offert à parler en notre faveur au Maître de l'ordre dominicain, lequel venait faire en ce début de 1977 la visite canonique de la province de Toulouse. Il nous demanda de mettre par écrit notre projet de communauté. Sentant la réticence du côté de l'ordre dominicain vis-à-vis de notre type de vie religieuse, nous le fîmes en nous appuyant sur le lien de la vie consacrée avec l'évêque du lieu, réalité traditionnelle dans l'Église des Pères, que l'ecclésiologie de Vatican II venait de redécouvrir. En procédant ainsi, l'archevêque et nous commîmes néanmoins une grande erreur. Le Maître de l'ordre dominicain, au lieu d'accepter la médiation officieuse que lui proposait l'évêque, se raidit en revendiquant l'autonomie de sa juridiction sur ses frères, ce que personne ne contestait. Il nous convoqua tous les quatre et nous dit que ce projet n'était pas dominicain. Nous lui répondîmes qu'en dehors de Toulouse nous ne trouvions plus, dans les circonstances d'alors, de couvent où mener la vie régulière qu'exigeait notre conscience. Il nous dit que dans ce cas nous devions trouver un évêque prêt à accueillir notre projet, qu'il nous donnerait deux ans pour l'expérimenter en statut d'exclaustration et que, si au terme de ce délai, l'évêque et nous-mêmes voulions poursuivre, il nous obtiendrait de Rome la dispense nécessaire pour sortir de l'ordre et pouvoir faire de nouveaux vœux entre les mains de l'évêque en vue d'une fondation. Je dois reconnaître que, comme Maître de l'ordre, il agissait conformément à sa mission en défendant ce qu'il estimait être l'autonomie et la spécificité de l'institution dominicaine.

Il nous fallait donc en prendre acte de notre côté. Nous n'avons vu alors s'ouvrir concrètement devant nous d'autre possibilité que le chemin de l'exode, sur lequel nous aurions à nous engager sans aucune reconnaissance morale ni aucune aide matérielle de la part de notre ordre. Nous pressentions bien que, si les vocations du même type que celles que nous avions accueillies continuaient à arriver au couvent de Toulouse, en une vingtaine d'années le visage de la province serait changé dans notre sens. Mais entre-temps, pendant toutes les années du milieu de notre vie, où que nous fussions dans la province, nous serions perçus comme une pomme de discorde, discorde qui userait les forces des uns et des autres sans profit d'aucune sorte. Devant Dieu nous avons cru en conscience qu'il valait mieux manger de la vache enragée et user nos forces à servir l'Église que risquer de nous aigrir en pure perte dans des guerres intestines. Même si c'était un crève-cœur, nous préférions laisser la vénérable et séculaire institution dominicaine à ceux qui viendraient après nous et à qui appartiendrait l'avenir, pour partir, certes sur une coquille de noix, mais dans la paix. Près de trente ans après je ne vois toujours pas quel autre choix nous aurions pu poser en conscience dans des circonstances pareilles, à moins de renoncer à la vie régulière en choisissant une solution individuelle, comme tant d'autres à l'époque, avec une dispense de vie conventuelle.

Alexandre : Quel projet avez-vous présenté et quel évêque a accepté de l'assumer ?

Fr. Jean-Miguel : Nous ne sentions pas un appel de Dieu à fonder un nouvel institut religieux, comme d'autres dominicains l'avaient fait avant nous au XXe siècle : le père Epagneul pour les Frères missionnaires des campagnes et le père Loew pour les Frères de la Mission ouvrière Saint-Pierre-et-Saint-Paul. Nous voulions simplement pouvoir mener une vie religieuse que, dans les circonstances d'alors, il ne nous était plus possible concrètement de mener en France dans l'ordre dominicain. En nous adressant à un évêque, nous ne lui demandions que de recevoir nos vœux religieux et de nous permettre de mener une vie en fraternité monastique au sein d'une communauté paroissiale de son diocèse selon des statuts qu'il approuverait. Notre ordre nous ayant demandé de ne pas nous installer dans une ville où il y avait un couvent dominicain, nous nous tournâmes vers Aix-en-Provence, dont l'évêque, Mgr de Provenchère, sur recommandation de Mgr Collini, nous reçut et nous installa pendant l'été 1977 dans la paroisse de Saint-Jean-de-Malte au centre d'une ville jeune et étudiante.

Philippe : Une fraternité monastique en centre-ville, cela rappelle la fraternité monastique que le cardinal Marty avait installée en 1975 en l'église Saint-Gervais de Paris, non ?

Fr. Jean-Miguel : Je connaissais depuis l'été 1975 le père Pierre-Marie Delfieux, le fondateur de cette fraternité du diocèse de Paris qui ne deviendrait que plus tard l'institut religieux des Fraternités monastiques de Jérusalem. Nous nous sentions proches d'eux et néanmoins quelque chose nous distinguait trop nettement pour que nous puissions les rejoindre. Nous nous sentions appelés à être moines au milieu des fidèles dans une communauté paroissiale et à y assumer un ministère apostolique. Eux exerçaient un travail professionnel à mi-temps et priaient leurs offices entourés d'une assemblée changeante de type non paroissial. Il fallut donc aller de l'avant tout seul, et c'est à cinq dominicains en voie d'exclaustration que nous arrivâmes à Saint-Jean-de-Malte pour y célébrer notre première messe le 4 août 1977 en la fête du Saint Curé d'Ars, patron des curés de paroisse.

Alexandre : Comment vous situiez-vous par rapport à la vie dominicaine d'où vous veniez ?

Fr. Jean-Miguel : Nous étions très conscients de tout ce que nous avions reçu de la tradition dominicaine et nous en étions très reconnaissants à notre ordre. Jamais aucun de nous n'aurait songé à le quitter pour fonder un autre institut. Nous étions contraints au départ, c'était la seule solution que nous voyions en conscience dans des circonstances personnelles de détresse. Cela dit, il ne pouvait pas s'agir non plus de prolonger purement et simplement la vie dominicaine en dehors de l'ordre, ne serait-ce que pour ne pas avoir l'air de prétendre le réformer de l'extérieur, ce qui aurait été insultant pour nos frères qui y restaient en toute bonne foi.

Notre projet de fraternité monastique a donc combiné des éléments de la vie dominicaine qui nous avait formés avec des éléments nouveaux, dont certains venaient de ce qui s'était développé dans les dernières années passées au couvent de Rangueil et qui avait été ressenti par le chapitre de la province de Toulouse comme étranger à la vocation dominicaine. Il y avait bien en chacun de nous quelques éléments vocationnels qui ne coïncidaient pas à cent pour cent avec l'institution dominicaine, mais cela est fréquent chez nombre de religieux et ne nous aurait jamais poussés à quitter l'ordre sans les circonstances très particulières de ces années-là. Pour les uns, c'était l'appel à prendre en charge ensemble une communauté paroissiale ; or il est incontestable que la dimension paroissiale n'est pas intrinsèque à la vocation dominicaine. Pour d'autres, dont j'étais, c'était d'abord le désir de mener une vie plus monastique que la vie dominicaine actuelle, dans l'humble cadre d'une fraternité au sein de l'assemblée des fidèles. Cela rejoignait en moi l'inspiration du père de Foucauld, qui avait été à l'origine de ma vocation, mais je dois reconnaître que cela ne correspondait pas non plus à la finalité de la vie dominicaine. Ces deux éléments combinés permettaient donc de proposer un projet de vie religieuse à la fois spécifique par rapport à l'ordre dont nous sortions et assumant largement notre patrimoine doctrinal et spirituel dominicain.

Philippe : Comment avez-vous atterri à Aix-en-Provence ?

Fr. Jean-Miguel : Nous sommes arrivés sans un sou dans un presbytère vétuste, qui de plus n'était pas adapté à une vie communautaire, puisqu'il comportait des appartements distincts pour prêtres séculiers. D'anciens paroissiens de Toulouse et surtout des amis du groupe de prière du Renouveau à Aix nous ont aidés matériellement de différentes manières. Il a fallu que, sous le contrôle d'un architecte et avec l'aide d'un maçon, nous abattions nous-mêmes les cloisons et que nous soutenions par des poutres les planchers qui, à la suite de cela, s'étaient mis à céder. Jusqu'à la veille de Noël 1977, nous avons dû dormir chacun chez une famille de paroissiens et passer le plus clair de notre temps à travailler de nos mains à la réfection du presbytère. Les travaux ont duré deux bonnes années. Tout cela a été physiquement épuisant mais en même temps nous a beaucoup rapprochés de nos nouveaux paroissiens.

Malgré la dureté des conditions de vie et l'effort incroyable qu'exige toute fondation, j'étais très heureux à

Aix. J'étais accordé d'avance au charme de cette ville, parfaite synthèse architecturale de la France et de l'Italie, et l'emplacement de la paroisse me permettait de me retrouver, en à peine un quart d'heure à pied, sur l'admirable route de Cézanne qui a fourni à celui-ci ses vues de la montagne Sainte-Victoire. Je n'oublierai jamais non plus le chant du rossignol que j'entendais à la belle saison en remontant dans ma chambre à l'aube le vendredi après l'office de nuit.

Alexandre : Avez-vous beaucoup reproduit la vie que vous aviez menée ensemble à Rangueil ?

Fr. Jean-Miguel : Totalement sur le plan liturgique, puisque nous chantions dans nos offices tous les chants sacrés du frère André Gouzes, pour qui nos frères Jean-Philippe Revel et Daniel Bourgeois continuaient à écrire les textes. Les fidèles participaient à tout, même à l'office des heures, puisque, en accord avec l'évêque, celui-ci était célébré dans la paroisse comme la liturgie du peuple de Dieu et non comme celle de la fraternité monastique. Nous étions les permanents de cette prière liturgique à laquelle se joignaient pour chaque office un bon nombre de fidèles qui venaient chanter avec nous, tournés avec nous vers l'autel. Nous, nous portions la coule, mais les fidèles venaient à nos côtés, en se répartissant selon les quatre voix mixtes prévues par les chants du frère André Gouzes. Même à l'office de nuit, que nous célébrions une fois par semaine à trois heures du matin, les paroissiens étaient plus nombreux que nous. Après deux années de présence dans la paroisse, il pouvait arriver, à des moments où notre fraternité était absente d'Aix pour une retraite, que l'office des heures fût chanté seulement par les paroissiens.

À la différence de ce qui se passait à Rangueil, notre apostolat prioritaire à tous était le ministère paroissial. Mais, comme les dominicains, il arrivait de temps en temps que l'un ou l'autre d'entre nous allât prêcher une retraite ou donner une session de théologie ici ou là. Notre vie était néanmoins globalement beaucoup plus stable et moins itinérante que la vie dominicaine que nous avions connue auparavant, ne serait-ce qu'en raison de la participation de tous les frères à tous les offices liturgiques. En même temps, notre vie comportait une souplesse plus propre à la vie dominicaine qu'à la vie monastique : séances de cinéma ou de concert, invitations à des repas chez des laïcs, voyages de groupe, etc.

Philippe : Qu'ont représenté les premières années à Aix dans le discernement de votre nouvelle forme de vie religieuse ?

Fr. Jean-Miguel : La présence de notre Fraternité à la tête de la paroisse de Saint-Jean-de-Malte était un bienfait. Ce fut très vite constatable par la fécondité et le rayonnement de sa vie liturgique, catéchétique et communautaire et de tout ce qui est sorti d'elle. Je pense en particulier au parcours catéchétique intitulé *C'est toi Seigneur*, fondé sur la parole de Dieu et la liturgie, qui devait être publié par les frères quelques années après et marquer un tournant par rapport à la catéchèse alors dominante, faite « à partir de la vie » et très pauvre en contenu. L'enseignement théologique pour adultes, que nous donnions les uns et les autres dans des conférences du soir à la paroisse, a été un banc d'essai d'où sont sortis plus tard quelques ouvrages : mon livre *Dieu sans idée du mal* dès 1982 et, plus récemment, l'imposante *Théologie pastorale* du frère Daniel Bourgeois, puis la magistrale *Théologie sacramentaire* qu'a commencé à publier le frère Jean-Philippe Revel. Tous deux étaient devenus entre-temps professeurs au séminaire diocésain d'Aix-en-Provence.

Un autre signe, inattendu pour nous, a été le nombre – considérable par rapport à notre petite taille – de demandes d'entrée dans la fraternité. Elles venaient surtout de jeunes religieux en cours de formation dans divers instituts, qui souffraient de la crise de sécularisation de la vie religieuse. À la rentrée 1978, nous avons accueilli un Petit Frère de Jésus et un carme, l'un et l'autre simples profès temporaires dans leur institut. À la rentrée 1979 sont arrivés un jeune laïc et un prêtre du diocèse d'Aix. En deux ans nous avions presque doublé de taille et tout laissait pressentir que le rythme des entrées allait se maintenir.

Alexandre : Cela ne vous a-t-il pas posé un problème structurel ?

Fr. Jean-Miguel : Si. Tout d'abord ces arrivées nous ont pris totalement au dépourvu car, en quittant l'ordre dominicain, nous avions surtout voulu trouver une solution pour notre petit groupe et n'avions pas prévu l'éventualité d'accueillir si vite d'autres membres. Par ailleurs, même après réfection, le presbytère que nous occupions n'était pas très grand et, si nous devions être neuf frères à la rentrée 1979, il y aurait tout juste place pour tous. Enfin, nous allions nous retrouver trop de prêtres : nous étions déjà quatre au départ, le cinquième allait être ordonné en juin 1979 et un sixième (le prêtre diocésain) s'annonçait pour septembre. Cela ferait six, beaucoup trop pour une seule paroisse aux yeux du diocèse. Celui-ci nous demanderait certainement soit de desservir en même temps une autre paroisse, soit de prendre des ministères d'aumônerie où les horaires ne permettraient pas au frère en charge de participer à tous les offices. Nous risquions d'avoir en conséquence une vie religieuse plus éclatée.

Philippe : Cela vous posait-il un problème ?

Fr. Jean-Miguel : À cette occasion il s'est avéré qu'une majorité de frères était prête à s'en accommoder, car elle reconnaissait volontiers qu'elle ne souhaitait pas mener une autre vie que celle que nous avions connue comme dominicains à Rangueil. À l'inverse, Frère Jean Legrez, Frère Jean-Pierre Cattenoz (le Petit Frère de Jésus qui nous avait rejoints en 1978) et moi-même pensions que, si Dieu nous avait conduits à sortir de notre institut religieux, c'était pour mener une vie plus nettement monastique, donc plus stable, même au sein de l'assemblée de tous les fidèles.

Si nous avions eu comme priorité la fondation d'un nouvel institut religieux, nous aurions pu demander à l'évêque un lieu près d'Aix où nous aurions établi un début de maison de formation pour accueillir les nouvelles vocations, au lieu d'avoir à les former sur le tas. Mais cette perspective institutionnelle n'était toujours pas première dans notre esprit et nous avons opté pour essaimer à trois frères pas trop loin d'Aix-en-Provence, laissant à Saint-Jean-de-Malte, à la rentrée de 1979, six frères dont quatre prêtres. Nous sentions que le Seigneur nous demandait d'apporter la grâce d'une fraternité monastique, analogue mais non identique en tout, à une autre paroisse dans un autre diocèse. C'était généreux, vu la pauvreté si répandue de la vie paroissiale, mais à long terme cela devait s'avérer une option qui, en raison de sa précarité institutionnelle, manquait de réalisme. En effet, comme l'avenir devait le montrer, les jeunes recrues, venues de générations de plus en plus fragilisées par le monde actuel, supporteraient mal d'un point de vue psychologique la vie en si petites fraternités et moins encore une formation sur le tas.

La fraternité monastique de Saint-Jean-de-Malte gardait cependant à Aix six frères, le nombre suffisant pour accueillir de nouvelles vocations et durer à travers les années. Elle a continué à enrichir de multiples réalisations l'Église locale et bien au-delà d'elle, surtout quand les frères ont apporté une aide décisive à la réouverture à Aix du séminaire diocésain.

Alexandre : Avez-vous entrepris tout de suite cette nouvelle fondation ?

Fr. Jean-Miguel : Non, car nous étions épuisés après les deux années de fondation à Aix-en-Provence. Frère Jean-Pierre Cattenoz est reparti un an chez les Petits Frères de Jésus, dont il était encore profès temporaire, pendant que le frère Jean Legrez et moi prenions une année sabbatique sans ministère dans le Var. Nous fûmes accueillis pour un an comme simples prêtres desservants par une petite communauté de laïcs consacrés qui, à la suite d'un bénédictin décédé peu avant, Dom Célestin Charlier, avait fait d'une ravissante chapelle paléochrétienne des Ve et VIe siècles, Notre-Dame de la Pépiole, un lieu de prière et de retraite.

Cette année sabbatique devait s'avérer très profitable, non seulement sur le plan physique et spirituel, mais aussi sur le plan intellectuel. C'est effectivement pendant ces mois de 1979-1980 que j'ai rédigé mes premiers articles de philosophie politique pour la revue *Commentaire* que venait de fonder Raymond Aron avec ses amis. C'est aussi pendant ces longs mois que j'ai relu intégralement la Bible de la Genèse à l'Apocalypse, comme je n'avais pas eu l'occasion de le faire depuis mon noviciat. Je l'ai fait avec comme fil conducteur le thème du Peuple de Dieu à travers toute l'histoire sainte. En effet, quelques années avant, alors que j'étais encore à Toulouse, j'avais eu à préparer au baptême plusieurs catéchumènes adultes venus du judaïsme et j'avais compris qu'on ne baptise pas un juif comme on baptise un Gentil. Les notes que j'ai prises alors dans ma retraite sans intention précise m'ont servi à écrire, plus tard, la plus grande partie du livre collectif dont j'ai dirigé l'édition en 1986 sous le titre *L'unique Israël de Dieu*.

Philippe : Comment s'est décidé le lieu de fondation de votre nouvelle fraternité au terme de cette année sabbatique ?

Fr. Jean-Miguel : En arrivant à Aix-en-Provence, nous avions eu, comme évêque auxiliaire de l'archevêque, Mgr Raymond Boucheix, avant que celui-ci ne soit nommé en 1978 archevêque d'Avignon. Nous lui avons donc proposé de nous accueillir au centre-ville d'Avignon, où les églises ne manquent pas, pour un essai de fondation. Comme il nous avait connus dans la fraternité d'Aix, il a accepté, tout en nous prévenant que, comme il venait de rassembler les paroisses du centre-ville sous un seul clergé, nous desservirions une église mais nous n'aurions pas l'autonomie paroissiale, et serions placés sous l'autorité d'un curé. C'est ainsi que le 15 septembre 1980 nous avons célébré notre première messe à Saint-Pierre, magnifique église du XIVe siècle comme la plupart en Avignon, située derrière le Palais des Papes.

Nous arrivions à trois frères : Frère Jean Legrez, que nous venions d'élire prieur pour quatre ans et qui devait le rester à travers trois réélections pendant seize années de suite, moi-même et le Petit Frère de Jésus qui nous avait rejoints à nouveau pour la nouvelle fondation, Frère Jean-Pierre Cattenoz. Comment aurions-nous pu nous douter que ce frère, alors même pas prêtre, deviendrait un jour l'archevêque d'Avignon, succédant en 2002 à Mgr Boucheix qui nous accueillait dans son diocèse ?

Alexandre : Comment se déroulait votre vie communautaire en Avignon ?

Fr. Jean-Miguel : La vie liturgique, dont nous chantions les offices avec les paroissiens, était en gros la même qu'à Aix, à ceci près que le choix dans le répertoire du frère André Gouzes était plus restreint et plus simple, en raison de nos capacités musicales plus modestes, mais aussi parce que nous pensions que le souci esthétique, bien qu'il soit légitime, ne doit pas devenir excessif. Il est bon, en effet, de faire en sorte que l'office soit beau, et, pour y parvenir, d'user au mieux de ce dont on dispose. Cependant, la beauté n'y est qu'un moyen de dire la louange et l'action de grâces et de parvenir au recueillement, lequel est intérieur et silencieux. Si elle devient une fin, elle n'est plus qu'une idole, et l'esthétisme peut, sans même qu'on en voie le danger, éloigner de Dieu. Nous célébrions les offices de semaine à Saint-Pierre. Quant aux vêpres puis, la seconde année, à la messe du dimanche, elles avaient lieu à la cathédrale de Notre-Dame des Doms, où le doyen du chapitre nous accueillait de grand cœur.

La vie communautaire se caractérisait par l'accent que nous avions souhaité mettre sur la stabilité monastique et la régularité cénobitique. Nous nous levions à six heures et, après la toilette, le ménage et le petit-déjeuner pris en silence, nous allions à l'église à sept heures pour chanter pendant une heure l'office des lectures et celui de laudes avec des laïcs qui allaient ensuite à leur travail. De huit à neuf heures, nous faisions oraison silencieuse à l'église avec d'autres personnes, souvent des mères de famille. Puis nous remontions dans la maison du presbytère où était logée notre fraternité et nous passions la matinée en cellule dans le silence et l'étude. Un frère à tour de rôle faisait la cuisine pour les repas de midi et du soir, tout en répondant à la porte et au téléphone. À midi, nous nous retrouvions à l'église pour l'office du milieu du jour et la messe chantée avec les laïcs. Puis nous remontions chez nous pour le déjeuner pris toujours en silence avec lecture d'un livre d'intérêt culturel. Après un temps de récréation au moment du café, tout l'après-midi était consacré à l'apostolat. À six heures et demie du soir, nous chantions les vêpres à l'église avec les fidèles, puis nous dînions en écoutant une lecture spirituelle. Le soir, nous avions des rendez-vous apostoliques, puis nous nous retrouvions chez nous pour un bref office de complies en fraternité avant d'aller nous coucher.

La nuit du jeudi au vendredi, nous avions l'office de nuit avec des fidèles, à quatre heures du matin dans l'église, suivi d'un temps d'oraison avant l'office des laudes. Chaque dimanche soir, après les vêpres à la cathédrale, nous partions en journée de désert jusqu'au lundi soir. Nous étions accueillis au Foyer de Charité de Notre-Dame-de-Rochefort dans le Gard ou au centre spirituel de Notre-Dame de Vie à Vénasque. Nous devions ainsi nous lier durablement avec les membres consacrés de l'institut séculier carmélitain de Notre-Dame de Vie et, les années suivantes, des séminaristes de l'institut viendraient régulièrement suivre auprès de moi des sessions de théologie.

Alexandre : Quel style de vie aviez-vous adopté ?

Fr. Jean-Miguel : Le style de vie de la fraternité prit un tour monastique plus marqué en raison du désir que Frère Jean Legrez et moi-même en avions, ainsi que de la présence de Frère Jean-Pierre Cattenoz, qui venait de la famille religieuse du père de Foucauld, et de Frère Jean-Marie Baguenard, qui se joignit à nous au début 1981 et qui venait de la vie bénédictine. Tous les repas étaient pris à la fraternité : nous n'acceptions plus d'invitations, nous n'avions pas la télévision, nous n'allions plus au cinéma ni au spectacle. L'été, nous prenions chacun un temps de désert d'une dizaine de jours. C'est ainsi qu'en août 1981 je passai ce temps de désert chez les Petites Sœurs de Bethléem à la chartreuse de Mougères, près de Béziers. À la fin de ma retraite, elles me demandèrent de leur parler, sous forme de conférences spirituelles, de ma méditation de la Bible pendant ces jours passés en totale solitude. Je venais de faire une lecture transversale de l'Écriture autour du thème de l'innocence de Dieu et du mystère du mal. J'avais été très frappé par le livre de Maritain *Dieu et la permission du mal* et j'avais donné à Aix des conférences paroissiales sur ce sujet. Mais j'avais voulu prendre le temps de cette retraite pour confronter à la Parole de Dieu elle-même les intuitions de Maritain, formulées à partir de sa foi intense et de sa haute métaphysique. Je parlai donc aux sœurs de l'abondance du cœur et elles enregistrèrent ces causeries. Bientôt, à la demande d'un éditeur, celles-ci devinrent un livre qui parut en 1982 sous le titre *Dieu sans idée du mal*. L'éditeur voulut le publier parce qu'il l'aimait, mais il pensait qu'il ne trouverait que peu de lecteurs. Or, vingt ans après sa parution, il continue à se vendre.

Philippe : Quel était votre ministère apostolique en Avignon ?

Fr. Jean-Miguel : Le ministère pastoral à la paroisse Saint-Pierre étant assez limité pour deux, puis trois prêtres, le diocèse nous confia l'aumônerie du centre anticancéreux de Sainte-Catherine. L'après-midi, l'un de nous trois restait en permanence dans l'église entre trois heures et six heures et demie, prêt à accueillir les personnes qui désiraient rencontrer un prêtre pour une confession ou un entretien. Pendant ce temps, les trois autres frères visitaient les malades du centre anticancéreux. Nous passions dans toutes les chambres et notre visite n'a pratiquement jamais été refusée. Certes, peu nombreux étaient ceux qui nous demandaient la confession ou le sacrement des malades. Mais presque tous les autres étaient heureux de pouvoir parler en tête à tête avec un aumônier, parce que celui-ci ne faisait partie ni de la famille ni du personnel soignant. Les malades étaient en général très seuls dans leurs chambres individuelles, car la peur psychologique que provoque le cancer réduisait bien vite les visites à celles de leur proche famille. Comme beaucoup nous l'avouaient, les membres de celle-ci leur mentaient sur leur état pour ne pas les inquiéter et eux, qui voyaient venir la mort, leur mentaient en retour pour ne pas les peiner. Nos passages leur permettaient de dire la vérité, ce qui représentait pour eux une bouffée d'oxygène.

Au début, nous étions assez angoissés de nous trouver devant beaucoup de malades en phase terminale. C'étaient les malades les plus délaissés : « Le médecin ne s'arrête presque plus, l'infirmière ne s'attarde pas non plus, nous disaient-ils. Ils n'ont plus rien à faire, je vais mourir. » À la fin, c'était souvent une aide-soignante ou une fille de salle qui leur tenait la main pour les derniers instants, quand nous n'étions pas là. Un jour, je me souviens, j'aperçus, en entrant dans une chambre, deux têtes reposant sur l'oreiller, comme si le malade qui s'y trouvait était bicéphale. En m'approchant, je constatai qu'il avait en fait une tumeur cérébrale aussi grosse que sa tête, laquelle sortait de son crâne par un orifice latéral pratiqué pour dégager la pression crânienne. L'éventualité de me trouver devant des scènes analogues me serrait la gorge et je ne frappais pas à la porte d'un nouveau malade sans avoir dit avant un *Je vous salue Marie*.

Bientôt cependant, quand j'eus accompagné plusieurs personnes dans l'agonie jusqu'à leur dernier souffle, je perdis la peur de la mort en découvrant combien elle est plus humblement naturelle que ce que l'on imagine, et en même temps tellement surnaturelle par la grâce d'abandon qui est faite au mourant. Quand j'entrais dans une chambre où un malade était très fatigué, je m'agenouillais tout contre son lit pour lui éviter l'effort de regarder de bas en haut, mais aussi pour exprimer la conviction que j'avais de me trouver en présence du Christ souffrant. En sortant du centre anticancéreux, nous nous disions que jamais le temps consacré à aucun de nos ministères ne nous avait paru aussi bien employé. Nous rentrions à l'église Saint-Pierre pour célébrer les vêpres avec la perception spirituelle de vivre, comme nos malades, comme tout homme en fait, devant la porte de l'éternité qui peut s'ouvrir pour chacun de nous au moment le plus inattendu. La nuit, nous étions parfois tirés de notre sommeil par le visage d'un malade avec la conviction que nous devions prier pour lui. Après une brève intercession, nous nous rendormions. Plusieurs fois, en arrivant le lendemain à Sainte-Catherine on nous disait que cette personne était morte dans la nuit.

Cet accompagnement de personnes en fin de vie m'a tant marqué que je n'ai pu en parler que des années après, dans le cadre de conférences paroissiales sur la mort. Je ne me suis décidé à les publier en livre qu'en 2000, sous le titre d'*À l'heure de notre mort*.

Alexandre : Pourquoi, malgré cette vie apostolique féconde, avez-vous décidé de ne pas fonder en Avignon ?

Fr. Jean-Miguel : Effectivement, après une année de présence *ad experimentum* en Avignon, pendant laquelle nous restions canoniquement dépendants du diocèse d'Aix et en lien avec la fraternité de Saint-Jean-de-Malte, nous avons prévenu l'archevêque que nous ne pourrions nous fixer définitivement dans son diocèse que si nous avions une paroisse autonome en centre-ville. L'expérience avait montré que la coopération avec un curé du clergé diocésain au sein d'une même équipe pastorale n'était aisée ni pour lui, ni pour nous. Une fraternité monastique a une manière de desservir pastoralement une paroisse qui est de fait très différente de celle des prêtres diocésains du clergé séculier. L'expérience positive d'Aix dans le cadre d'une paroisse autonome et la contre-expérience négative d'Avignon nous l'avaient fait toucher du doigt. Malheureusement, le diocèse d'Avignon avait engagé depuis quelques années un processus de regroupement des paroisses de l'*intra-muros* qui ne pouvait pas être inversé sans dommage pastoral. Aussi avons-nous convenu avec l'archevêque de rester jusqu'à Pâques 1982, tout en cherchant un diocèse qui voudrait nous accueillir dans une paroisse autonome d'un centre-ville. Si à la rentrée 1982 nous n'avions rien trouvé, nous retournerions en Avignon pour nous y établir canoniquement de manière définitive.

Nous ne sommes partis qu'à trois frères, car le frère Jean-Pierre Cattenoz souhaitait pouvoir être ordonné prêtre sans remettre cela à un avenir incertain. Il a choisi de rester en Avignon, où il s'est rattaché par la suite à l'Institut séculier de Notre-Dame de Vie (qui est dans le diocèse, à Vénasque), et où il est devenu bien des années après le nouvel archevêque.

Chapitre XV

Lyon : treize années de stabilité monastique

Alexandre : Comment vous êtes-vous retrouvés à Lyon ?

Fr. Jean-Miguel : De manière inattendue. Nous avions été demandés dans plusieurs diocèses. Pour pouvoir aller voir l'implantation que ceux-ci nous proposaient, nous avons logé pendant quelques mois à Bourgoin-Jallieu, dans l'Isère. Nous avons reçu l'hospitalité des Petites Sœurs des Maternités catholiques, une congrégation amie que nous avions connue à Aix et dont la maison mère se trouve dans cette ville. Pendant ces mois où notre avenir était incertain et notre situation précaire, j'ai pu constater une fois de plus combien la maternité de l'Église s'exprime volontiers à travers la sollicitude maternelle et consolatrice des femmes chrétiennes et particulièrement des consacrées.

Au couvent de Bourgoin-Jallieu, où nous sommes restés finalement neuf mois, nous pouvions continuer à mener notre vie de communauté, tout en donnant une formation théologique aux sœurs novices. Nous nous absentions chaque fois qu'il fallait nous rendre dans un diocèse pour y étudier une proposition. Malheureusement, celles que nous reçûmes ne coïncidaient pas avec notre type de vie, parfois, à Paris par exemple, parce qu'elles étaient trop ambitieuses. Aussi en juillet nous envisageâmes, découragés, de retourner en Avignon, comme nous en étions convenus avec l'archevêque du lieu. Avant de prendre cette décision, nous voulûmes cependant faire, fin juillet, une retraite à l'abbaye de Hautecombe, au bord du lac du Bourget.

Au mois d'avril précédent, le nouvel archevêque de Lyon, Mgr Albert Decourtray, trop récemment arrivé dans le diocèse, nous avait adressés à l'un de ses évêques auxiliaires, lequel nous avait proposé une insertion pastorale qui ne nous correspondait pas. Depuis lors, nous n'avions plus eu de contacts avec ce diocèse. À notre arrivée à Hautecombe, le père abbé nous annonça qu'il devait justement aller à Lyon pour faire la connaissance du nouvel archevêque. En rentrant, il nous dit que Mgr Decourtray s'était enquis de nous, et qu'en apprenant que nous nous apprêtions à retourner en Avignon il avait demandé à nous revoir, car désormais il avait en main la direction du diocèse et pouvait nous proposer une implantation. Notre prieur, Frère Jean, le rencontra le 6 août, en la fête de la Transfiguration du Christ. À son retour, il nous annonça que Mgr Decourtray s'engageait à installer notre fraternité monastique dans une paroisse du centre-ville de Lyon, aux alentours de Noël. L'archevêque tint parole et le 17 janvier 1983, en la fête de saint Antoine père des moines, nous célébrions notre première messe dans l'église de Saint-Nizier, notre nouvelle paroisse.

Philippe : Comment le choix de ce lieu se décida-t-il ?

Fr. Jean-Miguel : L'église de Saint-Nizier, située au centre de Lyon dans la presqu'île que forment la Saône et le Rhône avant de confluer, est une vaste et élégante église de style gothique flamboyant avec un portail Renaissance attribué à Philibert Delorme. Mais en 1983 cela faisait une vingtaine d'années qu'elle était l'objet d'énormes travaux de restauration qui ne laissaient libres pour le culte qu'un moignon de nef et la crypte. Ces servitudes, auxquelles il fallait ajouter la poussière venue du chantier qui envahissait sans cesse l'espace consacré au culte, avaient réduit l'assistance aux offices et mis en veilleuse la vie paroissiale. Aussi, quand le curé manifesta son désir de partir à la retraite pour céder la place à la fraternité monastique que l'archevêque voulait implanter en centre-ville, aucun concurrent ne se présenta. Cela devait incontestablement faciliter notre arrivée dans le secteur pastoral du centre-ville.

Malgré la taille de l'église, dont la nef a une dimension presque digne d'une cathédrale, nous avons accepté. En effet, elle disposait d'une grande crypte pouvant contenir plus de cent personnes, espace à plafond bas facilement chauffable pour les offices de la période froide, et de plus immédiatement utilisable par notre petite fraternité monastique de trois religieux. Par ailleurs, cette crypte abritait les restes de la basilique qui avait été construite au Ve siècle pour vénérer ce que l'on croyait alors être les cendres des quarante-huit premiers martyrs de Gaule, comme saint Pothin et sainte Blandine, morts en 177. Le fait de pouvoir prier dans ce lieu, source de la foi chrétienne en France, était pour nous très porteur spirituellement. Nous n'imaginions certes pas alors que, lorsqu'un an et demi après la splendide nef serait rendue au culte, environ sept cents fidèles viendraient chaque semaine y assister à la grand-messe du dimanche.

Alexandre : Où habitiez-vous ?

Fr. Jean-Miguel : Notre règle nous interdisait de posséder des biens immobiliers. Nous habitions donc l'appartement de la cure de Saint-Nizier, que la mairie de Lyon louait à la paroisse depuis que l'immeuble, un bâtiment second Empire, lui avait été confisqué en 1905. C'était un très grand appartement : il occupait tout le second étage.

Malheureusement, il n'avait aucun cachet monastique. Pour en atténuer le style cossu, nous avons tapissé les murs en blanc et remplacé le mobilier par des meubles très sobres. Situé dans une rue très passante d'un quartier d'affaires et de commerce, il était très bruyant et on y respirait un air pollué, ce qui était particulièrement pénible dans la touffeur de l'été lyonnais. Un jour, je fis remarquer avec un sourire en coin à notre prieur, Frère Jean Legrez, qui, comme je l'ai dit, avait été dominicain avec moi dans les années 1960, que nous n'avions pas échappé à notre génération puisque, quoique sous une modalité très monastique, nous étions tout de même des religieux… en appartement !

Comme en Avignon, nous partions heureusement tous les dimanches soir pour une journée de désert qui s'achevait le lundi soir. Pendant treize ans, nous avons été généreusement accueillis chaque lundi par nos amies les Petites Sœurs des Maternités catholiques dans leur maison généralice située dans la campagne dauphinoise près de Bourgoin-Jallieu. Les paroissiens savaient qu'il n'y avait pas d'offices le lundi à Saint-Nizier et, si un enterrement se présentait un lundi, un des frères prêtres restait faire son désert au Carmel de Fourvière et en descendait juste le temps de la célébration. Cette journée de désert, passée totalement en silence et où chacun disait les offices en privé aux heures qui lui convenaient, nous a permis de respirer et ainsi de tenir treize ans de suite en vie cénobitique dans le centre-ville de Lyon. Personnellement, elle m'a fourni les longues plages horaires qu'exige la rédaction d'articles et de livres. Le lundi soir, de retour à Lyon après le dîner, nous avions un chapitre pour échanger des informations et prendre des décisions concernant la fraternité ou la paroisse.

Philippe : Quelle mission l'archevêque de Lyon vous avait-il donnée ?

Fr. Jean-Miguel : Tout d'abord la mission de mener notre vie de moines diocésains : c'est-à-dire d'être, au sein d'une communauté paroissiale du centre-ville, les permanents de la prière et de la communion fraternelle au bénéfice de tous les fidèles. En second lieu, les frères prêtres devaient assumer la charge pastorale de la paroisse. Là où il y avait auparavant un seul prêtre, nous étions désormais trois, mais nous avions demandé de n'exercer le ministère pastoral proprement dit qu'à mi-temps pour pouvoir vaquer aux exercices de notre vie commune (offices, étude, travail manuel), ce qui faisait l'équivalent de la charge d'un prêtre et demi. Les frères prêtres, nous exercions ensemble (*in solidum*) la charge curiale de la paroisse sous la direction du prieur de la fraternité, le frère Jean Legrez. Cette expérience pastorale de treize ans, suivie de deux priorats successifs au couvent des dominicains de Marseille, devait conduire par la suite ce dernier à l'évêché de Saint-Claude, dans le département du Jura.

Alexandre : Avez-vous eu aussi des frères non prêtres ?

Fr. Jean-Miguel : Les trois jeunes qui sont entrés dans la fraternité au cours de nos treize années à Lyon ne venaient pas d'abord en vue de la prêtrise mais de la vie monastique. Le premier nous a rejoints quelques mois après notre arrivée à Saint-Nizier et il est resté avec nous plus de dix ans sans vouloir être ordonné prêtre. Les deux autres n'ont fait chacun qu'un temps de postulat et un noviciat d'un an. Tous étaient des jeunes de plus de vingt-sept ans ayant exercé déjà une profession dans le monde. Pendant nos treize années à Saint-Nizier, beaucoup d'autres jeunes ont découvert l'appel de Dieu à notre contact, mais nous les avons orientés en fonction de ce qu'ils étaient vers diverses formes de vie consacrée, sans les encourager à nous rejoindre, car nous avions conscience des risques que comportait notre fondation en raison de sa précarité institutionnelle. Ainsi, selon les moments, avons-nous été trois, quatre ou cinq frères à vivre en communauté.

Philippe : Selon quelle règle viviez-vous ?

Fr. Jean-Miguel : Notre fraternité, comme celle d'Aix, étant diocésaine, elle a rédigé sa règle et l'a fait approuver par l'archevêque de Lyon. Cette règle tenait compte de la mission que nous avait donnée l'Église diocésaine, des conditions particulières de notre implantation à Saint-Nizier et du propos monastique dont nous étions porteurs. En fait, notre rythme et notre style de vie ne furent pas différents de ceux que nous avions rodés pendant un an et demi en Avignon, et que j'ai déjà décrits plus haut. Notre règle comportait donc à la fois la rupture monastique avec la vie du monde et la présence au sein de la communauté ecclésiale de tous les baptisés. Elle s'inspirait des Règles que saint Basile, un Père d'Orient, avait données au IVe siècle aux moines de son Église de Césarée, en Cappadoce (Asie Mineure aujourd'hui turque).

Pour conserver la stabilité monastique, nous n'acceptions pas d'apostolat extérieur à la paroisse. Mais, dans le cadre et selon les rythmes de notre vie monastique, l'apostolat ne nous manquait pas en ce centre d'une grande ville. Chaque jour, entre 15 heures et 18 h 30, un des frères prêtres assurait dans l'église une permanence d'accueil spirituel et de confession. Pendant ce temps, les autres recevaient des personnes sur rendez-vous dans les bureaux paroissiaux pour des directions spirituelles ou des préparations sacramentelles : baptêmes, mariages, obsèques. Le soir, à partir de 20 h 30, l'un de nous à tour de rôle donnait une conférence paroissiale de formation biblique, doctrinale (textes du Magistère au fur et à mesure de leur parution) ou spirituelle (école d'oraison, la vocation de la femme, l'âme et le corps chez saint Thomas), pendant que les autres recevaient des personnes individuellement. Nous n'allions chez les paroissiens que pour visiter un malade, ou pour préparer un baptême si le couple avait du mal à faire garder ses enfants. Tout se passait dans l'église et les locaux paroissiaux qui, avec le logement de la fraternité, étaient le lieu de notre vie monastique. J'y ai même donné pendant des années des sessions de formation théologique pour les séminaristes de l'institut séculier de Notre-Dame de Vie, qui montaient en voiture de Vénasque pour passer deux ou trois jours à Lyon.

Alexandre : Comment résumeriez-vous ce que vous avez vécu en fraternité monastique dans la communauté paroissiale de Saint-Nizier ?

Fr. Jean-Miguel : D'une certaine manière, à Saint-Nizier, nous avons pu faire la synthèse de la vie que nous avions menée à Aix-en-Provence et de celle menée en Avignon. Comme à Aix, nous avions une paroisse autonome dont nous, les trois frères prêtres, assumions solidairement la charge curiale sous la direction de notre prieur. L'office des heures et la messe étaient chantés à quatre voix mixtes avec les paroissiens qui étaient toujours, même à l'office de nuit, plus nombreux que les frères.

En même temps, nous avons pu garder de notre étape d'Avignon la nette priorité donnée à la vie monastique, même si celle-ci était menée au sein de la communauté paroissiale de tous les baptisés. Avignon a été comme un noviciat pour nous, car nous avons repris à Lyon le rythme et le style de la vie que nous avions menée là-bas. Celle-ci était marquée par un réel dépouillement ascétique : pas de télévision à la fraternité, pas de cinéma ou de spectacles, pas de repas pris à l'extérieur, services de cuisine, ménage, lingerie et courses assumés par les frères. Le but de cette ascèse était de nous rendre plus libres pour chercher à rencontrer le Seigneur pour lui-même, non seulement dans l'eucharistie et l'office des heures, mais aussi dans l'heure d'oraison communautaire quotidienne, les temps d'adoration eucharistique, la journée de désert chaque lundi, les matinées d'étude en silence. Grâce à ces temps d'étude, j'ai pu écrire, tout comme mes frères prêtres, un certain nombre de livres de théologie à Saint-Nizier, puis y préparer mes conférences de Carême à Notre-Dame de Paris. Cette immersion constante dans la Parole de Dieu, propre à la *lectio divina* monastique, s'est révélée d'une grande fécondité pour notre vie contemplative et apostolique.

Nous menions cette vie monastique assez stricte dans un cadre sobre mais dénué de tout décorum abbatial, puisque, comme je l'ai dit, nous logions dans le grand appartement de la cure paroissiale que nous avions dépouillé au maximum. Nous ne prenions pas nos repas dans un réfectoire monastique mais, comme les moines, nous mangions à longueur d'année en silence avec lecture. Nous prenions le livre à tour de rôle, le temps d'un plat, en restant assis à notre place. Puisque, pour avoir des matinées d'étude silencieuse, nous avions demandé à l'archevêque que les frères prêtres fussent considérés comme exerçant le ministère pastoral à mi-temps, nous étions rémunérés en conséquence. Nous avons vécu ainsi avec un traitement et demi de prêtre mais, comme la paroisse payait les frais généraux de la cure et que nous n'avions qu'une vieille voiture d'occasion, nous pouvions donner aux pauvres chaque année une certaine somme en mettant notre caisse communautaire à zéro comme notre règle nous le demandait. Notre bibliothèque de fraternité était modeste et comportait surtout des livres usuels, car nous avions, à cinq minutes de chez nous, la bibliothèque de l'Institut catholique et celle des Sources chrétiennes.

Philippe : Cette vie correspondait donc vraiment à votre appel le plus profond ?

Fr. Jean-Miguel : Oui, j'en suis persuadé, en tout cas pour moi. Aussi, avec le frère Jean Legrez, notre prieur, j'ai publié en 1992 un livre intitulé *Moines dans l'assemblée des fidèles*, où nous avons exposé tout un pan des origines du monachisme le plus souvent ignoré aujourd'hui. En effet, dans l'Église des Pères, la vie monastique n'est pas née seulement chez les ermites et les cénobites du désert, mais elle a éclos en même temps au sein de l'assemblée des fidèles. Dans presque toutes les villes d'Orient et d'Occident, entre le IVe et le VIIIe siècle, des confréries d'ascètes, puis des fraternités de moines et de moniales sont apparues dans les basiliques urbaines ou suburbaines, donnant lieu parfois à d'importants monastères de basilique, comme au Saint-Sépulcre à Jérusalem, à Saint-Pierre de Rome ou à Saint-Denis de Paris. L'implantation dans des églises urbaines des Fraternités monastiques de Jérusalem, fondées à Saint-Gervais de Paris, ou l'insertion de nos Fraternités diocésaines d'Aix et de Lyon dans la communauté paroissiale de tous les baptisés, ne représentent donc pas de pures nouveautés, mais constituent plutôt la redécouverte d'une dimension de la vie monastique qui a coexisté dès les origines avec la séparation du désert.

Philippe : Donc, même si ce fut au prix d'une précarité institutionnelle, vous avez accompli à Saint-Nizier comme une synthèse des deux composantes de votre vocation personnelle : recherche de vérité et prédication dominicaine d'une part, et d'autre part vie contemplative sans cadre monacal dans une fraternité ouverte à tous à la suite de Charles de Foucauld ?

Fr. Jean-Miguel : Oui, notre vie monastique était enfouie, comme le levain évangélique dans la pâte, dans une communauté paroissiale accueillant ensemble des familles chrétiennes et des esseulés de la grande ville. Paradoxalement, nous étions cachés derrière la visibilité communautaire et sacramentelle de la paroisse. Quand vous entrez dans une église monastique ou conventuelle, vous voyez en premier lieu le chœur surélevé des religieux, comme une ville bâtie sur la montagne. Ceux qui entraient à Saint-Nizier au moment de l'office des heures voyaient d'abord une assemblée célébrante composée très majoritairement de laïcs, parmi lesquels ils pouvaient apercevoir les quelques coules blanches des frères. Dans ces offices nous avions, certes, un rôle d'animation ; néanmoins la célébration de la liturgie des heures n'était pas d'abord la nôtre mais celle de la communauté paroissiale de tous les baptisés. Nous n'étions ni des curés mis en avant comme des notables à la tête de leur paroisse, ni des religieux mis en valeur par leur séparation de la communauté paroissiale. Nous menions une vie monastique authentique, mais celle-ci demeurait en grande partie cachée puisque nous n'étions pas par nous-mêmes une communauté mais une des cellules de la communauté ecclésiale : une fraternité au milieu des familles de la paroisse. Les baptisés n'étaient pas chez nous à Saint-Nizier mais chez eux, et nous avec eux. C'est pourquoi nous n'avions pas besoin de les solliciter beaucoup pour qu'ils s'engagent au service de la paroisse. Notre vocation monastique, nous la poursuivions sur le chemin de la conversion baptismale avec les autres fidèles du Christ.

Chapitre XVI

Saint-Nizier : fécondité pastorale

Philippe : La paroisse de Saint-Nizier était-elle grande ?

Fr. Jean-Miguel : Oui et non. Elle couvre un territoire assez étendu entre Saône et Rhône, de la place Bellecour à la place des Terreaux. C'est un quartier d'affaires, très passant mais relativement peu peuplé, car on y réside peu, sauf sur les rives des fleuves. Un quartier marqué alors par la présence à toute heure du jour de nombreuses prostituées, lesquelles avaient défrayé la chronique peu avant notre arrivée en occupant l'église de Saint-Nizier vers la fin des années 1970. Les immeubles des rues centrales comportaient surtout des bureaux et des magasins, avec seulement quelques appartements, habités par des personnes âgées à revenus modestes et par des jeunes, dans les derniers étages non rénovés. Par ailleurs, la vingtaine d'années de travaux qu'avait connue l'église avait beaucoup amoindri la communauté paroissiale qui se rassemblait le dimanche dans la nef de Saint-Nizier réduite alors à un moignon.

Alexandre : Quelle était la configuration humaine des paroissiens de Saint-Nizier ?

Fr. Jean-Miguel : Les travaux, je viens de le dire, avaient chassé une grande partie des fidèles qui habitaient le territoire. La communauté paroissiale s'est reconstituée, avec en outre de nouveaux apports, à partir de notre arrivée en 1983, puis de l'ouverture de la nef de l'église en décembre 1984. Elle a été assez vite composée de trois couches sociologiques. Premièrement, le dernier carré des habitants du quartier pratiquant à Saint-Nizier, comprenant une majorité de personnes âgées, que nous avions trouvées à notre arrivée. Deuxièmement, des « familles chrétiennes » avec des enfants. Elles provenaient d'abord des beaux immeubles du bord des fleuves. Elles sont revenues dans leur église paroissiale qu'elles avaient désertée pendant la longue période des travaux. Puis sont venues celles qui ont découvert Saint-Nizier par la suite et en ont fait leur paroisse d'adoption. Parmi ces familles, les premières années, on comptait un nombre relativement important de catholiques traditionalistes qui, fuyant le style assez progressiste de bien des paroisses lyonnaises, venaient à Saint-Nizier « faute de mieux ». Nous les accueillîmes avec compassion, mais ce fut pour nous un réel soulagement quand ils nous quittèrent, dès que le cardinal Decourtray autorisa la messe de saint Pie V à l'église Saint-Georges à la suite du schisme lefebvriste de 1988. En effet, leur départ donna un style beaucoup moins guindé à l'assemblée ; cela fit l'effet d'un appel d'air et la troisième composante de notre communauté paroissiale s'étoffa aussitôt.

Ce troisième type de paroissiens avait commencé à nous rejoindre dès nos débuts, surtout en raison de notre vie et de notre prière monastiques. C'étaient des convertis ou des « blessés de la vie » à divers titres. Par rapport au bloc compact des « familles chrétiennes », ils se caractérisaient par une certaine marginalité familiale, sociale ou ecclésiale – parfois tout cela à la fois. Pour eux, qui étaient seuls (célibataires, veufs ou divorcés) ou dont le ménage était boiteux et les enfants cabossés, il n'était pas évident de se voir confrontés à des familles, chrétiennes par tradition, apparemment heureuses et le plus souvent nombreuses, qui, en outre, étaient issues pour la plupart de la grande bourgeoisie lyonnaise, milieu qui n'était généralement pas le leur.

Ces paroissiens atypiques venaient néanmoins nombreux à Saint-Nizier, attirés souvent, à travers l'accueil spirituel et la confession, par la liturgie des heures et par la vie monastique de notre fraternité. En effet, ceux que l'on peut appeler, à la suite de Péguy, « chrétiens du porche », dont la pratique est encore inexistante ou incertaine, venaient plus facilement d'abord à un office de vêpres qu'à une messe où ils ne communieraient pas. La fraternité des moines, elle aussi, effrayait moins que les familles « réussies » ceux et celles qui n'avaient pas pu en fonder une ou qui portaient les blessures de la leur. J'aurai l'occasion de revenir sur cette partie de nos paroissiens à laquelle je devais accorder une attention et une sollicitude particulières. Mais, même si chacun des frères s'occupait davantage de l'une ou l'autre de ces catégories de fidèles, ceux-ci se retrouvaient tous dans une même communauté paroissiale grâce à l'objectivité sacramentelle de celle-ci.

Philippe : Qu'est-ce qui attirait tout ce monde à Saint-Nizier ?

Fr. Jean-Miguel : Tout ce monde est bien le mot. Effectivement, la grand-messe du dimanche rassemblait jusqu'à sept cents personnes dans une nef de cathédrale. Il est vrai que nous n'avions que cette grande célébration communautaire du dimanche matin, précédée d'une messe anticipée du samedi soir, laquelle avait été présentée aux fidèles comme une messe de dépannage en cas d'empêchement. Ils avaient vite compris le sens de l'eucharistie dominicale, au point de ne plus prévoir l'heure de la messe en fonction de l'horaire du week-end, mais à l'inverse d'organiser le week-end en fonction de la messe dominicale. Les fidèles étaient attirés par les chants liturgiques du frère André Gouzes accompagnant une célébration dépouillée de toute théâtralisation spectaculaire mais empreinte de sens du sacré, par nos prédications et par certaines propositions aidant les couples avec enfants : garderie des tout-petits ou catéchèse adaptée pour les enfants en âge de catéchisme pendant la liturgie de la parole.

Ces formules sont largement utilisées dans toutes les paroisses vivantes. Ce qui l'était moins, c'était la proposition de la communion sous les deux espèces, même à la messe du dimanche. L'archevêque nous y avait autorisés parce que nous étions une communauté religieuse, mais surtout parce que nous avions formé, parmi les hommes de l'assemblée, le nombre nécessaire de ministres extraordinaires pour la communion au calice. Nous étions quatre prêtres à donner la communion au corps du Christ au pied des marches du sanctuaire. Après avoir reçu l'hostie, les fidèles qui le souhaitaient montaient au sanctuaire, où huit ministres extraordinaires leur présentaient le calice pour qu'ils communient au précieux sang. Le cardinal Decourtray, lors de sa première visite pastorale de la paroisse, avait été frappé non seulement par la parfaite dignité de cette communion au calice mais aussi par sa rapidité. Celle-ci était due au fait qu'il y avait deux fois plus de ministres du calice que de prêtres donnant le corps du Christ. C'est ainsi que, pendant les treize années que nous passâmes à Saint-Nizier, les deux tiers d'une assemblée paroissiale de cinq à sept cents personnes communiaient chaque dimanche sous les deux espèces. Cette communion au Christ à travers la plénitude des deux signes sacramentels, qui rendent présents distinctement son corps et son sang et rendent ainsi actuel son sacrifice dans la messe, touchait beaucoup de fidèles, lesquels venaient donc aussi à Saint-Nizier le dimanche pour communier sous les deux espèces.

Alexandre : Les paroissiens ne vous sentaient-ils pas un peu trop lointains en raison de votre vie monastique ?

Fr. Jean-Miguel : Pas forcément, et même peut-être au contraire. Certes, il leur fallait accepter de ne pas nous avoir à leur table familiale. Mais, en revanche, ils savaient que l'après-midi et le soir nous étions tous les jours à leur disposition pour une rencontre spirituelle dans les locaux de la paroisse. Nous n'étions pas loin d'eux, puisque nous étions toujours là, mais ils nous rencontraient dans le cadre de leur démarche vers Dieu en venant dans l'église, où nous assurions la permanence de la prière et de l'accueil spirituel. Néanmoins, nous organisions plusieurs fois par trimestre dans les locaux paroissiaux des apéritifs paroissiaux ou des pique-niques à la sortie de la messe dominicale, mais nous ne recevions à nos repas, pris quotidiennement en silence à la fraternité, que quelques amis de passage n'habitant pas Lyon. Cela nous évitait à nous le risque de divertissement, voire de mondanité, et à nos paroissiens celui de rivaliser entre eux pour nous accueillir à leur table.

Par ailleurs, la prière partagée avec tant de fidèles dans une même assemblée, en semaine comme le dimanche, créait entre eux et nous des liens très forts de fraternité chrétienne. Tous les paroissiens ressentaient l'église de Saint-Nizier comme la maison de leur communauté ecclésiale. Cela s'est surtout noué en décembre 1984 quand la grande nef a été rendue au culte après des années de travaux. À cette occasion il a fallu faire un énorme nettoyage qui a duré plusieurs jours et nous avons fait appel à toutes les bonnes volontés. La plupart des paroissiens sont venus et, en maniant les balais-brosses et les serpillières, ces Lyonnais si réservés de prime abord se sont découverts associés dans le même désir de faire de leur église une maison digne du Seigneur. À partir de ce jour ils se sont investis dans d'innombrables tâches apostoliques ou matérielles de la paroisse.

Alexandre : Les paroissiens percevaient-ils que votre vie monastique faisait réellement partie de la vie de leur communauté ecclésiale ?

Fr. Jean Miguel : Je préfère laisser la parole à l'un d'eux, une paroissienne à qui ses dons littéraires et sa profondeur spirituelle ont permis de rendre très fidèlement ce que représentait pour les laïcs de Saint-Nizier la présence au milieu d'eux d'une fraternité monastique paroissiale.

Évoquant une messe de semaine à laquelle elle venait d'assister, elle m'écrivait : « Il y avait la ville, la gesticulation et le bruit de la ville, qu'on entendait. Et puis le chant de l'office. Apparemment fragile, apparemment investi de toutes parts par le hurlement du monde, et cependant si manifestement indestructible et qui ramenait miraculeusement le silence et la lumière au centre de l'absurde tonitruant. J'ai vu ce jour-là clairement que le mal peut bien donner l'impression de prendre toute la place, il ne prévaudra pas en effet, car il n'est rien. Dans la vaste foire de l'égoïsme, de la bêtise, de la violence, rien n'existait que cette limpide fidélité que venait habiter Sa Présence, à votre appel. Il n'importe pas qu'on l'ignore, qu'on le conteste ou qu'on le nie : cela est. Et j'ai vu aussi que cette fidélité était la vôtre – bien à vous, à chacun de vous – et qu'elle était en même temps et par là même la manifestation de la fidélité de son Église. La fidélité de ceux qui actuellement Lui sont fidèles, et de tous ceux qui Lui furent fidèles, depuis le commencement. Manifestation, ou plutôt présence, dans un présent absolu, de la fidélité de tous les religieux fidèles depuis toujours et pour toujours. Réponse de son Église à Sa fidélité, donnée pour les fidèles et pour les infidèles, plus forte que toutes les infidélités. » Puis elle continuait – et cela répond plus directement à votre question : « Merci de nous avoir admis à ce lumineux mystère, de nous avoir pris, nous dont la vie se fragmente dans le profane, le futile et l'accidentel, avec vous qui êtes des moines, de nous inclure dans votre échange d'amour avec Lui. »

Plus tard, après notre départ, cherchant à exprimer la spécificité de l'expérience que nous avions vécue ensemble, elle me disait : « Ce qui caractérisait Saint-Nizier, c'était la continuité sans nulle interruption entre la vie monastique contemplative et la vie paroissiale banale. Nous avions là la manifestation concrète du fait que nous pouvons prier les uns à la place des autres. Ce que tous les ordres contemplatifs font pour tout le monde, vous l'incarniez en quelque sorte dans le cadre de la paroisse. Chacun de nous, au milieu du tourbillon du quotidien, au-delà de la peine de chaque jour, savait que vous chantiez laudes ou vêpres, que montait l'offrande lumineuse de la messe de midi, que vous étiez là-bas, chez nous. Et que nous y étions donc, nous aussi, avec vous, où que nous fussions. »

Philippe : La froideur proverbiale des Lyonnais a-t-elle fondu à Saint-Nizier ?

Fr. Jean-Miguel : Oui, mais les premiers mois ont été assez réfrigérants, surtout pour nous qui arrivions du Midi où nos paroissiens nous faisaient la bise quand ils nous croisaient dans la rue. Dans les premiers temps de Saint-Nizier, quand nous nous tenions au fond de l'église pour saluer les fidèles à la fin de la messe du dimanche, nous avions l'impression de les gêner et de les faire fuir comme des lapins, chacun de son côté. Quand nous les croisions dans les rues du quartier, ils semblaient détourner la tête ou passer discrètement sur le trottoir d'en face pour ne pas nous voir. Je me souviens que nous avons dit alors à une sainte femme, pilier de la paroisse, qui nous avait accueillis avec une bonté toute maternelle, que nos paroissiens ne devaient pas nous apprécier du tout. Elle nous a répondu : « Détrompez-vous, il vous adorent, mais à Lyon on n'aime pas montrer ses sentiments et encore moins en public. Justement parce qu'ils vous estiment beaucoup, ils sont très intimidés à l'idée de parler avec vous à une sortie de messe ou à un coin de rue, devant tout le monde. » Les premiers temps à Lyon furent donc assez rudes, car les Lyonnais sont à la fois réservés et méfiants. Mais, comme nous pûmes le vérifier par la suite, quand ils donnent leur cœur, c'est pour toujours. Arrivés à Lyon en pleurant, nous devions le quitter aussi en pleurant.

Alexandre : Les laïcs participaient-ils à l'apostolat de la paroisse Saint-Nizier ?

Fr. Jean-Miguel : Oui, sous diverses formes. J'ai déjà parlé des ministres extraordinaires de la communion au calice. Comme dans toutes les paroisses aujourd'hui, des mamans, formées par nous avec le parcours catéchétique « C'est toi Seigneur » conçu à Saint-Jean-de-Malte, faisaient le catéchisme aux enfants le mercredi matin, des frères prêtres assurant les célébrations et les confessions. C'étaient aussi des laïcs qui prenaient en charge à tour de rôle la catéchèse des enfants pendant la liturgie de la parole de la messe dominicale, ainsi d'ailleurs que la garderie des tout-petits. L'animation du chant le dimanche et la direction de la chorale furent souvent partagées entre un frère et une laïque. Les permanences d'accueil et d'information étaient aussi tenues par des laïcs, tant au bureau paroissial qu'à l'église, tandis qu'un frère prêtre assurait la permanence de confession. Sans compter d'innombrables services matériels, était aussi assumée par des laïcs la visite de tous les résidents du territoire paroissial. Ces visiteurs avaient un rôle non négligeable de contact et souvent d'évangélisation ; ils nous signalaient ensuite les personnes pour lesquelles le passage du prêtre était souhaité ou semblait souhaitable.

Ce furent aussi des laïcs qui s'engagèrent à fond sous la direction de notre prieur dans le jumelage avec une paroisse polonaise, lequel exigea d'eux qu'ils conduisent des convois humanitaires pendant l'état de guerre des années 1980, et avec une paroisse libanaise, lequel demanda qu'ils organisent une aide et des visites pendant les pires heures de la guerre du Liban. En 1986, profitant d'un adoucissement de la situation, la paroisse polonaise avait pu envoyer un car de fidèles venus partager avec la nôtre les heures inoubliables de la visite de Jean-Paul II à Lyon. Les jeunes laïcs de la paroisse rendirent la visite en allant avec deux frères aux JMJ de Chestochowa en 1991.

Il faut ajouter à cela l'aide appréciable que les laïcs nous apportaient par leurs avis au sein du conseil pastoral de paroisse.

Alexandre : Pendant l'été, que devenait la paroisse ?

Fr. Jean-Miguel : En juillet, tout continuait comme pendant l'année scolaire. En août, Lyon se vidant littéralement de ses habitants, un ami dominicain, qui travaillait toute l'année dans une revue théologique et souhaitait faire du ministère, nous remplaçait pour les messes, les enterrements et les confessions. Cela nous permettait pendant ce mois de passer dix jours en famille, quinze jours en retraite personnelle et cinq jours en chapitre communautaire pour décider ensemble des grandes orientations de la vie de la fraternité et de la paroisse.

Philippe : Quelle a été votre relation avec le cardinal Albert Decourtray, qui a été de 1983 à 1994 votre archevêque à Lyon ?

Fr. Jean-Miguel : Le cardinal Decourtray est quelqu'un que nous avons beaucoup aimé. Cet homme vous gagnait par sa qualité spirituelle, sa délicatesse, sa distinction d'âme, sa finesse intellectuelle, mais aussi par un humour jamais blessant. Il était vraiment délicieux, communicatif et chaleureux comme le sont souvent les gens du Nord. Nous le voyions malheureux au milieu d'un clergé lyonnais qui a la réputation de considérer ses archevêques un peu comme des intrus dans l'Église de la capitale des Gaules. Il lui battait d'autant plus froid que le cardinal, homme libéral au meilleur sens du terme, ne partageait pas la crispation idéologique de la plupart de ses prêtres. À plusieurs reprises, ils lui ont fait avaler des couleuvres de belle taille. Je me souviens en particulier des vagues qu'avait soulevées au début 1983 la conférence sur la catéchèse qu'avait donnée dans la basilique de Fourvière le cardinal Joseph Ratzinger, devenu depuis peu à Rome le préfet de la Congrégation pour la doctrine de la foi. Joseph Ratzinger venait rappeler en France, à Paris et à Lyon, les grands repères doctrinaux de toute catéchèse catholique digne de ce nom. Au fur et à mesure qu'il parlait, dans la basilique, on voyait des prêtres se lever de manière ostentatoire et sortir de l'église. Le cardinal Decourtray en souffrit beaucoup.

Le cardinal Decourtray trouvait des consolations dans le laïcat catholique lyonnais, encore étoffé et vivant mais subissant, douloureusement ou passivement, la déformation que voulait lui imposer un clergé piloté par un Institut catholique alors particulièrement peu orthodoxe doctrinalement. Le jour de la mort du cardinal Decourtray, j'ai vu des prêtres lyonnais pleurer dans la primatiale Saint-Jean et je me suis dit que, s'ils lui avaient manifesté leur amour plus tôt, peut-être eût-il été encore vivant. Il s'en est sorti longtemps parce que c'était un homme de grande classe qui les surplombait : cardinal, académicien, deux fois président de la Conférence épiscopale, chéri des médias à cause de la qualité de sa présence. Son sermon de la messe chrismale fut chaque année un chef-d'œuvre de prédication dans lequel il essayait, en docteur de la foi qu'il était, d'éclairer le diocèse. Il entretenait une vraie amitié avec l'autre grande figure de l'épiscopat français de ces années-là, le cardinal Jean-Marie Lustiger. Leurs personnalités étaient très complémentaires et Albert Decourtray assumait en particulier le rôle que Jean-Marie Lustiger ne pouvait pas alors jouer vis-à-vis des juifs, encore très méfiants envers ce converti.

Il m'avait demandé de prêcher, en septembre 1994, la retraite pour les évêques des deux régions apostoliques de Centre-Est et de Provence-Méditerranée. Il mourut subitement d'une rupture d'anévrisme la veille de celle-ci. Ce fut pour moi très impressionnant de prêcher en sachant que son corps reposait dans la primatiale jusqu'à la messe d'enterrement, où mes retraitants devaient rejoindre le reste de l'épiscopat français et où je me rendis avec eux.

Pour notre fraternité, il joua avec un doigté extraordinaire son rôle d'évêque. Deux fois par an il venait dîner et passer la soirée chez nous. Sa paternité était chaleureuse, mais avec nous elle resta toujours dans le cadre objectif de sa mission épiscopale. Cela ne l'empêchait pas de confier à la prière de ceux qu'il considérait comme ses moines beaucoup d'intentions qui lui tenaient à cœur pour son Église diocésaine ou pour l'Église universelle. De plus, sans doute pour nous aider à nous intégrer dans son diocèse, il nous parlait de tout le bien qui s'y faisait. Je ne l'ai jamais entendu dire du mal de qui que ce soit, même quand il était manifeste qu'il souffrait de certaines situations, par exemple des absolutions collectives qu'il n'avait pas pu supprimer malgré tous ses efforts. Sa bienveillance et son humilité se servaient de son humour, dans lequel il s'incluait lui-même, pour dédramatiser les tensions avec les personnes. Sa présence fut une douce lumière qui guida nos pas pendant ces longues et riches années à Lyon.

Philippe : Comment avez-vous été perçus par les prêtres du diocèse de Lyon ?

Fr. Jean-Miguel : Au début, les prêtres des paroisses voisines ont pu craindre que Saint-Nizier ne fasse diminuer le nombre de fidèles de leur paroisse. En fait cela n'a pas été le cas. Certes, des laïcs qui n'étaient pas du territoire firent de Saint-Nizier leur paroisse d'adoption. Mais il y eut autant de nos paroissiens qui préférèrent aller ailleurs, parce qu'ils trouvaient nos offices trop longs ou d'un style trop monastique. Les paroisses du centre-ville étaient marquées en effet plus par le style des pasteurs et des communautés que par l'appartenance territoriale qui perd son sens dans l'anonymat d'une grande ville où il y a peu de vie de quartier. Par ailleurs, certains fidèles, après avoir passé des années à Saint-Nizier, ont rejoint leur paroisse territoriale et s'y sont engagés en y apportant des richesses qu'ils avaient découvertes à notre contact. Aussi la relation avec les prêtres de notre secteur fut-elle cordiale et nous les recevions une fois par an au moment de Pâques pour un repas fraternel.

Chapitre XVII

Auprès des blessés de la vie

Philippe : Entre les ministères paroissiaux et les apostolats plus diversifiés que nous allons évoquer, pensez-vous qu'il y ait eu une cohérence pendant vos années à Saint-Nizier ?

Fr. Jean-Miguel : La cohérence était donnée par notre vocation monastique au sein de la communauté paroissiale de tous les fidèles. Elle procédait d'abord de notre être religieux, non d'un projet apostolique. Tous ces apostolats se sont développés dans le creuset spirituel de notre vie monastique stable, dans sa régularité quotidienne, dont seule une force majeure pouvait nous exempter. Cette vie contemplative était certes partagée avec ceux qui venaient à Saint-Nizier, mais cela ne nous faisait pas sortir de son cadre et de son âme. C'est cette symbiose entre notre vie monastique, la communauté paroissiale et l'accueil du tout-venant qui donnait son unité organique à notre apostolat, lequel avait toujours lieu dans notre milieu de prière et de vie fraternelle.

Alexandre : Qu'est-ce qui attirait vers Saint-Nizier ce tout-venant dont vous parlez ?

Fr. Jean-Miguel : Une fraternité de moines priant en ville au milieu des fidèles, à la fois tournée vers Dieu et accessible à tous, constituait un pôle attractif pour beaucoup de personnes qui jusque-là ne pratiquaient pas régulièrement. Les familles chrétiennes, occupées par l'éducation de leurs enfants, venaient à Saint-Nizier surtout le dimanche. En semaine, nous voyions à l'église plutôt des paroissiens du quartier, ainsi que des personnes qui y travaillaient et qui, à midi, prenaient près d'une heure sur le temps qui leur était accordé pour déjeuner afin de participer à notre messe chantée. Parmi ces paroissiens de la semaine, la plupart appartenaient à cette grande partie de la population urbaine qui vit seule. En France, un habitant des grandes villes sur deux fait partie aujourd'hui de ce que le sociologue américain David Riesman appelait déjà, dans son livre *The Lonely Crowd* qui date des années 1960, « la foule solitaire ». Celle-ci ne se compose pas que de célibataires, jeunes en attente de mariage et célibataires volontaires ou contraints ; elle comprend aussi des veufs et des veuves, des conjoints abandonnés, des divorcés non remariés, des handicapés, des homosexuels… Ces personnes seules étaient surtout majoritaires parmi les fidèles participant chaque jour à l'office des heures du matin et du soir (laudes et vêpres), ainsi que chaque semaine à l'office de nuit. Parmi ces personnes seules, on comptait bon nombre de « blessés de la vie ».

Philippe : Qui étaient ces blessés de la vie ?

Fr. Jean-Miguel : On peut compter d'une certaine manière parmi ceux-ci la plupart des célibataires qui avaient dépassé trente ans. Nous avons vu s'accroître pendant les années 1980 le nombre des jeunes qui, à trente ans, n'avaient pas réussi à se marier. Au début nous avions organisé dans la paroisse un groupe d'étudiants et de jeunes professionnels dont les membres avaient entre dix-huit et trente ans. Mais très vite nous avons pris conscience qu'il fallait organiser un autre groupe, correspondant à un besoin nouveau, pour ceux précisément qui, à cause d'une maturation plus lente, avaient atteint trente ans sans s'être mariés. Ceux-là, quand ils sont catholiques pratiquants, ne vivent pas non plus en concubinage. Il nous a semblé que, pour eux comme pour toute la foule des solitaires, l'Église et plus particulièrement une communauté paroissiale en ville devait être un lieu de convivialité.

Nous avons donc encouragé les rencontres entre célibataires de la trentaine. À partir de quarante ans, le célibat, même quand il est subi, finit par être accepté. Si les hommes arrivent célibataires à cet âge, c'est qu'ils veulent le rester. Quant aux femmes, l'horloge biologique les oblige alors à renoncer à la fécondité et donc au mariage dans sa plénitude. Les années de la trentaine sont dramatiques pour les célibataires : ils se découvrent éloignés de fait par rapport à leurs amis mariés, renvoyés à leur solitude, et les femmes voient en plus diminuer inexorablement chaque année le temps de fécondité qui leur reste. Ils sont donc seuls et, très pris par la vie professionnelle, ils ont peu de chances de trouver un conjoint, surtout un conjoint catholique pratiquant. En revanche, ils peuvent tomber amoureux d'une personne divorcée, ce qui risquerait de les priver de la vie sacramentelle.

Au moment où ils se sentaient un peu marginaux par rapport aux couples, ces trentenaires se rapprochaient spontanément de notre fraternité monastique, composée de célibataires consacrés. Ils venaient volontiers partager avec nous la prière et la communion fraternelle, car ils nous sentaient proches par notre état de vie. Comme par ailleurs ils avaient assez de temps libre, ils s'investissaient dans de nombreux services de la vie paroissiale. C'était *a fortiori* le cas des célibataires qui avaient dépassé la trentaine et qui avaient accepté leur état en y découvrant un appel du Seigneur.

Alexandre : Comptait-on parmi ces célibataires des mères élevant seules un enfant ?

Fr. Jean-Miguel : Oui, nous veillions à accueillir les mères célibataires pour qu'elles trouvent leur place dans la communauté paroissiale. Par les temps qui courent, ces mamans me remplissent d'admiration. Car, si elles se sont trouvées enceintes alors que le monde actuel leur offre toute une panoplie de moyens contraceptifs, on peut penser que cela a été dû à un moment de faiblesse accidentel. Elles sont donc somme toute plus chastes que bien de celles qui se marient aujourd'hui en blanc après avoir eu des relations pré-conjugales. Mais surtout, ces mamans ont résisté courageusement aux pressions morales qui les poussaient à l'avortement, exercées parfois par le père très catholique de l'enfant. Elles-mêmes ont d'ailleurs conscience de leur dignité de mères. Cela explique sans doute le fait que plus d'une a demandé à ce que leur enfant, comme les enfants des couples pratiquants, soit baptisé et présenté à l'assemblée au cours de la messe paroissiale du dimanche. Cela montre combien une communauté d'Église peut être un lieu de guérison où des personnes blessées par la vie retrouvent leur dignité. Ce qui est très émouvant, c'est que ces « filles mères », dont les paroissiens ont fait la connaissance au moment du baptême, ont par la suite trouvé parmi ceux-ci un garçon prêt à les épouser et à adopter l'enfant.

C'est la grâce de la paroisse, dispensatrice de tous les sacrements, qui nous donnait de pouvoir nous unir aux épreuves de tous les fidèles, de la naissance à la tombe. L'accompagnement des mourants et les enterrements ont été en particulier des occasions exceptionnelles qui nous ont liés à tous nos frères chrétiens de la communauté paroissiale. Le fait d'associer notre vie monastique, tournée sans cesse vers Dieu, à tous les avatars de la vie des laïcs rappelait à ceux-ci de manière éloquente la dimension théologale de leur vie de baptisés. Quant à nous, notre prière contemplative était habitée et stimulée par tous les heurs et malheurs que connaissaient ces baptisés laïcs de la communauté paroissiale.

Philippe : Et les divorcés ?

Fr. Jean-Miguel : Parmi les personnes seules se trouvaient des divorcés non remariés, le plus souvent abandonnés par leur conjoint. Ils faisaient partie de ces personnes que la communion avec notre fraternité monastique soutenait dans leur engagement d'époux chrétiens. Auprès d'eux, je découvrais comment Dieu leur permettait de supporter leur blessure par des grâces qui la surcompensaient. Pour les conjoints abandonnés qui acceptent de ne pas se remarier, il existe dans l'Église une association de fidèles appelée Communion Notre-Dame de l'Alliance, qui leur propose de vivre une communion fraternelle dans une même forme de consécration au Seigneur. Ils s'y engagent par amour du Christ dans la continence et dans le propos de se réconcilier avec leur conjoint si celui-ci veut reprendre la vie commune. Nous avions parmi nos paroissiens des membres de cette association de fidèles et ils faisaient notre admiration par leur vie de foi et par leur témoignage de fidélité : ils reproduisaient l'image de Dieu, l'Époux de nos âmes que nous abandonnons par nos péchés mais qui « demeure fidèle car Il ne peut se renier lui-même » (2 Tm 2, 13). Réciproquement, pour eux, la proximité, au sein d'une même communauté paroissiale, avec une fraternité de moines, vivant dans la continence et la communion fraternelle à cause de leur lien sponsal avec le Seigneur, était un encouragement et un soutien.

Les quelques divorcés remariés qui venaient à Saint-Nizier ne revendiquaient pas une reconnaissance ecclésiale de leur couple. C'étaient des personnes qui avaient retrouvé une vie de foi intense mais, ayant eu des enfants d'une nouvelle union, elles ne pouvaient pas envisager de renouer avec leur conjoint légitime, si tant est que celui-ci était resté libre de son côté. Ceux que j'ai connus personnellement n'exerçaient aucune pression sur nous pour être reçus à la communion eucharistique. Ils acceptaient d'une manière émouvante la discipline sacramentelle de l'Église, qu'on prenait le temps de leur expliquer en profondeur, avec délicatesse. Certains m'ont dit qu'autant dans la plupart des paroisses le fait de ne pas communier leur était très douloureux, autant à Saint-Nizier, comme d'ailleurs dans des communautés monastiques, ils percevaient une telle intensité de prière dans l'assemblée au cours de la liturgie de la messe qu'ils pouvaient plus facilement renoncer à la communion sacramentelle. De même, j'ai reçu régulièrement à l'accueil spirituel des personnes qui se confessaient, alors que je ne pouvais pas leur donner l'absolution sacramentelle à cause d'un remariage ou d'une liaison extraconjugale dont elles n'avaient pas encore la force de sortir. Elles avouaient leurs fautes en reconnaissant comme un péché celle qu'elles n'avaient pas encore le courage de rejeter. Je priais avec elles pour demander à Dieu de continuer à les conduire par sa grâce prévenante jusqu'à la pleine réconciliation avec Lui. J'ai été ainsi témoin de très beaux cheminements spirituels et j'ai pu voir de mes yeux la persévérance de Dieu à proposer sa grâce à travers l'humilité du cœur, et la longanimité avec laquelle il conduit jusqu'à la charité, par la foi et l'espérance, celui qui se reconnaît pécheur.

Parmi les divorcés remariés, j'en ai connu quelques-uns qui vivaient dans la continence en éduquant ensemble leurs enfants. Ceux-là pouvaient communier si leur situation de divorcés remariés n'était pas connue dans la paroisse. J'ai connu l'un ou l'autre de ces couples qui appartenaient à une association de fidèles appelée Solitude Myriam fondée au Québec dans la mouvance du Renouveau charismatique pour les divorcés remariés qui s'engagent à vivre dans la continence et dans la prière, tout en élevant ensemble leurs enfants. Ils ont fait mon admiration. À ces « blessés de la vie », Dieu proposait en surcompensation, par des voies exigeantes, de se lier plus intimement au don d'amour du Christ dans une forme paradoxale mais combien réelle de vie consacrée. Néanmoins, de tels engagements ne peuvent pas constituer des recettes pastorales. Ils ne peuvent être que la réponse à un appel de Dieu reçu dans une foi vivante de charité.

La paroisse de Saint-Nizier, en tant que lieu de vie ecclésiale forte, accueillait des personnes appartenant à diverses associations de fidèles. Il arrivait que nous-mêmes adressions à l'une de celles-ci quelqu'un qui était venu à nous par l'accueil spirituel ou la confession. Toutes ne réunissaient d'ailleurs pas des « blessés de la vie ». Je pense entre autres à celle des Fils et des Filles du Sacré-Cœur, laïcs qui répondent à une vocation contemplative en s'engageant ensemble à faire une heure d'oraison par jour tout en diffusant l'amour du Cœur du Christ autour d'eux, dans leur famille ou leur milieu professionnel. Nous avons eu aussi à Saint-Nizier un groupe de prière du Renouveau charismatique animé d'abord par la Communauté de l'Emmanuel, puis par celle des Apôtres de la Paix, qui venait d'être fondée par Alain Noël.

Alexandre : Avez-vous accueilli à Saint-Nizier d'autres « blessés de la vie » ?

Fr. Jean-Miguel : J'ai reçu personnellement, par le biais des permanences d'accueil spirituel et de confession, de nombreuses personnes « homosexuelles ». Je mets ce mot entre guillemets, car je voudrais tout de suite faire une remarque au sujet de ce terme. En français, le mot homosexuel a une double signification. Il peut signifier quelqu'un qui a une inclination affective vers des personnes de son sexe : ici sexe signifie genre. On devrait parler dans ce cas d'homophilie, mais ce terme est à la fois trop savant et quelque peu désuet. Il peut aussi désigner quelqu'un qui a des relations sexuelles avec des personnes de son sexe : ici sexe, suivant un anglicisme très répandu, signifie acte charnel. Selon le premier sens, quelqu'un se découvre attiré affectivement par une personne du même sexe ; selon le second, il décide d'avoir des relations sexuelles avec des personnes de son sexe. Mais la fusion des deux sens en un même terme dans le langage courant est significative d'une dérive anthropologique et éthique bien répandue aujourd'hui dans notre société. L'équivoque sémantique permet d'insinuer dans tous les esprits que quelqu'un qui a une inclination affective vers une personne de son sexe doit nécessairement en venir à avoir des relations charnelles homosexuelles.

Les personnes qui venaient rencontrer un prêtre à Saint-Nizier distinguaient, elles, ces deux plans au moins implicitement. C'étaient non seulement des catholiques pratiquants, mais aussi des catholiques cohérents dans leur foi qui estimaient, à la lumière de leur conscience morale et de la Révélation biblique, que les relations sexuelles en dehors du mariage ne construisent pas une vie humaine digne de ce nom et ne conduisent donc pas au vrai bonheur, surtout quand elles ont lieu entre personnes du même sexe. Elles considéraient que leurs actes charnels homosexuels constituaient des péchés et elles venaient s'en confesser.

Philippe : Qu'est-ce qui attirait ces personnes vers votre confessionnal à Saint-Nizier ?

Fr. Jean-Miguel : La beauté de l'église et celle de la liturgie devaient jouer d'abord, comme c'est le cas aussi à Saint-Gervais de Paris et en d'autres lieux de culte analogues. Mais je pense que, plus profondément, la consécration à Dieu dans une vie fraternelle représentait à leurs yeux un idéal capable de donner sens à leur vie, idéal d'autant plus attirant qu'il leur semblait concrètement hors de portée. De plus, l'église de Saint-Nizier est située dans un « quartier chaud » du centre de Lyon et le bord de Saône tout proche était alors un lieu de drague homosexuelle.

J'assurais deux fois par semaine une permanence d'accueil spirituel pendant trois heures l'après-midi, ce qui veut dire que je recevais beaucoup de monde. Par ailleurs, un certain nombre de ces personnes m'ont dit s'être adressées à moi parce qu'elles avaient lu mon livre *Dieu sans idée du mal.* Le conditionnement affectif qu'elles portaient semblait les incliner invinciblement vers une vie de péché, au point qu'elles devaient combattre la tentation récurrente de croire qu'elles avaient été réprouvées d'avance par Dieu. Mon livre et mes prédications les avaient apparemment aidées à lutter contre cette idée désespérante.

Alexandre : L'aveu de ces fautes devait être particulièrement difficile. Comment le prêtre que vous êtes l'accueillait-il ?

Fr. Jean-Miguel : Le catholique cohérent qui pose un acte homosexuel se sent abîmé par celui-ci au point que l'arbre risque de lui cacher la forêt de ses autres péchés. En confession, il met donc immédiatement en avant l'aveu de cette faute qui le culpabilise particulièrement. Le confesseur est alors obligé, tout en accueillant cet aveu sans le minimiser, de le mettre en perspective par rapport à d'autres péchés – par exemple contre la justice et la charité – qui offensent sans doute Dieu davantage, même s'ils sont moins culpabilisants. Le sentiment psychologique de culpabilité est, certes, un indice par rapport à la faute morale, mais bien souvent il n'est pas une mesure fiable de la gravité réelle de celle-ci. La personne qui commet des actes homosexuels, surtout si ceux-ci reviennent compulsivement, en est accablée au point de négliger de s'examiner sur d'autres aspects de sa vie morale où elle est plus libre et donc plus responsable. C'est d'ailleurs le cas de la plupart des pécheurs « habitudinaires » qui retombent sans cesse dans la même faute de faiblesse : masturbation, alcoolisme, drogue... Ces pénitents me disaient parfois avoir été scandalisés par des confesseurs qui soit étaient trop rigoristes, au point de leur refuser l'absolution, soit étaient laxistes et les déresponsabilisaient de leurs actes.

À l'inverse, j'ai découvert d'autres pénitents, le plus souvent de bons pères de familles chrétiennes, qui glissaient l'aveu d'un acte homosexuel au milieu d'une liste de péchés de gravité très inégale qu'ils débitaient à toute allure de manière mécanique. Entre un « Je n'ai pas fait maigre le vendredi » et un « Je me suis mis en colère », ils laissaient tomber en passant : « En sortant du bureau, j'ai pris une fille en voiture, elle m'a excité, j'ai fait des choses avec elle, mais il s'est révélé qu'en fait c'était un garçon. » C'était vite dit et le pénitent enchaînait aussitôt sur le péché suivant pour ne pas laisser la possibilité de s'attarder sur cet aveu. Celui-ci m'apparaissait comme un petit paquet bien ficelé que le pénitent n'entendait en aucun cas voir ouvrir. Sous l'emballage d'une dérisoire dénégation il contenait le secret, aussi répandu aujourd'hui que difficile à pénétrer, de la bisexualité et de l'abondante clientèle des travestis. Je devais apprendre par l'un de ceux-ci que la plupart de leurs clients avaient un siège d'enfant à l'arrière de leur voiture de jeunes cadres dynamiques. C'était triste de voir revenir ces mêmes personnes avec leur aveu à la dérobée et de leur tendre à chaque fois une perche qu'elles ne saisissaient pas car, de toute évidence, elles ne voulaient pas voir en face leur situation douloureuse. Leur image de père d'une famille bien « catho » sous tout rapport ne leur permettait sans doute pas de voir en face leur propre faiblesse, même sous le regard d'un Dieu miséricordieux et dans le secret du confessionnal. Il m'est même arrivé, à ma grande stupeur, d'entendre ensuite tel ou tel d'entre eux tenir en public des propos particulièrement agressifs et insultants contre les personnes homosexuelles.

Philippe : Comment aidiez-vous ceux qui étaient empêtrés dans des actes homosexuels ?

Fr. Jean-Miguel : Comme pour tous les pécheurs habitudinaires, je m'efforçais de les aider à « ne pas désespérer de la miséricorde de Dieu », comme dit la Règle de saint Benoît. Il est essentiel de rappeler à ces personnes que la persévérance de Dieu dans le don de sa grâce et dans les moyens si divers de sa Providence est obstinément orientée à les arracher à leur péché sur toute la longueur de leur vie. Comme tout confesseur, je leur disais aussi de coopérer avec Dieu par une vie chrétienne fervente et en évitant les occasions de péché, surtout les causes lointaines de tentation par rapport auxquelles le pécheur habitudinaire est plus libre et donc plus responsable.

Je sentais néanmoins que cette aide théologale et ces repères moraux ne leur suffisaient pas. Il fallait leur indiquer un chemin pour gérer leur conditionnement affectif en accord avec la finalité humaine et chrétienne de leur personne. Pour les rejoindre dans ce qu'ils laissaient deviner comme leur désir le plus profond, je leur parlais de l'amour d'amitié et leur recommandais la lecture de *L'amitié spirituelle* de saint Aelred de Rievaulx, ce cistercien anglais du XIIe siècle qui avait fait de l'amitié un chemin de sainteté après avoir connu l'homosexualité dans sa jeunesse à la cour d'Écosse. Ce qu'ils découvraient là correspondait, disaient-ils, à leur plus secret désir et ils n'avaient pas de mal à reconnaître que leurs actes sexuels ne les comblaient pas, mais qu'ils les laissaient plus assoiffés et plus désespérés qu'avant.

Alexandre : Cela changeait-il effectivement leur vie ?

Fr. Jean-Miguel : Pas vraiment, malheureusement. Comme ils me le disaient, étant donné l'état moral de notre société, ils savaient qu'ils ne pourraient entretenir une telle amitié de cœur qu'avec des catholiques pratiquants et cohérents avec leur foi. Mais où les trouver ? Les lieux de rencontre qu'il leur arrivait de fréquenter étaient des lieux de drague homosexuelle dans lesquels ils avaient honte de se présenter avec leur vrai désir et leur foi chrétienne. À l'inverse, dans la paroisse, ils n'osaient pas parler de leur conditionnement affectif à d'autres chrétiens. Je les voyais donc repartir avec l'espoir de vraies amitiés, puis revenir un mois après vaincus une fois de plus par la solitude et découragés.

Longuement j'ai porté dans la prière leur douleur de ne pouvoir sortir de cette impasse. Un jour où, au cours d'une adoration du saint sacrement, je demandais au Seigneur comment leur venir en aide, j'ai entendu intérieurement cette réponse : « Eux ne se connaissent pas entre eux, mais toi tu en connais un bon nombre. » J'ai compris que, s'ils me déliaient sur ce point du secret de la confession, je pouvais les faire se rencontrer. J'ai pensé aussitôt à un groupe chrétien se réunissant une fois par mois pour la prière et le partage fraternel. Mais en même temps je tremblais devant le risque de faciliter ainsi des rencontres qui pourraient constituer pour eux autant de tentations.

J'en parlai donc à notre archevêque, le cardinal Decourtray, qui était non seulement notre évêque, mais le supérieur ecclésiastique de notre fraternité monastique diocésaine. Il m'encouragea en me disant que l'Église rappelait à juste titre les interdits moraux par rapport à l'homosexualité, mais de fait ne savait pas proposer aux personnes concernées un chemin de sanctification qui assume leur conditionnement affectif. Il fallait bien distinguer entre le précepte moral « Tu ne coucheras pas avec un homme comme on couche avec une femme, c'est une abomination » (Lv 18, 22) et toute la pudibonderie que les conventions sociales occidentales y avaient ajoutée en matière affective, et qui subsiste paradoxalement sous la permissivité homosexuelle d'aujourd'hui. La même Bible, qui déclare peccamineux les actes homosexuels, rapporte au Premier livre de Samuel l'amitié affective entre David et Jonathan en des termes si explicites qu'aujourd'hui les gays la revendiquent indûment comme homosexuelle. En effet, si l'affaire ultérieure de Bethsabée suscita l'intervention indignée du prophète Nathan, que n'aurait donc provoqué l'« abomination » si elle avait été commise entre David et Jonathan ? Les militants gays d'aujourd'hui font d'ailleurs la même erreur, qui n'est pas toujours innocente, avec beaucoup de grandes amitiés entre personnes du même sexe que nous rapporte l'histoire de la littérature.

Il fut aussi convenu que ce groupe de prière et de fraternité chrétienne, placé sous le patronage de saint Aelred de Rievaulx, resterait entièrement confidentiel, même vis-à-vis de mes frères de la fraternité monastique, pour préserver dans la paroisse le secret de ces personnes, dont aucune ne voulait se positionner comme gay. Il s'agissait de leur proposer de rencontrer sous le regard du Christ d'autres personnes ayant le même conditionnement affectif qu'elles, et de les amener à s'accueillir entre elles fraternellement, dans toute leur humble réalité humaine et non pas dans le clair-obscur trompeur d'un quelconque jeu de séduction. Cette pastorale à la fois spécifique et originale envers les personnes concernées par l'homosexualité était déjà mise en œuvre aux États-Unis, où l'association Courage, fondée à l'initiative de l'archevêque de New York, la proposait à de nombreux ex-gays chrétiens. Elle s'appuyait entre autres sur l'analyse de l'homosexualité par la psychologue anglo-américaine Elizabeth Moberly, beaucoup plus fine que celle d'un freudisme enfermé dans sa réduction de toute l'affectivité humaine à la libido sexuelle.

Philippe : Comment les choses se sont-elles passées ?

Fr. Jean-Miguel : Tous ont accepté ma proposition de groupe spirituel dans l'esprit de saint Aelred. Non sans crainte néanmoins, car c'était pour eux une expérience absolument nouvelle que de se rencontrer à visage découvert avec d'autres chrétiens ayant le même conditionnement affectif qu'eux, même s'ils savaient qu'ils partageaient régulièrement l'eucharistie à Saint-Nizier. Les réunions eurent lieu, au rythme d'une fois par mois, chez un paroissien qui habitait près de l'église. Elles commençaient par un temps de prière suivi d'un enseignement que je donnais sur le sens et les exigences de l'amour d'amitié à l'école de saint Aelred, puis d'un échange entre tous ceux qui voulaient parler. J'ai gardé l'enregistrement de mes causeries, dont j'avais donné des extraits dans la revue *Famille chrétienne*, pour les publier sans doute un jour sous le titre *L'énigme spirituelle de l'homosexualité : de quoi l'homosexualité est-elle l'ombre portée ?*

Je compris que le pari allait être gagné quand, à la suite de la première rencontre, plusieurs participants me dirent qu'ils en avaient reconnu d'autres pour les avoir aperçus auparavant en des lieux de drague, mais qu'ils rendaient grâce à Dieu de n'avoir pas eu de relations sexuelles avec eux car, maintenant qu'ils les avaient découverts fraternellement dans toute leur réalité humaine, ils auraient été désolés de s'être un jour servis d'eux comme d'objets de plaisir. Et, en effet, dans ce groupe qui dura environ huit ans et dans lequel passèrent plus d'une vingtaine de personnes, aucun ne fut occasion de chute pour un autre. Parmi ceux qui y vinrent, il n'y eut que deux ou trois femmes. C'est un fait qu'il n'est pas facile d'expliquer : beaucoup moins de femmes que d'hommes se confessaient d'actes homosexuels.

Les participants au groupe saint Aelred avaient entre vingt et cinquante ans, avec une majorité d'hommes autour de trente ans. Parmi ces derniers beaucoup avaient défoulé leurs pulsions, à vingt ans, dans la promiscuité et se retrouvaient, au seuil de la trentaine, incapables de donner un sens à leur vie. Les situations aussi étaient très variées. La plupart venaient d'une tradition familiale catholique, mais il y avait parmi eux un pourcentage non négligeable de convertis. Certains avaient été très loin dans la drague, d'autres n'étaient jamais passés à l'acte ; quelques-uns s'étaient même prostitués ; deux arrivèrent dans le groupe alors qu'ils vivaient en couple mais étaient insatisfaits de leur relation pseudo-conjugale.

Plusieurs se savaient ou se découvrirent atteints par le sida, maladie qui à la fin de ces années 1980 et au début des années 1990 tuait impitoyablement. Trois d'entre eux en moururent et le firent chrétiennement. Ayant accompagné spirituellement jusqu'au bout l'un d'eux en service de réanimation, je me levai un matin, après une nuit de fièvre, avec le cou gonflé de ganglions gros comme des prunes. Je me crus infecté par le sida mais, le premier moment de panique passé, il s'avéra que ce n'était qu'une mononucléose, maladie peu dangereuse mais terriblement épuisante, surtout quand on la contracte à quarante-sept ans. Elle m'avait été transmise, non évidemment par un baiser, comme c'est le plus souvent le cas, mais par les postillons que m'envoyait le pauvre moribond, qui essayait péniblement de se faire entendre de moi en attirant mon visage tout près du sien.

Alexandre : Que devinrent-ils ?

Fr. Jean-Miguel : L'amitié fraternelle dans la communion spirituelle du Christ les toucha tous profondément. Certes, ils ne changèrent pas en un jour de comportement, et leur conditionnement affectif ne fut pas transformé miraculeusement. Il leur arrivait d'appeler un ami du groupe pour passer la soirée avec lui, afin de déjouer la tentation quand la solitude du cœur leur redonnait envie de sortir draguer. Mais ils avaient découvert l'amour d'amitié, qui rejoint l'autre au centre même de sa personne et embrasse à partir de là tous les aspects de sa vie. Cela marquait pour tous un seuil par où ils étaient passés d'un avant à un après. Du coup, beaucoup arrivèrent à discerner la finalité qui pouvait donner sens à leur vie personnelle.

Les deux amis qui vivaient en couple, en se redécouvrant frères sous le regard du Christ et des autres membres du groupe, sortirent en deux ans de leur lien pseudo-conjugal. Celui-ci commençait déjà à leur peser au point que, comme ils me l'avouèrent ensuite, sans le groupe, ils se seraient fatalement tourné le dos un jour. Ils ont continué à vivre dans le même appartement, mais désormais en frères, dans cet amour d'amitié qu'ils ont découvert ensemble. Plusieurs autres, délivrés d'une sexualité compulsive et d'une affectivité fusionnelle, purent répondre en toute loyauté à un appel à la vie consacrée. L'un d'eux entra avec un sida déclaré dans un monastère, où il mène depuis une vie religieuse authentique. Un autre s'est marié avec une femme d'une grande intelligence de cœur, qui a su comprendre son besoin personnel d'amitié masculine profonde mais sans équivoque. Ils s'aiment beaucoup, ont trois enfants et aident parfois ensemble des hommes aux prises avec la tentation de l'homosexualité ou de la bisexualité. Certains ont des vies plus difficiles, mais ce qu'ils ont vu est une lumière qu'ils ne peuvent plus oublier.

Philippe : Quel ressort spirituel vous avait poussé à vous engager dans une entreprise aussi ardue ?

Fr. Jean-Miguel : La conviction d'être redevable à Dieu de quelques grandes amitiés qui sont pour moi un « élixir de vie » (Si 6, 16) ; le remords vis-à-vis de trois camarades du Saulchoir, morts du sida dans les années 1980, auxquels aucun de nous n'avait tendu la main quand sans doute ils pouvaient encore sortir de la spirale fatale ; le souvenir surtout de ce diplomate latino-américain rencontré à Thessalonique, que j'avais pu arracher à sa mortelle détresse dans ma deuxième année de sacerdoce. Je l'ai toujours senti présent en la personne de ceux qui portaient la même souffrance que lui.

Chapitre XVIII

Dans les coulisses de la rédaction du *Catéchisme*

Philippe : Outre la charge paroissiale de Saint-Nizier, avez-vous reçu d'autres missions de la part de l'Église pendant vos années de Lyon ?

Fr. Jean-Miguel : La première en date correspond à une demande personnelle que m'adressa le cardinal Decourtray, non pas en tant qu'archevêque de Lyon mais en tant que président de la Conférence des évêques de France. Ces derniers venaient de mettre en chantier la rédaction d'un catéchisme français pour adultes quand fut annoncé à Rome en 1986 le projet de ce qui s'appellerait le *Catéchisme de l'Église catholique.* Il eût été sans doute préférable d'attendre la parution de ce compendium intégral de la doctrine de la foi pour rédiger, en tenant compte des repères qu'il donnerait, un catéchisme local à visée plus pastorale pour la formation des catéchumènes et des fidèles adultes en France. Mais d'autres catéchismes pour adultes avaient déjà été publiés, notamment par les évêques de Hollande et par ceux d'Allemagne, et l'on peut penser qu'un réflexe d'indépendance gallicane ne fut sans doute pas étranger à la décision de maintenir la rédaction du catéchisme français sans attendre la parution de celui de l'Église universelle.

En 1987, une commission achevait de rédiger un premier projet de ce catéchisme pour adultes, à la demande de l'Assemblée des évêques de France. C'est au début de l'été de cette même année que le cardinal Decourtray m'appela. Avec sa sincérité habituelle, il me dit que lui-même ainsi que d'autres cardinaux français n'étaient pas entièrement satisfaits de ce projet au plan doctrinal. Il se doutait que, tel qu'il était, il rencontrerait des difficultés à Rome pour recevoir l'accord nécessaire de la part de la Congrégation pour la doctrine de la foi. Il voulait aussi que l'assemblée de l'épiscopat qui se réunirait à Lourdes en novembre ait un autre projet sur la table, de telle sorte que les évêques ne se trouvent pas face à une « carte forcée » sans autre possibilité de choix. Il me demanda en conséquence de rédiger un autre projet que je lui remettrais à la rentrée.

Alexandre : Cela ne vous laissait que deux mois pour le rédiger. Comment avez-vous fait ?

Fr. Jean-Miguel : L'été, la charge de la paroisse était moins lourde, et j'ai surtout bénéficié d'une quinzaine de jours de désert pendant le mois d'août pour rédiger ce projet alternatif de catéchisme. Alors que l'autre projet était bâti à partir des alliances successives de Dieu avec les hommes, le mien s'organisait à partir d'un principe qui me semblait, dans la Bible, commander en amont toutes les alliances : le dessein bienveillant que Dieu a conçu dès avant la fondation du monde en vue de l'adoption filiale de ses créatures spirituelles (cf. Ep 1, 5). Un principe si haut placé dans la sagesse révélée permettait assez aisément de donner son unité à un plan de catéchisme rassemblant les divers aspects de la doctrine de la foi. Je pus donc remettre celui-ci en septembre au cardinal Decourtray.

Philippe : Que se passa-t-il ensuite à l'assemblée annuelle de la Conférence épiscopale française réunie à Lourdes en novembre ?

Fr. Jean-Miguel : D'après ce que m'apprit plus tard le cardinal Decourtray, les cardinaux et un nombre considérable d'évêques apprécièrent beaucoup ce projet alternatif, cependant la majorité vota en faveur du projet rédigé par la commission officielle. Mais la possibilité d'un choix alternatif avait ouvert un débat entre les évêques, de sorte que le cardinal Decourtray put obtenir par la suite de substantielles modifications du projet officiel, qui rendirent moins laborieux son passage par la censure romaine de la Congrégation pour la doctrine de la foi.

Alexandre : Votre projet lui-même était-il donc perdu ?

Fr. Jean-Miguel : La Providence devait curieusement en tirer profit par des voies inattendues. Quand, quelques années après, le cardinal Jean-Marie Lustiger me demanda de prêcher durant trois ans le Carême à Notre-Dame de Paris, il me servit de canevas. Le projet lui-même parut plus tard dans un ouvrage collectif, *Pour une lecture du Catéchisme de l'Église catholique*, sous le titre « Il nous a fait connaître le mystère de son dessein bienveillant ».

Philippe : A-t-il donc servi à la rédaction du *Catéchisme de l'Église catholique* ?

Fr. Jean-Miguel : Oui et non. Le *Catéchisme de l'Église catholique* ne suit pas l'économie du mystère du salut à partir du dessein de Dieu, mais repose sur les quatre piliers de la vie chrétienne qu'il explicite : le *Credo*, les sept sacrements, le double commandement de l'amour et les dix commandements de la Loi, le Notre Père. Néanmoins, la vision de sagesse du dessein divin sous-tend la cohérence du *Catéchisme* et apparaît à certaines articulations-clés ainsi qu'à travers le système très riche de renvois marginaux. Mon projet de plan pour le catéchisme des évêques français s'avéra donc utile au moment de la rédaction du *Catéchisme* de l'Église universelle.

Alexandre : Comment cela ?

Fr. Jean-Miguel : Mon ami de toujours, le frère Christoph Schönborn, alors professeur de théologie dogmatique à l'université de Fribourg, en Suisse, avait été nommé par son ancien maître de Ratisbonne, Joseph Ratzinger, devenu depuis quelques années le cardinal-préfet de la Congrégation pour la doctrine de la foi, secrétaire du comité de rédaction du *Catéchisme de l'Église catholique*, composé par ailleurs seulement d'évêques. Fort de sa propre expérience au concile, le cardinal l'avait prévenu qu'en définitive ce sont les secrétaires de commission qui doivent faire le gros du travail rédactionnel. Le moment vint effectivement pour Christoph où il eut à donner forme au texte du projet du *Catéchisme* qui devait être soumis un an après à tous les évêques et facultés de théologie de l'Église catholique. Cette tâche dépassant les forces d'un seul homme, il fut autorisé à demander l'aide d'experts. Il se tourna alors vers des amis théologiens. Je me trouvai ainsi pendant deux bonnes années associé en coulisse avec quelques autres à la rédaction du *Catéchisme*. Nous étions les « nègres » de Christoph, lequel gardait la haute main sur la rédaction définitive du projet. Ce fut une expérience passionnante.

Philippe : Quelles furent les réactions des évêques quand leur fut soumis ce projet de catéchisme ?

Fr. Jean-Miguel : Comme c'est la coutume dans l'Église, ils réagirent en rédigeant ce que l'on appelle des *modi*. Ceux-ci sont des propositions d'amendement sur un passage précis du texte qui leur a été soumis. En général il n'y en avait que quatre ou cinq par paragraphe : certaines précisaient ou enrichissaient le texte et étaient intégrées. Mais de temps en temps on voyait arriver pour un numéro du projet une quarantaine ou une cinquantaine de *modi.* C'était immanquablement le signe que le sens de la foi du Magistère épiscopal nous indiquait qu'il y avait là un problème. Pour ceux que j'eus à traiter, je ne me souviens pas de mise en garde contre une doctrine peu sûre ; on attirait plutôt l'attention des rédacteurs sur des points où ils avaient cédé à une tentation fréquente chez les théologiens : faire dire au Magistère des choses qu'un professeur est en droit d'enseigner dans son élaboration théologique propre, mais que, pour le moment en tout cas, l'Église elle-même n'enseigne pas comme doctrine de la foi. Cette collaboration avec le charisme proprement magistériel des évêques fut très instructive pour les experts théologiens.

Alexandre : Les *modi* ne venaient-ils que des évêques ?

Fr. Jean-Miguel : Ils venaient aussi des facultés pontificales de théologie catholique du monde entier. Mais surtout, une fois que cette première série de *modi* eut été intégrée, le projet fut soumis à la commission cardinalice présidée par le préfet de la Congrégation pour la doctrine de la foi. Cette commission émit des *modi* qui furent intégrés. À son tour, le cardinal Ratzinger formula lui-même quelques *modi.* Enfin le texte ainsi révisé fut soumis au pape. Celui-ci, avec le concours du père Georges Cottier, théologien de la Maison pontificale, rédigea les derniers *modi.* Une fois ceux-ci intégrés, le texte put être rendu public par Jean-Paul II dans la constitution apostolique *Fidei depositum* du 11 octobre 1992, même si la version officielle en latin, portant quelques toutes dernières retouches, ne devait être promulguée qu'en 1997.

Philippe : Ces « navettes » ne furent-elles pas pesantes par moments pour vous qui deviez intégrer les *modi* ?

Fr. Jean-Miguel : Je dirais plus stressantes que pesantes. Je garde un souvenir très vif d'un moment de grande tension nerveuse dans mon travail. En juillet 1991, Christoph me demanda de le rejoindre à Rome pour l'aider à intégrer les *modi* provenant du cardinal Ratzinger, qui étaient revêtus d'une importance doctrinale particulière. Christoph savait déjà qu'il avait été choisi comme évêque auxiliaire de l'archevêque de Vienne en Autriche, mais il ne pouvait rien me dire et il savait aussi que la date prévue pour la promulgation officielle de sa nomination devait nous laisser encore une semaine de tranquillité pour effectuer ensemble ce travail. Or, quand il vint me chercher à Rome en gare de Termini, la première chose qu'il m'annonça fut sa désignation comme évêque, que le Saint-Siège venait de rendre publique en raison d'une fuite qui s'était produite en Autriche, du gouvernement vers les médias.

À partir de ce moment le téléphone et le fax n'arrêtèrent pas un instant de déverser sur Christoph appels et messages en provenance des quatre coins du monde. Pendant qu'il y répondait, je travaillais seul, dans la chaleur poisseuse de l'été romain, à intégrer les *modi* du cardinal Ratzinger, qui étaient rédigés en allemand. De plus, alors que les *modi* proposent normalement une formulation à la place d'une autre, le cardinal, dans son exquise délicatesse et dans sa grande confiance en son disciple Christoph, ne donnait la plupart du temps que des suggestions très nuancées qu'il fallait comprendre, puis traduire en formules. J'avoue que je peinais à la tâche comme un étudiant devant une copie d'examen. Heureusement le soir, vers 22 heures, Christoph ne répondait plus aux appels extérieurs et nous revoyions ensemble le texte que j'avais modifié pour le saisir à l'ordinateur. En effet, Christoph s'était mis avant beaucoup d'autres à l'ordinateur lequel, même sous sa forme encore archaïque d'alors, lui permit de gagner énormément de temps grâce au traitement de texte.

Alexandre : Avez-vous été étonné de la nomination de votre ami ?

Fr. Jean-Miguel : Dès que le cardinal Ratzinger lui avait demandé de donner forme au projet de Catéchisme qui allait être soumis aux évêques du monde entier, je l'avais prévenu que lui-même deviendrait évêque avant la publication du texte définitif. Un Catéchisme en effet est un document particulièrement rare et marquant du Magistère ordinaire. Donc, celui qui était la cheville ouvrière de sa rédaction devait normalement faire partie de la hiérarchie quand il serait rendu public officiellement. Christoph ne me crut pas, ou ne voulut pas me croire, mais c'est bien ce qui arriva.

Alexandre : Avez-vous eu alors le même pressentiment pour son accession subséquente au siège archiépiscopal de Vienne et, du fait même, au cardinalat ?

Fr. Jean-Miguel : Non, mais le cardinal Decourtray, en revanche, l'avait eu très tôt. Alors que Christoph venait d'être nommé secrétaire du comité de rédaction, de passage à Lyon, il rencontra chez nous à Saint-Nizier le cardinal Decourtray qui faisait la visite de notre fraternité monastique. Il parla un bon moment en tête à tête avec lui pour lui expliquer le but et le sens de ce Catéchisme de l'Église universelle. Le cardinal Decourtray fut si frappé par sa qualité, qu'il nous dit ensuite en aparté : « Je ne serais pas étonné que nous ayons un jour un cardinal Schönborn. » Plus tard, il l'accueillit, quand il fut devenu évêque auxiliaire de Vienne et qu'il vint présenter le *Catéchisme de l'Église catholique* à la Conférence des évêques de France réunie en assemblée à Lourdes, mais quand il devint cardinal-archevêque de Vienne en 1995, le cardinal Decourtray était déjà mort.

Quant à Christoph, lorsqu'il se vit nommé évêque auxiliaire de Vienne et non pas coadjuteur avec droit de succession, il me dit combien il était soulagé car l'usage veut qu'on ne choisisse pas l'évêque d'un diocèse parmi les auxiliaires du précédent. Je pensais comme lui. Qui aurait pu imaginer alors que ce que l'on appellerait pudiquement « l'affaire Groër », du nom de celui qui était alors cardinal-archevêque de Vienne, obligerait Rome à faire en toute hâte de Christoph son coadjuteur et à ouvrir la succession seulement quelques mois après ? C'est par ces voies bien inattendues que s'accomplit la prophétie du cardinal Decourtray sur le futur cardinal Schönborn.

Philippe : Comment les évêques de France accueillirent-ils le *Catéchisme de l'Église catholique* ?

Fr. Jean-Miguel : Le cardinal Decourtray me parlait à l'époque d'un certain manque d'enthousiasme, qu'il déplorait. Comme je lui faisais remarquer que les évêques français auraient dû être fiers de voir que le *Catéchisme de l'Église catholique* avait été rédigé en français par des théologiens exclusivement français ou du moins francophones, il me dit avec ce rire malicieux qui était le sien : « Oui, mais ce ne sont pas les théologiens qui ont pignon sur rue aujourd'hui en France. » Il me dit aussi que l'intelligence et la délicatesse, dont avait fait preuve Christoph lors de sa présentation du Catéchisme à l'assemblée plénière de la Conférence épiscopale française, avaient retourné des évêques qui n'étaient pas très chauds au départ pour le Catéchisme.

Alexandre : Votre coopération au Catéchisme a dû vous donner l'occasion de retrouver le cardinal Ratzinger, qui est devenu depuis notre pape Benoît XVI. Quelle impression vous a-t-il laissée dans son rôle de cardinal-préfet de la Congrégation pour la doctrine de la foi ?

Fr. Jean-Miguel : J'ai le souvenir d'une rencontre assez longue dans ce qui était encore l'hospice Sainte-Marthe dans la cité du Vatican et qui est devenu depuis la Maison Sainte-Marthe, destinée entre autres à loger les cardinaux lors des conclaves. C'était alors un bâtiment plus modeste tenu par des religieuses allemandes. Le cardinal y célébrait une messe matinale à laquelle se joignaient souvent des pèlerins allemands. Nous allâmes avec Christoph concélébrer puis prendre le petit déjeuner avec lui. Je fus frappé par sa douceur et son humilité, d'autant plus remarquables chez un homme d'une telle envergure intellectuelle et spirituelle. Ce que je dis là semble aujourd'hui une banalité, tellement le comportement de Benoît XVI l'a mis depuis en lumière. Mais à l'époque, dire cela de celui que les médias traitaient de *Panzerkardinal* semblait assez incongru.

Au cours de cette rencontre à trois, Ratzinger fit une réflexion qui me sembla très juste. Comparant la situation de l'Église de France et d'Allemagne, il fit remarquer que la première s'en sortait en contournant par des initiatives nouvelles les blocages institutionnels consécutifs à la crise post-conciliaire, alors que la seconde se trouvait beaucoup plus alourdie dans ses énergies spirituelles par ses pesanteurs institutionnelles. Il tint un discours tout aussi peu conventionnel au sujet de certains dysfonctionnements dans les manières de procéder de la Curie romaine. Je constatai avec plaisir que tout cela ne correspondait pas du tout à son image de conservateur immobiliste qu'avaient fabriquée les médias.

Philippe : Le cardinal Ratzinger avait-il donné des orientations pour la rédaction du Catéchisme ?

Fr. Jean-Miguel : Il l'avait fait à travers Christoph Schönborn. Le Catéchisme devait constituer un compendium ou résumé organique de toute la doctrine catholique telle que le Magistère l'avait enseignée, soit par mode extraordinaire en des articles de foi et des définitions dogmatiques, soit par mode ordinaire comme doctrine de la foi. Il insistait aussi sur le fait que ce *Catéchisme de l'Église catholique*, qui suivait le concile Vatican II comme le *Catéchisme romain* (appelé communément « Catéchisme du concile de Trente ») avait suivi sous saint Pie V le concile de Trente, devait présenter les enseignements du dernier concile comme un développement homogène de la doctrine de la foi traditionnellement enseignée auparavant par le Magistère de l'Église. Cela fut fait avec beaucoup de détermination entre autres dans les paragraphes sur la liberté religieuse, où l'enseignement du concile Vatican II est donné conjointement avec les condamnations de l'indifférentisme et du libéralisme religieux par des papes du XIXe siècle.

Alexandre : Aviez-vous d'autres repères ?

Fr. Jean-Miguel : Dans la partie dogmatique qui commentait la doctrine du *Credo*, il fut très précieux d'avoir sous les yeux la catéchèse sur le *Credo* que le pape Jean-Paul II avait faite et continuait à faire en ces années-là à l'occasion des audiences générales du mercredi. En fait cette première partie du Catéchisme est truffée de citations littérales de cette catéchèse du Saint-Père. Au début les références étaient à chaque fois signalées en note dans le texte, mais elles furent ensuite supprimées pour que les évêques qui recevraient le projet puissent réagir avec plus de liberté par rapport à des enseignements qui ne constituaient pas à proprement parler des documents du Magistère.

Chapitre XIX

Trois ans de conférences de Carême à Notre-Dame

Alexandre : Outre votre collaboration avec Christoph Schönborn pour le Catéchisme, avez-vous reçu de l'Église d'autres missions extérieures à votre cadre lyonnais ?

Fr. Jean-Miguel : Oui. Et l'une d'elles découle en partie de la précédente, comme je l'ai dit plus haut. Elle tomba sur moi néanmoins de la manière la plus inattendue. Un jour de l'automne 1990, dans notre fraternité monastique de Saint-Nizier, c'était mon tour de faire la cuisine et de répondre à la porte et au téléphone pour préserver la matinée de travail silencieux des autres frères. Le téléphone sonna et j'entendis au bout du fil une voix, dont le ton bourru n'arrivait pas à masquer une certaine timidité. Elle disait : « Ici le cardinal Lustiger. Je voudrais parler au père Garrigues. » Je restai interdit, car je n'avais jamais rencontré le cardinal, ni eu affaire à lui. Je me présentai, en pensant que son appel pouvait être motivé par quelque passage délicat du Catéchisme en cours de rédaction. Quel ne fut pas mon étonnement quand je l'entendis me dire à brûle-pourpoint : « Je viens vous demander si vous accepteriez de prêcher trois Carêmes de suite à Notre-Dame de Paris. »

Ma première réaction fut : « Mais vous ne me connaissez pas ! » Il me répondit qu'il lisait depuis des années tout ce que j'écrivais. Je pense que le projet de Catéchisme que m'avait demandé le cardinal Decourtray pour les évêques de France en 1987, ainsi qu'un livre sur le mystère d'Israël que j'avais publié la même année, avaient retenu particulièrement son attention, même s'il avait déjà suivi auparavant mes publications à travers le père Louis Bouyer et nos connaissances communes du groupe de *Communio*.

Revenu de ma surprise, j'éprouvai une crainte. Celui qui devait prêcher le Carême suivant à Notre-Dame en 1991, le père Gérard Defois, recteur de l'Institut catholique de Lyon, venait d'être nommé archevêque de Sens ; je redoutais qu'il n'eût déclaré forfait pour son dernier Carême et que le cardinal Lustiger ne se fût tourné vers moi in extremis. Il me rassura aussitôt et me dit qu'il s'agissait des Carêmes de 1992, 1993 et 1994. J'aurais donc plus d'un an pour préparer mes conférences. Je mesurais néanmoins le poids qu'un tel engagement allait représenter pour moi ainsi que pour notre petite fraternité monastique, puisque je serais obligé de m'absenter les cinq week-ends de Carême, plus celui du dimanche des Rameaux, pendant trois années consécutives. Je répondis donc au cardinal que je devais en parler avec le prieur de notre fraternité. Ce dernier estima que la fraternité pouvait faire cet effort afin de me permettre de remplir la mission exceptionnelle pour laquelle l'Église me sollicitait. Je me trouvai ainsi engagé dans cette aventure.

Philippe : Pour un religieux formé dans la tradition dominicaine du père Lacordaire cela dut être exaltant de lui succéder à la chaire de Notre-Dame où il avait inauguré les conférences de Carême ?

Fr. Jean-Miguel : Oui. Il me revint soudain à l'esprit une parole qu'un vieux frère convers, cuisinier au couvent de Lille, répétait aux novices que nous étions. Quand nous faisions les difficiles à propos de la nourriture, il nous disait : « Mon petit frère, le jour où tu seras prédicateur à Notre-Dame, tu auras le droit de réclamer. » Je ris en moi-même, car j'étais désormais prédicateur à Notre-Dame et j'étais justement en train de faire la cuisine. Plus sérieusement, je me demandais avec une certaine appréhension comment les frères dominicains accueilleraient la nouvelle de la nomination comme prédicateur de Notre-Dame d'un dominicain sorti de son ordre depuis des années. Je devais être d'autant plus touché quand, arrivant à la sacristie de Notre-Dame pour la première de mes conférences, j'y trouvai une lettre extrêmement encourageante et chaleureuse du père Bernard Bro, le dernier dominicain à m'avoir précédé comme prédicateur, dix ans auparavant, et que je n'avais jamais rencontré personnellement.

Alexandre : Avez-vous posé quelque condition au cardinal Lustiger avant d'accepter ?

Fr. Jean-Miguel : Oui. Je lui dis que j'étais ainsi fait qu'il m'était impossible de prêcher en lisant ou en débitant par cœur un texte écrit d'avance. En effet, je ne suis pas capable de lire un texte en le rendant vivant, surtout si c'est moi qui l'ai rédigé. Je ne pouvais donc pas me plier à ce qui est devenu l'usage normal des conférenciers de Notre-Dame. Ils disent un texte que les auditeurs de Notre-Dame, comme ceux des réceptions à l'Académie française, ont pour la plupart sous les yeux, puisque le livre des conférences est vendu aux portes de la cathédrale, pour le plus grand profit de l'éditeur. Pour moi, en revanche, une parole prêchée est une parole vive qui, même si elle doit avoir été longuement méditée auparavant, trouve sa forme de communication au moment même où je m'adresse à l'auditoire. Quand celui-ci sent qu'il y a un texte écrit sous les yeux ou dans la mémoire du prédicateur, il peut en admirer la rhétorique mais il ne se laisse pas toucher par celui qui parle, car il ne s'adresse pas tout à fait à lui, puisqu'il « parle comme un livre ». Au contraire, quand vous improvisez, il sent que l'expression, avec son rythme et ses images, vous est donnée au moment où vous lui parlez et il ne remarque même pas les inévitables imperfections formelles que comporte le style oral. Pour ma part, j'ai la chance de ne pas avoir le trac lorsque je prends la parole en public, même si je souffre toujours avant de le faire, et cruellement, du stress. Je pouvais donc envisager d'avoir un canevas sous les yeux, mais un texte déjà rédigé, cela m'était impossible.

J'avais une seconde raison. France-Culture, qui retransmet les conférences à la radio, consacre à celles-ci une plage de quarante-cinq minutes, pas une seconde de plus. Tous les prédicateurs qui ont lu leur texte se sont fait immanquablement couper une fois ou l'autre, car il est très difficile de minuter correctement en privé la lecture d'un texte que l'on donne ensuite devant une nombreuse assemblée dans un espace à grande résonance comme Notre-Dame. En n'étant pas lié à un texte écrit d'avance, je pouvais, un œil sur ma montre posée sur l'ambon, développer plus ou moins telle partie de ma conférence et m'arrêter juste à temps. Je ne fus jamais coupé. Une fois j'épuisai mon temps à tel point que j'eus peur d'avoir été coupé, car je n'étais pas sûr de l'exactitude absolue de ma montre. Mais non, j'avais fait quarante-cinq minutes, zéro seconde.

Le cardinal réfléchit un moment à ma requête. Il me fit remarquer que personne n'avait prêché comme cela après le père Lacordaire et qu'il allait devoir me signer un chèque en blanc dans la confiance, puisqu'il ne saurait pas lui-même à l'avance ce que j'allais dire, alors que les conférences étaient retransmises par France-Culture dans tout le pays avec seulement un très léger différé d'une demi-heure. Puis il rit et me dit qu'il ne pouvait tout de même pas me le refuser, car il était comme moi : il lui était impossible de prêcher en disant un texte rédigé d'avance.

Philippe : Le cardinal vous a-t-il fixé un programme pour les conférences ?

Fr. Jean-Miguel : Il ne l'a fait que lorsque nous nous sommes vus à Paris en janvier 1991, le jour où éclatait la guerre du Golfe. Ce ne fut pas à proprement parler un programme mais un thème. Il voulait, sans doute frappé par mon projet de catéchisme pour les évêques de France, et attendant surtout l'imminente parution du *Catéchisme de l'Église catholique*, que je développe dans mes conférences une grande catéchèse pour adultes, dans l'esprit de celles des Pères de l'Église, qui présente le dessein de Dieu et sa réalisation dans l'histoire sainte à travers les alliances successives que la Bible nous révèle. Il me demandait de ne pas me cantonner à un plan théorique mais d'éclairer, à partir des alliances de Dieu avec les hommes, de grandes questions culturelles, éthiques, sociales et politiques contemporaines.

Alexandre : Cette première rencontre n'a-t-elle porté que sur vos futures conférences ?

Fr. Jean-Miguel : Elle s'est prolongée par un déjeuner en tête à tête au cours duquel le cardinal m'a soumis à un feu roulant de questions portant sur mes qualifications et sur mon itinéraire personnel. J'avais l'impression que chacune de mes réponses était enregistrée, bien à sa place, dans la tête superbement organisée d'une sorte de P-DG d'une multinationale ecclésiale menant un entretien d'embauche. Jean-Marie Lustiger était avant tout un homme d'action et la rencontre interpersonnelle avec lui, même quand elle était profonde comme elle le fut toujours entre lui et moi, restait située sans détour dans la perspective de sa mission et de la manière dont son interlocuteur pouvait ou non contribuer à l'y aider efficacement.

En ce sens on ne pouvait trouver homme plus différent d'Albert Decourtray, avec qui la rencontre était placée avant tout sous le signe de la gratuité. C'est sans doute la raison pour laquelle ces deux hommes, qui pilotaient pendant ces années-là l'Église en France, se complétaient si bien et s'aimaient beaucoup, non sans que le premier fût parfois agacé par son partenaire et que ce dernier eût par moments à souffrir de lui. Je me souviens de l'attitude de Jean-Marie Lustiger lors de l'enterrement d'Albert Decourtray dans la primatiale de Lyon en septembre 1994. Tandis que le cardinal Roger Etchegaray présidait la messe de funérailles avec cette sorte d'alacrité humaine et spirituelle qui lui est propre, lui avait passé toute la cérémonie les yeux rivés sur le cercueil de son frère et ami, plongé dans ce qui semblait bien être un dialogue silencieux avec lui. Il avait le visage fermé et sombre, ce qui indiquait que cet hypersensible était touché dans cette vulnérabilité profonde qu'il cachait toujours, par pudeur, mais aussi sans doute par méfiance. On n'a pas passé impunément les années de sa première jeunesse à se cacher de la Gestapo. Dénué de toute onction ecclésiastique, peu porté à l'urbanité, cet homme bourru pouvait néanmoins faire preuve d'une intense cordialité dans la relation interpersonnelle. Quant à son rayonnement spirituel, je dirai simplement que concélébrer la messe avec lui était une expérience spirituelle unique, tant il n'était plus, à l'autel, que le prêtre serviteur de Dieu, humblement incliné devant sa transcendance.

Philippe : Avez-vous souvent concélébré la messe avec lui ?

Fr. Jean-Miguel : Les dimanches de Carême je concélébrais toujours la messe de 18 h 30, une fois donnée la conférence, qui n'est pas une homélie prêchée au cours d'une messe. La tension retombée, j'aimais pouvoir rester à la messe qui suivait, après une heure de concert d'orgue. Or, l'une des premières mesures pastorales qu'avait prises le cardinal Lustiger en arrivant à Paris comme archevêque fut de décider que chaque dimanche il présiderait la messe de 18 h 30 dans sa cathédrale et que, s'il était absent, il la ferait présider par un de ses évêques auxiliaires. Il donnait ainsi aux catholiques parisiens la possibilité d'entendre chaque dimanche la doctrine de l'Église de la bouche même de leur évêque. C'est ainsi que pendant trois Carêmes je concélébrai très souvent avec lui à Notre-Dame de Paris.

Alexandre : Vos prédications de Carême se déroulaient-elles en dehors de tout cadre liturgique ?

Fr. Jean-Miguel : Comme je viens de le dire, ce ne sont pas des sermons liturgiques mais simplement des conférences publiques dans une église. Cela explique que certaines années des laïcs, dont une femme, aient pu prendre la parole à Notre-Dame dans le cadre de ces conférences de Carême. L'après-midi du dimanche commence dans la cathédrale par les vêpres chantées solennellement et suivies d'un salut du saint sacrement. Vient ensuite la conférence, qui dure trois quarts d'heure. Elle est introduite par un motet de Carême, en général l'*Attende Domine et miserere*, et clôturée par le chant de l'*Ave Regina caelorum*, qui remplace le *Salve Regina* en Carême. La conférence est donc encadrée par deux cantiques, mais ceux-ci ne constituent pas un office liturgique à proprement parler.

Philippe : À la suite de votre première rencontre, quel plan avez-vous proposé au cardinal pour vos conférences ?

Fr. Jean-Miguel : J'ai proposé comme thème directeur pour l'ensemble : *Ce Dieu qui passe par des hommes.* C'est d'ailleurs sous ce titre que sont parus en librairie les trois volumes de mes conférences. L'idée maîtresse en était de montrer comment, dans son dessein, Dieu s'est chaque fois adressé à tous les hommes à travers un interlocuteur qu'Il a appelé à être le partenaire fondamental de son alliance. Puisque je devais prêcher ces conférences pendant trois Carêmes de suite, j'ai conçu un plan en triptyque. Première année : l'Ancien Testament, où sont posées les alliances avec Adam, Noé, Abraham et Moïse. Deuxième année : Jésus le Christ, l'unique médiateur entre Dieu et les hommes, en qui ces alliances, loin d'être abolies, trouvent leur accomplissement. Troisième année : l'Église, sacrement du salut des hommes, en qui ces alliances se diffusent parmi les hommes jusqu'à leur achèvement dans la Gloire à venir.

Ce triptyque était conçu de telle sorte qu'il manifestât comment chaque alliance, inaugurée dans l'Ancien Testament, trouve son accomplissement dans le Christ et son extension à tous les hommes par l'Église. Cette lecture synoptique, alliance par alliance, est celle que j'adopterais plus tard pour la publication en un seul volume d'une catéchèse pour adultes intitulée *Le dessein de Dieu à travers ses alliances*, qui reprendrait la substance permanente des conférences en laissant de côté ce qui était davantage lié aux circonstances du moment où elles furent prêchées.

Alexandre : Comment faisiez-vous pour préparer chacune de vos conférences ?

Fr. Jean-Miguel : Tout d'abord le sujet de chacune m'était donné par le plan général que j'avais établi à l'avance. Les mois précédant chaque Carême, le temps d'été surtout, j'avais lu, réfléchi, médité et pris des notes sur le thème de l'année. Enfin, arrivait le Carême. Le mardi précédant chaque conférence, je donnais dans la crypte de mon église paroissiale de Saint-Nizier une sorte d'avant-première de ce que je comptais dire le dimanche à Notre-Dame de Paris. Sur la base des longs mois de préparation, je parlais sans canevas écrit, de l'abondance du cœur, pendant environ une heure mais sans limite de temps impérative, à un auditoire d'une centaine de paroissiens à la fois bienveillants et coopératifs, car ils ne manquaient pas de me faire ensuite des réflexions qui m'étaient parfois précieuses. Je testais ainsi ma conférence, quant au fond, quant à la forme et quant à la durée. J'avais ensuite du mercredi au dimanche pour cuire cette pâte, pétrie mais encore un peu crue.

Le samedi soir, je célébrais quand c'était mon tour à la paroisse la messe anticipée du dimanche. Je prenais ensuite le TGV, où souvent je lisais encore des textes concernant mon sujet, puis le métro et le funiculaire jusqu'à Montmartre où les sœurs bénédictines du Sacré-Cœur m'accueillaient avec d'exquises prévenances. En arrivant pour le dîner je trouvais, dès le deuxième dimanche de Carême, le texte de ma conférence précédente, qui revenait de la censure de l'archevêché de Paris, et avant de me coucher je le révisais s'il comportait quelque remarque.

Le dimanche je me levais de bonne heure et, comme je comptais concélébrer à la messe du soir de Notre-Dame, j'avais une longue matinée et le début de l'après-midi pour écrire paisiblement le canevas de ma conférence, laquelle s'était décantée depuis l'avant-première du mardi soir à Saint-Nizier. Je ne notais que le plan avec des mots-clés, comme je l'avais vu faire jadis à mon propre père, qui était un conférencier chevronné. Il m'arrivait cependant parfois d'écrire entièrement une phrase particulièrement délicate, dont je voulais être sûr que tous les termes seraient exactement pesés.

Puis c'était le départ avec les sœurs pour la cathédrale où nous arrivions un peu avant les vêpres. J'avais le temps de prier un moment en silence devant l'émouvante Vierge du Pilier, puis je participais à l'office des vêpres et au salut du saint sacrement avec le clergé de la cathédrale. Cette longue plongée dans la prière personnelle et communautaire m'était indispensable. Elle faisait tomber la tension et me rendait disponible, avant et pendant la conférence, à d'ultimes lumières qui souvent me surprenaient moi-même. En entrant dans la sacristie de Notre-Dame, je souriais intérieurement en m'entendant appeler respectueusement « Monsieur le prédicateur » par les sacristains, moi qui, moins de vingt-quatre heures avant, allumais les cierges monté sur une échelle car, au sein de ma fraternité monastique, j'exerçais leur fonction.

Enfin venait le moment de prendre la parole après le touchant *Attende Domine* d'ouverture. À partir du moment où je commençais ma conférence, j'entrais dans une sorte d'état second : je ne sentais plus s'écouler le temps et les quarante-cinq minutes qu'elle durait me semblaient passer en un souffle. J'étais totalement à mon auditoire, jetant seulement de temps en temps un regard sur le canevas et un autre sur la montre posée à côté de lui sur le pupitre. En revanche, quand j'avais fini, après l'*Ave Regina* libérateur, je rentrais à la sacristie groggy et vidé. Or c'était le moment le plus épuisant qui commençait. Pendant l'heure de concert d'orgue qui précédait la messe, il me fallait saluer tous ceux qui étaient venus m'écouter parce qu'ils me connaissaient de près ou de loin et parler un peu avec eux. Dans un état indéfinissable je devais souvent deviner de laquelle de mes vies antérieures sortait ce visage que je savais connaître sans être capable de l'identifier.

La messe mettait fin à ce tourment que je subissais dans un étrange état cotonneux. Elle représentait pour moi le vrai moment de repos intérieur. Pouvoir me reposer sur l'évêque et sur la parole de l'Église, surtout quand c'était le cardinal Lustiger qui présidait et prêchait, était un immense soulagement. Demeurait cependant la fatigue physique qui ne cessait, elle, que la nuit suivante à Montmartre. Entre autres choses je venais de passer plusieurs heures debout, depuis les vêpres jusqu'à la fin de la messe.

Philippe : Comment assuriez-vous la publication rapide de vos conférences ?

Fr. Jean-Miguel : Il fallait gagner un maximum de temps, en sorte que l'auditoire fût encore motivé pour acheter le volume imprimé. Aussi le dimanche, après la messe du soir, partais-je de Notre-Dame en emportant la cassette contenant l'enregistrement de ma conférence. Dès le lundi matin, je me mettais, en l'écoutant, à rédiger le texte écrit. Ce travail me prenait la journée, jusque vers six heures du soir. En effet, pour passer du style oral au style écrit je devais rebâtir presque toutes les phrases. De plus, il me fallait ajouter les notes, qui dans certains chapitres pouvaient être abondantes. À l'époque, j'ignorais tout de l'ordinateur, lequel m'aurait fait gagner beaucoup de temps. J'écrivais donc toute la conférence à la main. En partant de Montmartre, je la laissais à une sœur qui avait la bonté de la saisir rapidement et de l'envoyer aussitôt à la censure de l'archevêché pour que je la retrouve à mon retour le samedi soir.

Quant à moi, je prenais le TGV pour Lyon et dans le train je me mettais à potasser des livres pour la conférence suivante que je devais donner le lendemain soir en avant-première à Saint-Nizier. Grâce à ce « flux tendu », comme on dit aujourd'hui dans l'entreprise, mon éditeur et moi nous réussîmes à faire paraître chaque année le volume seulement une quinzaine de jours après la dernière conférence, celle du dimanche des Rameaux. Mais ce fut au prix d'une harassante course d'obstacles qui dura trois ans de suite. En effet, en dehors du dimanche et du lundi que je passais à Paris, le reste de la semaine j'avais mes charges habituelles, monastiques – tour de cuisine compris –, paroissiales et apostoliques.

Philippe : Que furent les rapports avec votre éditeur ?

Fr. Jean-Miguel : Bons, quoique en trois ans j'aie eu affaire à trois personnes successives chez Mame. La première fut Corinne Marion, une ancienne camarade de nos jeunes années au groupe Résurrection du Sacré-Cœur de

Montmartre. L'année où elle fut en charge, elle se mit en quatre, aidée de ses enfants, avec une grande générosité, pour distribuer aux portes de Notre-Dame des tracts expliquant que les conférences paraîtraient en livre juste après le Carême. Mais l'année suivante, son poste fut confié à Marc Larivé, qui était très accaparé après le gros coup éditorial qu'avait été la publication du *Catéchisme de l'Église catholique* en coédition avec Plon. Il fut néanmoins remplacé la troisième année et il partit en Suisse d'où il lança sa propre maison d'édition : Parole et Silence.

Alexandre : Avec le recul, pensez-vous que ces conférences constituent surtout une œuvre de synthèse de votre pensée théologique ?

Fr. Jean-Miguel : Certes je faisais fond sur des recherches antérieures, mais ce fut aussi l'occasion de développer des idées de choses que je n'avais pas encore été amené à formuler. Je pense en particulier, à propos de l'alliance avec Noé, à toute une théologie des nations, au sens biblique du mot, vues à partir de l'unique dessein de Dieu sur l'humanité entière, et qui englobe à la fois les gentils, les religions non bibliques, les nations chrétiennes, le nationalisme et le racisme modernes, etc. Sur le mystère d'Israël, j'y ai aussi développé des idées qui ne se trouvaient pas dans mon livre antérieur, *L'unique Israël de Dieu.*

Philippe : Avez-vous été amené à toucher des points délicats qui vous ont valu des moments de tension ?

Fr. Jean-Miguel : J'étais très ému en prenant la parole lors de la toute première des conférences. L'enregistrement laisse percevoir dans la voix non pas le trac, car le débit est normal et la diction sans accroc, mais un léger tremblement. J'étais profondément remué intérieurement en commençant à parler dans cette nef dont l'impressionnante « justesse d'âme », selon le mot de Péguy, s'exprimait dans sa majestueuse beauté comme dans son histoire chrétienne. Mais je l'étais aussi ce jour-là, parce que j'avais décidé de mettre en garde les catholiques contre la nostalgie d'un redoutable blocage politico-religieux. Cette nostalgie les avait poussés jadis vers l'Action française et elle menaçait maintenant de les attirer vers certaines thèses du Front national. Le comité permanent de l'épiscopat venait d'ailleurs de les avertir. Je pris position en particulier contre le slogan « catholique *parce que* Français », en montrant qu'il comportait une inféodation de la foi à l'identité nationale qui impliquait une absolutisation de cette dernière, inadmissible pour un catholique. Le nationalisme intégral, avec la xénophobie qui l'accompagne, constitue, comme l'Église l'enseigne depuis Pie XI, une idolâtrie néo-païenne incompatible avec la « justesse d'âme » chrétienne qu'incarne Notre-Dame.

Alexandre : Quelles réactions sentiez-vous dans l'auditoire au moment où vous donniez vos conférences ?

Fr. Jean-Miguel : J'avais en face de moi la nef de la cathédrale pratiquement pleine, mais même les premiers rangs étaient trop éloignés pour je puisse distinguer l'expression des visages. Heureusement j'avais l'habitude de prêcher devant une grande assemblée, car celle qui se réunissait à Saint-Nizier le dimanche et surtout aux grandes fêtes, sans être aussi nombreuse que celle de Notre-Dame, était néanmoins assez imposante. Par ailleurs je savais que la plus grande partie de mon auditoire était invisible, puisqu'elle était composée des auditeurs de France-Culture, puis de Radio Notre-Dame. Je faisais en sorte de le souligner au début de chaque conférence en rappelant que cette voix qui venait de Notre-Dame de Paris convoquait des gens de partout en une cathédrale invisible.

Je parlais donc devant une assemblée que je distinguais mal, et à un auditoire qui la débordait invisiblement. Je m'adressais en fait à chacun personnellement et cela était surtout perceptible à la radio, qui rendait proche ma voix peu timbrée, laquelle à l'inverse portait mal dans Notre-Dame à cause de la mauvaise sonorisation, qui m'obligeait à « manger » mon micro comme les chanteurs qui prennent de l'âge.

Cette intériorité du rapport que j'établissais avec mon auditoire m'a protégé, au moins une fois, contre une agression gestuelle de la part d'une des personnes présentes dans la cathédrale. C'était au cours de la cinquième conférence de la première année. En contraste avec le caractère irrévocable de « l'alliance avec Abraham et sa descendance à jamais » (Lc 1, 55), comme dit la Vierge Marie dans le *Magnificat*, j'évoquais longuement la douloureuse histoire de l'antijudaïsme des siècles de chrétienté : théologie de la substitution de « l'Église des nations » à l'Israël rejeté, enseignement du mépris, humiliations, vexations, persécutions et expulsions des juifs, avec usurpation du caractère messianique par des nations chrétiennes. Nous étions en 1992 : c'était le cinq centième anniversaire de l'expulsion des juifs d'Espagne – la dernière des grandes nations chrétiennes à l'avoir fait avant le Portugal – et il était sérieusement question à Rome de béatifier Isabelle la Catholique. En ce Carême je reconnaissais ces fautes des chrétiens en esprit de repentance, sans me douter que huit ans après, le premier dimanche de Carême du Grand Jubilé de l'an 2000, le pape Jean-Paul II poserait au nom de l'Église un acte solennel de pénitence portant sur elles. Or, au moment où je commençais à les confesser explicitement, un monsieur très bien mis s'est avancé du fond de la nef, est venu se planter devant moi au pied des marches du sanctuaire et en silence mais par une gesticulation exaspérée où il allait jusqu'à taper du pied, il m'a manifesté son indignation en m'intimant par signes l'ordre de me taire. De mon côté, j'étais tellement dans la douleur de devoir reconnaître les fautes de nos pères, que j'ai continué imperturbablement à parler avec gravité sans que ma voix trahisse la moindre surprise, comme en témoigne l'enregistrement sur cassette. Cet homme voulait sans doute m'intimider et me déstabiliser dans mon discours. Quand il a vu que c'était peine perdue, il a tapé une dernière fois très fort du pied et est sorti de la cathédrale.

Philippe : Avez-vous eu par courrier d'autres réactions à cette conférence ?

Fr. Jean-Miguel : Oui, et parmi elles il y eut hélas aussi des lettres anonymes insultantes : on m'y traitait de « voix de mon maître », de « valet à la solde du sanhédrin », etc. D'autres, de manière significative, déclaraient que j'étais moi-même un « marrane d'Espagne ». J'ai remarqué, en effet, qu'aux yeux des antisémites si un gentil aime les juifs c'est qu'il est juif lui-même. Je reçus même une enveloppe qui ne contenait qu'une feuille blanche pliée avec un crachat dedans. Je ne pouvais pas me douter qu'il subsistait chez les catholiques des poches aussi vivaces de haine antijudaïque et même antisémite.

Mais je recevais par ailleurs un courrier, infiniment plus abondant, d'un tout autre esprit. Beaucoup de catholiques découvraient, ahuris, le sort fait aux juifs pendant des siècles en chrétienté. Par ailleurs je fus très touché par des lettres venant de juifs qui avaient écouté, certains par hasard, d'autres volontairement, ma conférence. L'émotion de ces auditeurs invisibles me montrait avec quelle attention passionnée les juifs suivent souvent ce que l'Église dit sur eux.

Chapitre XX

Une année exceptionnelle à Paris

Alexandre : Le cardinal Lustiger vous a-t-il demandé de poursuivre vos conférences de Carême une fois vos trois années achevées ?

Fr. Jean-Miguel : Oui, il me l'a même demandé avant la fin de celles-ci, pour se laisser le temps de chercher ailleurs en cas de refus de ma part. J'avais prévu cette proposition et, comme je ne me sentais pas capable d'y répondre, j'avais pensé à une solution alternative. Je fis donc remarquer au cardinal qu'après ces trois années, au cours desquelles ma catéchèse avait porté sur le dessein de Dieu et sa réalisation dans l'histoire, il vaudrait mieux que les trois années suivantes portent sur la morale, conformément au plan du *Catéchisme de l'Église catholique* et en écho aux deux récentes encycliques de Jean-Paul II sur la morale (*Veritatis splendor* et *Evangelium vitæ*). Il en convint, mais il ne voyait pas à qui confier cette tâche. J'y avais moi-même réfléchi, et je lui suggérai un nom connu de lui, celui du père Jean-Louis Bruguès, prieur provincial des dominicains de Toulouse, professeur de morale à l'Institut catholique de cette ville et membre de la Commission internationale de théologie au Vatican, qui avait été associé à la rédaction de *Veritatis* *splendor* et de la partie morale du *Catéchisme*. Le cardinal Lustiger trouva la proposition intéressante et contacta aussitôt l'élu. Celui-ci allait ainsi avancer sur un chemin qui, passant par la chaire de théologie morale de Fribourg, en Suisse, et le Comité national d'éthique, le conduirait jusqu'à l'évêché d'Angers.

Quant à moi, j'étais soulagé d'être libéré de cette charge aussi épuisante que passionnante. Le lundi saint 1994, je quittai Paris, heureux d'avoir fait l'expérience unique des conférences de Carême, et plus heureux encore de l'avoir terminée. Je ne me doutais pas que le cardinal Lustiger ne tarderait pas à me rattraper.

Philippe : Comment s'y est-il pris ?

Fr. Jean-Miguel : Peu de temps après la fin de la dernière conférence, en mai ou juin 1994, je reçus à Lyon une lettre de lui. C'était une lettre solennelle, écrite à la machine, sur papier à en-tête officiel du cardinal-archevêque de Paris, et adressée à travers moi à mes supérieurs. Invoquant le bien de l'Église, il y affirmait avec force que ma place était à Paris où Dieu m'appelait désormais. Je la lus avec étonnement, car il ne m'avait rien dit de tel les fois où je l'avais rencontré à Paris.

J'étais persuadé qu'il fallait répondre à cette lettre par la négative, car notre fraternité de Lyon venait de voir partir un frère au terme de son année de noviciat, et un frère profès battait de l'aile, épuisé physiquement et psychiquement. Il s'avérait que la communauté était trop petite pour pouvoir apporter aux jeunes, qui appartenaient à des générations plus fragiles que nous ne le fûmes, le cadre rassurant dont ils avaient besoin pendant leur formation. Nous risquions de nous retrouver bientôt réduits aux trois frères du début et il me semblait que c'était moins que jamais le moment, pour l'un de nous, de s'éloigner des autres.

Je devais néanmoins soumettre cette demande officielle à mes supérieurs : le prieur de ma fraternité monastique et mon archevêque. Mon prieur fut impressionné par le ton de la lettre. Il me dit qu'il ne fallait pas s'opposer à un dessein de Dieu sur moi qui correspondait à un besoin de l'Église dont le cardinal se faisait l'interprète avec une telle éloquence. Il me fit aussi remarquer que notre fraternité, réduite à trois, ne pourrait bientôt plus assumer la charge de la paroisse de Saint-Nizier et que peut-être Dieu me permettrait de lui trouver à Paris une insertion plus adaptée à sa taille. Ce fut cet argument qui me parut le plus convaincant. Nous allions nous trouver à Lyon dans une impasse communautaire. Dieu nous ouvrait une porte à Paris, il fallait voir s'il n'y avait pas là-bas un avenir pour notre fraternité.

Je rencontrai ensuite le cardinal Decourtray, notre évêque, et, comme tel, le supérieur ecclésiastique de notre fraternité monastique diocésaine. Il me dit que le cardinal Lustiger lui avait déjà téléphoné et qu'il lui avait parlé avec une telle insistance et en de tels termes que cet appel ne pouvait signifier qu'une chose : une mission ecclésiale de grande importance m'attendait à Paris. Il lui semblait dans ces circonstances impossible que je m'y soustraie. Je devais y aller, du moins à titre d'essai.

Alexandre : Vous laissait-il donc partir définitivement pour Paris ?

Fr. Jean-Miguel : Pas le moins du monde. Avec ce sourire malicieux qui était le sien, il me dit qu'il connaissait bien le cardinal Lustiger et qu'il ne fallait pas se livrer entre ses mains de manière inconditionnelle. Il rédigea donc une convention par laquelle j'étais prêté au diocèse de Paris pour un an, tout en restant prêtre du diocèse de Lyon et membre de la fraternité monastique de Saint-Nizier. Mon prieur ajouta à cette convention une règle de vie personnelle que je devais suivre à Paris pendant cette année.

Philippe : Comment le cardinal Lustiger accueillit-il ces précautions ?

Fr. Jean-Miguel : Bien, semble-t-il, puisqu'il les signa sans récriminer. Il me convoqua aussitôt à Paris pour que je lui rédige une note au sujet des projets que le pape venait de communiquer aux cardinaux pour le Grand Jubilé de l'an 2000. Il me proposa pour l'année académique 1994-1995 d'être l'hôte des bénédictines du Sacré-Cœur de Montmartre. Ainsi je pourrais participer chaque jour aux offices et prendre mes repas en silence. Il me chargea d'enseigner la théologie au studium du séminaire de Paris, à l'École cathédrale, dirigée alors par le père Patrick Chauvet. Il me demanda aussi de réunir régulièrement les professeurs du studium, pour la plupart encore jeunes et commençants, afin de les aider à travailler en équipe. Enfin, il me nomma à l'église Saint-Louis-d'Antin pour que j'y confesse plusieurs après-midi par semaine et que j'y célèbre une des messes dominicales. En l'entendant m'exposer ce programme qui tenait compte des exigences monastiques posées par mon prieur, je ne pus m'empêcher de redouter une vie non seulement privée de communauté fraternelle, mais de plus écartelée entre trois pôles relativement éloignés dans Paris. Je me réjouis secrètement des précautions prises par le cardinal Decourtray, qui me permettraient, si nécessaire, de limiter à un an l'expérience parisienne.

Alexandre : Avez-vous déménagé aussitôt à Paris ?

Fr. Jean-Miguel : Non, je ne m'installai à Montmartre qu'à la fin du mois de septembre pour la rentrée universitaire. Souvenez-vous que j'avais accepté, à la demande du cardinal Decourtray, de prêcher, à la mi-septembre, la retraite d'une quinzaine d'évêques des régions Centre-Est et Provence-Méditerranée à l'abbaye de Sénanque. Ce fut pour moi fort émouvant et édifiant de prêcher une retraite à mes pères dans le sacerdoce. J'ai raconté dans quelles circonstances exceptionnelles cela se fit. Le cardinal Decourtray eut, deux jours avant le début de la retraite, une rupture d'anévrisme qui le plongea soudain dans le coma. La retraite se déroula entre sa mort et sa sépulture, alors que son corps était exposé aux fidèles, et se termina par notre départ à tous vers la primatiale Saint-Jean de Lyon où tous les évêques de France se rassemblèrent pour les funérailles de celui qui avait été le président de leur conférence épiscopale. Je quittai donc Lyon pour Paris en ayant perdu mon évêque, n'ayant plus comme garantie que sa signature sur la convention qu'il avait passée avec le cardinal Lustiger.

Philippe : Le cardinal Lustiger vous a-t-il dévoilé une fois à Paris les projets qu'il avait sur vous ?

Fr. Jean-Miguel : Je suis porté à le croire, bien que je ne puisse pas en être sûr, car il procéda d'une manière assez déroutante. Un jour d'octobre, alors que j'étais entré dans ma routine quotidienne entre la prière monastique à Montmartre, l'enseignement théologique à l'École cathédrale et le service sacerdotal à Saint-Louis-d'Antin, je reçus un coup de téléphone d'un de ses évêques auxiliaires. Il m'annonçait que le cardinal s'apprêtait à me nommer recteur d'un sanctuaire parisien. J'en fus stupéfait, car cela m'engageait dans le diocèse de Paris sur une durée qui dépassait de loin l'année accordée par le cardinal Decourtray et qui en conséquence me mettait de fait et durablement hors de ma vie religieuse. Je m'empressai de téléphoner au cardinal et de lui dire qu'il m'était impossible d'accepter. Il parut embarrassé, mais me répondit que de toute façon ma fraternité monastique était condamnée et que, songeant à l'avenir, il souhaitait que j'assume une place significative dans le diocèse de Paris. Je lui répondis qu'il n'était pas question pour moi de me désolidariser de mes frères de Lyon, surtout dans un moment communautaire aussi difficile. Comme le sanctuaire en question n'avait pas un presbytère capable de nous accueillir tous les trois, s'il voulait me garder à Paris il faudrait nous trouver une insertion communautaire à notre mesure dans une autre église parisienne. Dans le courant de l'année je lui fis quelques propositions concrètes, mais il apparut clairement qu'il ne croyait pas à la viabilité de notre fondation et qu'il n'était intéressé que par moi. De mon côté, je me sentais, non sans douleur, à la fois honoré en tant qu'individu et ignoré dans mon identité de religieux.

Alexandre : Avez-vous pu vous expliquer avec lui sur le fond ?

Fr. Jean-Miguel : Bien qu'au cours de cette année je l'aie rencontré régulièrement pour d'autres affaires, il ne m'a plus jamais parlé de mon avenir. En janvier, après être allé à Lyon faire le point avec mes frères, je lui adressai une lettre dans laquelle je lui exposai ma position : j'étais convaincu que Dieu ne me demandait pas de quitter l'état religieux et que, si d'aventure l'Église avait un jour besoin de moi dans sa hiérarchie, elle saurait venir me chercher dans cet état de vie auquel Il m'avait appelé. Si ma fraternité monastique de Lyon n'avait plus d'avenir, l'état religieux, lui, continuait d'exister dans l'Église et le Seigneur me montrerait comment je pourrais y trouver ma place. Il était donc impensable pour moi de passer dans le clergé diocésain de Paris pour me mettre dans une position qui me prédisposerait à une éventuelle responsabilité de l'Église. Cette lettre ne reçut pas de réponse, bien que nos relations soient restées par ailleurs aussi confiantes et cordiales qu'auparavant.

À la fin de l'année, je lui annonçai que j'allais repartir à Lyon comme cela était stipulé dans la convention qu'il avait signée avec le cardinal Decourtray. Il me fit venir à l'archevêché pour me dire au revoir avec beaucoup d'affection et, toutes les fois où nous nous sommes rencontrés par la suite, il a manifesté en me revoyant une émotion que je crois sincère et que, de mon côté, je partage. Je pense qu'il a estimé mon désintéressement et qu'il a respecté mon choix religieux mais qu'il m'a jugé, par cela même, trop indépendant et pas assez soucieux d'efficacité pour pouvoir collaborer avec lui.

Philippe : Comment se sont passés pour vous les mois de cette année académique parisienne ?

Fr. Jean-Miguel : Malgré l'intérêt du travail d'équipe à l'École cathédrale avec les jeunes professeurs du séminaire de Paris, malgré l'intensité spirituelle des heures de confession et des messes dominicales à Saint-Louis-d'Antin, malgré les offices si priants des bénédictines du Sacré-Cœur et leur accueil très attentionné dans leur havre de paix à Montmartre, j'avais l'impression d'être vidé par l'absence de communauté fraternelle et par cette vie parisienne où je perdais tant de temps à courir dans le métro entre mes trois lieux de vie et d'apostolat. Je n'ai jamais été à la fois si bousculé et si isolé : même avec un ami aussi intime qu'Alain Besançon, le lien était bien plus distendu et épisodique que lorsque nous nous téléphonions régulièrement entre Paris et la province. Je me sentais, comme toujours, étranger à ce Paris où la vie est si froide, si anonyme, et cela n'arrangeait pas mon humeur.

Je ne pouvais rentrer qu'une semaine par trimestre dans ma fraternité de Lyon. À Noël 1994, que je passai à Paris en raison de mon service sacerdotal à Saint-Louis-d'Antin, je touchai le fond de ma solitude et je fus, pour la première fois de ma vie, au bord de la dépression. Le silence du cardinal sur le sens de son appel et sur ses projets sur moi, l'impossibilité de trouver une implantation pour ma fraternité, tout cela me livrait à une situation existentielle pour moi absurde. Le cardinal me disait qu'à Montmartre j'avais mes « moyens de sanctification » auprès des sœurs, mais il ne semblait pas comprendre qu'un état de vie religieux ne consiste pas seulement en un certain nombre d'exercices spirituels trouvés à l'extérieur mais qu'il exige un ensemble de vie communautaire. Je repris vie en janvier, quand je me décidai à lui rappeler par lettre que, si les conditions de ma présence à Paris devaient demeurer inchangées, je devrais rentrer à Lyon à la fin de l'année académique, comme me le permettait la convention que le cardinal Decourtray avait si prudemment passée à mon sujet.

Alexandre : La capitale devait néanmoins vous offrir des occasions exceptionnelles de rencontres.

Fr. Jean-Miguel : Ma situation de prédicateur de Carême à Notre-Dame pendant les trois années précédentes et ma proximité avec le cardinal Lustiger, qui était connue dans les milieux catholiques, me mettaient, certes, sur le devant de la scène ecclésiastique. Au moment où, au début de l'année 1995, parut l'encyclique *Evangelium vitæ* j'eus droit à une pleine page d'interview dans *Le Figaro,* accompagnée d'une grande photo de moi. Je n'avais pas cherché cette projection médiatique de ma personne, mais le lendemain, au téléphone, je sentis le cardinal tendu et je compris, aux jalousies cléricales qui se manifestèrent aussitôt, que Paris, c'est toujours la Cour. Tout s'y produit pour être vu d'un pouvoir, et cela même me privait de l'espace de gratuité spirituelle dont j'ai un besoin vital pour rester moi-même. D'octobre à Noël, je m'étais enfoncé dans un tunnel qui me semblait sans issue ; de janvier à juin, je vécus en comptant les jours, le regard fixé sur l'issue retrouvée. À la fin de l'année académique, aussitôt après avoir fait passer les examens, je rentrai à Lyon retrouver ma fraternité pour ce que je savais devoir être la dernière année de son existence.

Philippe : Au moment où le cardinal Lustiger vous proposait de vous préparer à de hautes responsabilités d'Église à travers une insertion personnelle dans son diocèse, vous avez choisi de rejoindre à Lyon votre fraternité monastique que vous saviez condamnée. Quel sens avait pour vous ce choix de la précarité dans la vie religieuse ?

Fr. Jean-Miguel : La Providence semble avoir voulu faire de moi un homme qui doit marcher sans trop de bagages par des chemins resserrés. Ce côté précaire et parfois même nomade de ma vie n'était pas pour dérouter quelqu'un qui, comme moi, avait été appelé par Dieu à travers la figure du père de Foucauld. J'avais été beaucoup plus angoissé à Paris devant la perspective d'un profil de carrière ecclésiastique susceptible de me conduire à l'épiscopat. La perspective de collaborer de près avec le cardinal Lustiger m'attirait, certes, par toutes les convictions doctrinales et ecclésiales que je partageais avec lui, mais en le voyant agir dans son gouvernement je comprenais en même temps, comme il le comprenait sans doute de son côté, que je n'étais pas un collaborateur adéquat pour l'aider comme homme d'action. Quand j'en pris nettement conscience, je perçus la cohérence des desseins de la Providence sur moi.

À plusieurs moments de ma vie j'aurais pu passer sur le devant de la scène ecclésiale, comme ce fut le cas pour certains de mes frères, mais Dieu, avec une invariable détermination, ne l'a pas permis. Si, à cinquante ans, le père Le Guillou n'avait pas été appelé par Lui à porter la croix de l'Église à travers un parkinson étonnamment précoce, il aurait eu sans doute une trajectoire ecclésiale cardinalice et j'aurais été entraîné à sa suite, comme Christoph le fut dans le sillage de Joseph Ratzinger. Or, la maladie du père Le Guillou m'amena à quitter à vingt-huit ans ce Paris où le cardinal Lustiger s'efforçait maintenant de me faire revenir, pour mener une vie religieuse bien plus obscure dans des villes de province. Par la suite, d'autres occasions analogues se sont présentées, que la Providence a écartées à chaque fois de ma route par le jeu inattendu de causes secondes indépendantes de moi. Le Seigneur me veut caché et cela constitue une constante de la vocation que j'ai reçue de Lui.

Philippe : N'y eut-il néanmoins rien de positif dans cette année à Paris que vous qualifiez d'exceptionnelle ?

Fr. Jean-Miguel : Il se passa en effet quelque chose de tout à fait exceptionnel pour moi. Pour la première fois depuis que j'y étais passé petit enfant avec mes parents qui rentraient de Turquie, je retournai, à l'âge de cinquante ans, en Israël. J'ai raconté comment, à la suite de mon pèlerinage avorté à Patmos, lors de l'année que j'avais passée en Grèce à vingt-six ans, je m'étais promis, mû par une crainte sacrée, de ne jamais décider par moi-même de me rendre à Jérusalem. J'avais donc par la suite décliné les propositions qui m'étaient faites pour accompagner comme prêtre des groupes de pèlerins en Terre sainte.

Le jour de mon arrivée à Paris, j'étais convié à déjeuner par le cardinal Lustiger. Il me retint et, lorsque tous les autres convives furent partis, il me demanda si j'étais prêt à l'accompagner fin avril en Israël pour un colloque sur la Shoah auquel l'avait invité l'université de Tel-Aviv. Je le regardai avec un air si ébahi qu'il me dit que, si cela dérangeait mes plans, il ne me forcerait pas à y aller. Je souris et je lui racontai ma mésaventure de Patmos et la résolution qui s'en était suivie. Il prit cela très au sérieux et en fut visiblement impressionné. Il me fit alors le précepte de rester dix jours de plus en Israël pour visiter la Terre de la Promesse. Il m'expliqua qu'il devait amener avec lui quelques intellectuels chrétiens pour un colloque fermé sur la Shoah et le problème du mal avec quelques universitaires de l'université de Tel-Aviv, lequel se terminerait par une conférence publique qu'il donnerait la veille du jour commémoratif de la Shoah. La partie chrétienne comprenait le philosophe protestant Paul Ricœur, les pères Dujardin et Dupuy, l'un et l'autre chargés par la Conférence épiscopale française des relations avec les juifs, François et Renée Bédarida, historiens et anciens résistants lyonnais du groupe de Témoignage chrétien, et moi. Pendant les mois qui précédèrent le symposium nous nous retrouvions une fois par mois pour un dîner de travail autour du cardinal afin de préparer la rencontre de Tel-Aviv.

Vint enfin pour moi le grand jour où nous nous envolâmes tous pour Israël. Dans l'avion je me trouvai placé à côté de Paul Ricœur, qui me sembla délicieux et touchant, tant il paraissait perdu dans les côtés pratiques du voyage. Sa conversation intéressait l'étudiant passionné de phénoménologie que je fus, mais j'avoue avoir été plus captivé encore par les vues aériennes qui s'offraient à moi à travers le hublot : le littoral italien, la Sicile avec l'Etna, la Crète que j'avais parcourue vingt-cinq ans auparavant, Chypre, dont les côtes dentelées se découpaient sur l'eau outremer de la Méditerranée. Finalement, comme une promesse tenue, apparut à l'horizon la Terre d'Israël. De notre hauteur le regard pouvait l'embrasser tout entière d'un seul coup d'œil et je me dis en contemplant avec émotion ce pays grand comme à peine deux départements français : « C'est le berceau de Dieu parmi les hommes ! » Quand l'avion descendit pour atterrir, je découvris avec étonnement un paysage en tout point semblable à celui de certains coins d'Andalousie qui m'étaient familiers. J'avais l'impression d'arriver chez moi.

Alexandre : À Tel-Aviv, avez-vous été reçus officiellement ?

Fr. Jean-Miguel : Sans être un hôte officiel de l'État d'Israël, le cardinal était l'invité de l'université de Tel-Aviv, université laïque qui représente le laboratoire intellectuel du parti travailliste alors au pouvoir en la personne du Premier ministre, Yitzhak Rabin. C'est pourquoi, en sortant de l'avion à l'aéroport de Lod, nous fûmes conduits au salon d'honneur. À notre étonnement, nous fûmes accueillis à la porte de celui-ci par une nuée de journalistes et de cameramen de la télévision. Le correspondant de l'AFP s'avança vers le cardinal Lustiger et lui tendit une feuille de télex en lui disant sous l'œil des caméras : « Voici la dépêche avec la déclaration que le Grand Rabbin ashkénaze d'Israël vient de rendre publique à votre sujet. Il affirme que vous n'êtes pas le bienvenu en Terre d'Israël et surtout pas comme invité à un colloque sur la Shoah, car par votre conversion au christianisme vous avez fait plus de mal au peuple juif qu'Hitler n'en a fait avec la Shoah. » Le cardinal prit le télex et le lut en silence, filmé de près par la télévision israélienne. J'admirai sa maîtrise de soi, car son visage ne bougea pas. Il répondit simplement d'une voix paisible qu'il avait été invité par l'université de Tel-Aviv, qu'il était venu en ami et qu'il devait de plus célébrer le jour de la Shoah avec la partie israélienne de sa famille en commémorant ceux des leurs morts en déportation, dont sa propre mère, que cette déclaration de toute évidence n'était pas amicale et qu'en conséquence il ne pouvait pas y répondre. Cette scène passa presque aussitôt au journal télévisé de midi dans tous les foyers israéliens et retourna l'opinion publique en sa faveur, comme nous devions en avoir de multiples témoignages. En fait la charge, plus que le cardinal, visait l'université de Tel-Aviv et à travers elle le parti travailliste au pouvoir, accusés d'avoir invité et donné la parole officiellement à un renégat du judaïsme. On était à quelques mois de l'assassinat de Rabin, et l'on voyait une haute personnalité religieuse se livrer à un meurtre moral sur la personne du cardinal.

Philippe : Comment celui-ci encaissa-t-il le coup ?

Fr. Jean-Miguel : Malgré l'extraordinaire maîtrise de soi dont il avait fait preuve à l'aéroport de Lod, il en fut atrocement meurtri au point que, pendant tout son séjour en Israël, qui dura six jours, il ne dormit pas. Chaque matin il apparaissait avec une tête d'halluciné ; c'était à faire peur. L'injure d'une violence et d'une injustice inouïes qu'il avait subie de la part du Grand Rabbin Lau ravivait en lui la méfiance instinctive envers les rabbins qu'il avait héritée de son milieu familial laïc et bundiste. Mais, dès qu'il se retrouva au milieu des professeurs laïcs de l'université de Tel-Aviv, il se montra très à l'aise et donna le meilleur de lui-même dans ce colloque qui fut un grand succès.

Il s'agissait d'un symposium interne, mais le cardinal devait le clôturer, je l'ai dit, par une conférence publique. L'indignation provoquée par la déclaration du Grand Rabbin fut telle que le grand amphi de l'université ne put pas contenir la foule qui accourut et qu'il fallut en ouvrir un autre avec télétransmission de la conférence. Alors que celle-ci ne devait pas dépasser le cadre universitaire, elle se transforma en un événement officiel car le gouvernement y délégua une femme ministre connue comme une sorte de pasionaria pour son laïcisme et son franc-parler. Elle dit le mot d'accueil et déclara au cardinal qu'il était le bienvenu dans un État démocratique et respectueux des droits de l'homme et que, le peuple juif étant chez lui en Terre d'Israël, les juifs n'avaient plus à craindre que quelqu'un vînt l'influencer dans leur religion. La conférence du cardinal fut écoutée avec une attention impressionnante et dans un silence quasiment religieux. Il y réussit le tour de force, sans parler explicitement de Jésus et de la foi chrétienne, d'exprimer la vocation du juif qui est d'être, par la singularité de son Élection, serviteur de l'universalité des nations.

Alexandre : Comment se passa le symposium lui-même ?

Fr. Jean-Miguel : Les professeurs de Tel-Aviv furent fascinés tout au long des échanges par la possibilité de parler librement avec un homme religieux qui non seulement ne leur imposait pas, à la manière des rabbins, de pratiquer la religion comme préalable au dialogue, mais qui en plus était capable de comprendre leurs questions et de parler leur langage. C'étaient eux qui, au terme de chaque débat écouté attentivement mais en silence par le cardinal, lui demandaient avec insistance : « Et vous, qu'en pensez-vous ? »

Les juifs sécularisés sont beaucoup moins areligieux que nos laïcs français, surtout en Israël où la Bible tient lieu dans l'enseignement à la fois de littérature et d'histoire nationales. Dans les échanges sur la Shoah, ces professeurs de philosophie, de lettres et d'histoire se référaient surtout au sacrifice d'Isaac ou à la mort des enfants de Job. À propos de ces derniers, ils faisaient remarquer qu'après la Shoah Dieu avait certes fait ressusciter le peuple sur la Terre d'Israël, comme il avait donné à Job autant de fils et de filles qu'il en avait perdus, mais que ce n'étaient pas les mêmes et que pour des parents chaque enfant est unique et irremplaçable. Les échanges prirent un tour très confiant et personnel quand l'un d'eux évoqua la mort d'un de ses fils à l'armée et que Ricœur fit allusion de son côté au suicide du sien.

Quant à moi, je fis une communication intitulée « La conscience religieuse chrétienne face à la Shoah ». Sans nier que l'antijudaïsme de chrétienté ait pu fournir des armes à l'antisémitisme raciste et surtout qu'il ait assoupi la conscience morale de bien des chrétiens face à la Shoah, je mis en lumière le caractère spécifiquement idéologique et néo-païen de ce dernier.

Philippe : Le fait que le cardinal Lustiger soit un converti au christianisme leur posait-il question ?

Fr. Jean-Miguel : Ce qui leur posait question surtout, c'étaient les conditions de cette conversion. Ils n'osèrent nous interroger là-dessus que le dernier jour, le jour commémoratif de la Shoah, où le cardinal était déjà parti rejoindre sa famille israélienne. Celui qui était le plus intrigué était l'historien Saul Friedlander, auteur d'un livre assez sévère pour l'Église, intitulé *Pie XII et le Troisième Reich*, dont il nous dit d'ailleurs qu'il ne l'écrirait plus de la même manière avec les nouvelles informations dont il disposait désormais.

Saul Friedlander avait connu dans son enfance une histoire dramatique qu'il croyait semblable à celle de la conversion de Jean-Marie Lustiger. Ses parents étaient de grands bourgeois juifs de Prague. Lors de l'annexion hitlérienne de 1939, ils avaient fui en France, où l'invasion allemande les avait rattrapés en mai 1940. Ils avaient décidé de passer en Suisse, mais, apprenant que les Suisses refoulaient beaucoup de juifs à la frontière, ils avaient laissé leur tout petit Saul à la garde d'amis français et catholiques en leur demandant explicitement, s'ils venaient à mourir en déportation, de l'élever chrétiennement comme un de leurs enfants. Ils furent effectivement refoulés à la frontière et périrent dans les camps d'extermination nazis. Le plus dur, pour Saul Friedlander, ce fut d'apprendre plus tard que les Suisses n'avaient pas refoulé les juifs qui arrivaient avec des enfants et que sa présence aurait donc sauvé ses parents. Après la guerre, il fut éduqué comme un chrétien, passa par un petit séminaire et, croyant avoir une vocation sacerdotale, il s'apprêtait à entrer au grand séminaire. Il rencontra par hasard un père jésuite qui lui conseilla de reprendre d'abord contact avec sa famille juive. Il se rendit en Israël, retrouva ses racines et y resta. Il devint un professeur d'histoire renommé. Il a raconté cela dans un livre autobiographique intitulé *Quand vient le souvenir.* Il nous dit très sincèrement qu'étant devenu en Israël un juif agnostique, ses seuls souvenirs d'expérience religieuse étaient ceux de son enfance pieuse de petit chrétien en France, qui disait le Notre Père et chantait le *Salve Regina.*

Saul Friedlander fut très intéressé quand nous expliquâmes, à lui et à ses collègues, que l'histoire de la conversion de Jean-Marie Lustiger était toute différente. À quatorze ans, enfant très précoce, il avait lu une Bible chrétienne que ses parents avaient chez eux comme livre de culture. Il avait cru et, confirmé par un appel spirituel reçu à Orléans à Pâques 1940, il avait demandé le baptême. Il avait fait le pas de la foi à un moment où l'armée allemande n'avait pas encore envahi la France et où personne n'imaginait que l'armée française s'effondrerait un mois après. Ce fut donc la décision libre d'un enfant éduqué à l'école laïque, et qui n'avait rien à voir non plus avec une tentative d'échapper à la déportation. Nous pûmes faire ces mises au point au cours d'un dernier repas qui nous fut offert à Jérusalem et nos interlocuteurs israéliens en furent très frappés.

Chapitre XXI

À la rencontre de l'espérance d'Israël

Philippe : Votre premier voyage en Israël avait été précédé, au long de votre vie, de rencontres avec des juifs ?

Fr. Jean-Miguel : Oui, et je les ai notées au passage en faisant mémoire de mon itinéraire. La première rencontre fut celle qui me mit en présence de juifs séfarades dans un magasin de Salonique en 1970. Elle constitue pour moi un événement fondateur. En effet, auparavant, les juifs ne représentaient rien de bien précis dans mon esprit. Ils avaient été expulsés d'Espagne depuis des siècles et avaient donc disparu de notre horizon national. Certes, nous autres Espagnols sommes convaincus d'avoir tous quelque lointaine ascendance juive, maure aussi d'ailleurs. Dans ma famille paternelle, j'ai souvent entendu dire que nous avions une origine juive. Mais cela reste un mythe familial que nous ne prenons pas très au sérieux, même depuis qu'un de mes cousins a fait établir un arbre généalogique selon lequel nous descendrions bien d'un Garrigues Ben Israël qui vécut à Valence au XVe siècle. Du côté de ma mère, c'est au XIXe siècle qu'une de ses arrière-grand-mères, issue d'une famille revenue de Hollande et sans doute d'origine marrane, a épousé un de mes ancêtres. Toutefois, il y a tant de familles espagnoles qui ont des *conversos* et des marranes parmi leurs ascendants, que pour moi cela ne pouvait rien représenter de bien marquant.

J'avais aussi entendu mon père parler des initiatives courageuses prises en faveur de juifs séfarades par des diplomates espagnols pendant la Seconde Guerre mondiale. Sans que Madrid les désavouât, ils arrachèrent à la mort des Séfarades protégés par le passeport espagnol en Grèce, à Budapest et même à Auschwitz, d'où l'ambassade à Berlin réussit à en faire sortir un train entier pour les amener en Espagne. Sur le même terrain politique, au moment où Eichmann fut enlevé en Argentine pour être jugé en Israël, j'avais seize ans, et j'en parlai longuement avec deux camarades de classe juifs dont le père était notre professeur d'anglais au Lycée français de Madrid. Mais les juifs pour moi étaient ailleurs, hors de mon horizon familier.

Inversement, à Salonique, c'étaient bien des juifs d'Espagne que je rencontrai : non seulement ils avaient conservé le passeport espagnol qui leur avait permis de fuir en Argentine en 1941, mais, comme je l'ai dit, ils gardaient de génération en génération depuis 1492 la clé de leur maison de Tolède, même si, bien sûr, celle-ci n'existait plus ; ils parlaient le judéo-espagnol que je comprenais sans grande difficulté ; ils mangeaient des plats venus de notre cuisine, ils chantaient des chants qui appartenaient au même patrimoine musical que le chant populaire espagnol… Je viens de perdre ma mère, il y a à peine plus d'un mois. Une seule musique en ce moment me console : les chants du shabbat séfarade. Leur rythmique et leur mélodie sont incontestablement hispaniques, ce qui les rend très différents des chants du shabbat ashkénaze. Mais ils ont ceci de propre à toute la musique juive et qui vient directement de l'expérience religieuse d'Israël : ils sont inséparablement nostalgiques en raison de l'exil et joyeux de l'espérance du Peuple de la Promesse. À un moment où la musique triste me déprime et où la musique joyeuse me révolte, celle-là est la seule que je puisse entendre car elle adoucit ma souffrance.

Alexandre : Qu'est-ce qui a été premier pour vous dans cet événement fondateur de Salonique ?

Fr. Jean-Miguel : Ce qui m'a frappé d'abord chez les juifs, c'est l'amour qu'ils ont pour leur nation et que cette famille de Salonique manifestait toujours pour l'Espagne près de cinq cents ans après l'expulsion. Je devais le constater d'une manière encore plus étonnante quand je visitai en 1995 avec le cardinal Lustiger le Mémorial de la Shoah à Yad Vashem, près de Jérusalem, lors de notre voyage en Israël. Le directeur qui accueillit le cardinal en tant que fils d'une victime de la Shoah était un juif allemand. Comme le cardinal lui demandait si la visite du Mémorial jouait bien son rôle pédagogique pour les Européens qui le visitaient, il nous répondit que oui. Puis, très ému, il fit un développement enthousiaste sur les dizaines de jeunes Allemands qui, chaque année, s'offraient volontairement pour venir travailler à l'entretien du Mémorial. Il reconnaissait qu'avec les générations allemandes qui avaient connu le nazisme c'était plus difficile, mais il semblait tellement heureux de pouvoir nous dire que les jeunes générations rachetaient la faute de leurs pères ! J'avais déjà remarqué l'amour des juifs allemands et autrichiens pour la culture germanique en voyant *Le voyage des damnés,* ce film si bouleversant qui raconte l'odyssée de plus de neuf cents juifs allemands fuyant le nazisme sur le paquebot allemand *Saint-Louis* en mai et juin 1939, qui furent refusés par presque toutes les nations démocratiques d'alors. J'eus l'occasion de parler de cet attachement des juifs à leur nation avec une Petite Sœur de Jésus de nationalité polonaise qui avait fait des remarques analogues. Elle faisait des ménages chez des juifs polonais : ceux-ci lui exprimaient d'abord toute l'amertume qu'ils avaient sur le cœur contre les Polonais puis, une fois qu'ils avaient vu à qui ils avaient affaire, ils lui disaient avec une immense émotion tout ce qui les attachait encore à la Pologne et à des Polonais.

Au plus profond d'eux-mêmes, les juifs de la diaspora se savent les prêtres de leur nation, car leur double appartenance, à la nation et au Peuple de Dieu, ne se situe pas sur le même plan. C'est même vrai en Israël, où les langues et les cultures restent vivaces au sein même d'un patriotisme envers un État plus « ecclésial » que national, vu le caractère religieux et multiethnique du peuple juif. Là-bas, si vous parlez français à plusieurs dans la rue, vous êtes sûrs de voir accourir tôt ou tard un juif de France ou d'Afrique du Nord qui vous a entendus et qui est heureux de retrouver des Français. J'ai vite compris combien faux et injuste était le soupçon de certains Européens, de gauche comme de droite d'ailleurs, qui mettent en doute le patriotisme des juifs en raison de leur « double appartenance ». J'ai même entendu dire parfois non sans ironie au sein de l'Église catholique, à propos d'un juif qui avait demandé le baptême : « Cela fait un catholique de plus mais cela ne fera pas pour autant un juif de moins. » Mais heureusement qu'il en est ainsi !

Tout cela montre à quel point ma rencontre avec les juifs n'a pas été d'abord d'ordre intellectuel mais inséparablement spirituelle et charnelle, en tout cas existentielle. Je n'avais pas été particulièrement formé par ma spécialisation en patristique grecque pour m'occuper des relations avec les juifs. Or c'est en allant à Salonique préparer ma thèse de doctorat en théologie sur saint Maxime le Confesseur que, sans que je le cherche et de manière fortuite, ceux-ci sont entrés dans ma vie. Il devait en être toujours ainsi par la suite.

Philippe : Après cet événement fondateur, y eut-il d'autres rencontres marquantes avec des juifs dans votre vie ?

Fr. Jean-Miguel : Avant même la rencontre à Salonique, il y avait eu quelques préparations importantes. La plus marquante fut mon amitié spirituelle et intellectuelle pour les Maritain, depuis la lecture, l'été avant mon entrée au noviciat, du livre de Raïssa *Les grandes amitiés*, où elle évoque sa famille juive, jusqu'à ma rencontre, l'année avant sa mort à Toulouse, avec « le vieux Jacques » dont le livre intitulé *Le mystère d'Israël* reste à mes yeux comme un phare qui éclaire encore autrement les relations judéo-chrétiennes.

À mon retour de Salonique, au Centre d'études œcuméniques Istina où j'ai travaillé à Paris pendant plusieurs années, le père Bernard Dupuy faisait une grande œuvre de défrichage dans les relations judéo-chrétiennes et publiait dans la revue *Istina* des articles et des documents fort instructifs pour moi. Sur un plan spirituel, les liens que j'avais noués, comme je l'ai raconté, avec la communauté charismatique du Lion de Juda (aujourd'hui Béatitudes), qui est très proche de la tradition juive, contribuèrent à m'ouvrir au mystère d'Israël au milieu des années 1970. J'ai déjà parlé longuement de ce que représenta pour moi le cardinal Lustiger comme « juif accompli » dans le Messie Jésus, selon son expression, controversée par les rabbins. Enfin, parmi les amis d'Alain Besançon, autour de la revue *Commentaire*, je rencontrais plus ou moins personnellement des juifs séculiers dans le sillage de Raymond Aron et je pus constater leur patriotisme français, leur sympathie exigeante envers les chrétiens et leur probité intellectuelle, qui allait parfois jusqu'à les amener à déplorer ce que l'un d'eux, parlant de lui-même, appelait sa « surdité métaphysique ». Je pense entre autres à des intellectuels aussi différents qu'Annie Kriegel, Lucien Israël, Michel Heller ou, parmi les journalistes, Alain Finkielkraut et Alain-Gérard Slama.

L'amitié de Germaine Ribière, une héroïne de la Résistance catholique, déclarée « juste des nations » pour avoir sauvé de nombreux enfants juifs et avec laquelle je fus lié dans les dernières années de sa vie, me mit aussi en contact avec des membres de la communauté juive française où elle était très respectée. Vers la fin des années 1990, elle me demanda de présenter avec Gérard Israël, au Centre juif de documentation, son livre, *L'affaire Finaly*, où elle raconte cette dernière crise de l'esprit inquisitorial dans la France des années 1950, crise qu'elle avait contribué à résoudre avec le grand rabbin Kaplan par sa sagacité et par son audacieux sang-froid. La dernière fois que je la vis, c'était à l'Institut : j'étais assis à côté d'elle le jour, justement, où Alain Besançon fit l'éloge du grand rabbin Kaplan, son prédécesseur à l'Académie des sciences morales et politiques, devant une salle remplie des membres les plus éminents de la communauté juive.

Philippe : En 1986, est publié sous votre direction un livre collectif que vous intitulez *L'unique Israël de Dieu*. Qu'est-ce qui est à l'origine de cet ouvrage et comment avez-vous connu ceux qui y ont collaboré ?

Fr. Jean-Miguel : J'ai raconté que, pendant l'année sabbatique que je pris en 1979-1980, je lus toute la Bible, de la Genèse à l'Apocalypse, en ayant comme fil conducteur le dessein de Dieu sur ce Peuple sacerdotal qu'il a tiré de la descendance spirituelle d'Abraham. J'avais donc accumulé idées et notes sur le sujet. À la fin des années 1970, je fis la connaissance, dans les groupes de prière du Renouveau charismatique, de Marie-Thérèse Huguet, une ancienne disciple de Madeleine Delbrêl, devenue vierge consacrée du diocèse de Paris, qui allait bientôt rassembler dans un groupe appelé « Marie Fille de Sion » des catholiques, venus du judaïsme et de la gentilité, qui voulaient prier pour les juifs et étudier ensemble le mystère d'Israël dans la Bible. Ils me demandèrent de les guider dans leur formation théologique et, chaque année, pendant le pont de l'Ascension, ils venaient à Lyon où je leur donnais une session biblique (ces rencontres devaient d'ailleurs se poursuivre jusqu'à l'an 2000 environ). Ces enseignements fournirent la matière de la partie du livre que j'ai moi-même écrite. Marie-Thérèse Huguet rédigea de son côté un chapitre.

L'autre coauteur principal de ce livre fut Fadiey Lovsky, un professeur d'histoire, protestant d'origine polonaise, membre de cette « Union de prières de Charmes » fondée par le chrétien exceptionnel que fut le pasteur Louis Dallière et qui rassemble depuis des décennies une élite spirituelle du protestantisme français. Il s'était déjà acquis une réelle notoriété par deux livres courageux sur l'antijudaïsme, *Antisémitisme et mystère d'Israël* et *L'antisémitisme chrétien*, et surtout par un livre prophétique intitulé *La déchirure de l'absence*. Je rencontrai cet homme de grande foi et de vraie modestie au rassemblement charismatique et œcuménique de « La Porte ouverte » à Chalon-sur-Saône l'été 1980, où nous donnâmes ensemble l'enseignement biblique sur l'Église et Israël. Je devais le retrouver assez vite en des circonstances plus significatives.

Alexandre : Lesquelles ?

Fr. Jean-Miguel : À la Pentecôte 1982 fut convoqué à Strasbourg un rassemblement charismatique européen qui réunit environ cinquante mille personnes. Je m'y rendis, et je retrouvai Fadiey Lovsky pour donner les enseignements du carrefour sur l'Église et Israël, qui fut suivi par un millier de personnes. Au cours du rassemblement, les catholiques se réunissaient chaque jour pour l'eucharistie et les protestants pour la sainte cène. Lors de notre dernière messe, après la première lecture, monta spontanément sur le podium un homme d'une trentaine d'années qui psalmodia un psaume en hébreu sur une mélodie très prenante. Avant de redescendre dans l'assemblée, il nous dit qu'il était un juif messianique et qu'il reconnaissait le Corps du Christ dans l'eucharistie et dans l'assemblée que nous constituions. Le soir, chez les amis luthériens qui nous accueillaient l'un et l'autre, je racontai cet événement étonnant à Fadiey Lovsky. Celui-ci me dit avec un fin sourire et sans aucune amertume : « Vous remarquerez que c'est à votre eucharistie qu'il s'est rendu. » Nous priâmes ensemble le Seigneur de rencontrer ce juif messianique. Mais nous n'avions pas de grandes chances, car le lendemain matin c'était le rassemblement d'envoi au grand stade de la Meinau, suivi du départ.

Nous arrivâmes au stade juste à l'heure, et nous montâmes par les premiers escaliers qui se présentaient devant nous. En débouchant sur les gradins, nous vîmes à côté de nous quelques places encore libres, mais elles étaient réservées par un groupe de Lyon et on ne voulait pas nous les laisser, jusqu'à ce que mon juif messianique, qui était assis à côté avec son frère, intercède pour nous en disant avec un sourire : « Elles sont pour Lyon, mais vous en laisserez bien deux pour Israël. » Les deux frères nous avaient reconnus, Fadiey Lovsky et moi, car ils étaient venus à notre carrefour sur l'Église et Israël. C'est ainsi que nous participâmes à l'assemblée de prière conclusive à côté de Ruben Berger et de son frère aîné Benjamin, qui sont l'un et l'autre consacrés au Seigneur dans le célibat au sein d'une petite fraternité qu'ils ont fondée à Aïn Karem, près de Jérusalem. Ce devait être le début d'une profonde amitié spirituelle qui dure toujours et qui m'a permis de rencontrer régulièrement d'autres leaders des juifs messianiques.

Ces journées mémorables à Strasbourg nous rapprochèrent beaucoup, Fadiey Lovsky et moi. C'est donc avec lui et avec Marie-Thérèse Huguet que devait prendre corps le projet d'un livre collectif intitulé *L'unique Israël de Dieu*. Mon ami Alain Besançon nous donna un chapitre sur l'histoire moderne du peuple juif et un père jésuite de Beyrouth, Jean Aucagne, un autre sur l'islam par rapport à l'unicité du Peuple de Dieu.

Philippe : Comment fut rédigé ce livre ?

Fr. Jean-Miguel : Je dus rédiger ma partie, qui représente plus de la moitié du livre, en une dizaine de jours pendant l'été 1985, à cause des autres charges qui pesaient sur moi en ces premières années de notre présence dans la paroisse de Saint-Nizier à Lyon. Cela exigea de moi un tel effort de concentration que pour la première fois de ma vie je me trouvai affligé d'un surmenage grave, au point de perdre presque totalement le sommeil et de devoir partir me reposer quinze jours en octobre. Les autres auteurs me communiquèrent leurs textes pendant l'année 1985-1986 et, ayant tout rassemblé, je pus rédiger l'avant-propos, lequel est daté du dimanche 13 avril, le jour où le pape Jean-Paul II fit sa visite mémorable à la synagogue de Rome.

Alexandre : Comment un tel livre fut-il reçu ?

Fr. Jean-Miguel : Au milieu de ce qu'Alain Besançon appela un « silence assourdissant ». Malgré le texte du concile, les catholiques étaient peu préparés encore à découvrir à quel point le mystère d'Israël est intrinsèque à leur propre religion. Il a fallu les paroles et les actes prophétiques de Jean-Paul II dans ce domaine pour que la conscience catholique s'éveille progressivement à cette dimension de sa foi. La visite à la synagogue de Rome fut le geste qui inaugura cette pédagogie papale. Notre livre arrivait trop tôt et n'attira l'attention que d'une poignée de chrétiens déjà sensibilisés. Néanmoins, il fut lu avec grande attention par le cardinal Lustiger. Quelque temps après, mon oncle Antonio, qui faisait éditer une traduction espagnole du *Choix de Dieu*, pour lequel il devait écrire la préface, demanda au cardinal de lui recommander un bon ouvrage sur la théologie catholique du mystère d'Israël. Celui-ci se leva et alla lui chercher dans sa bibliothèque un exemplaire de mon livre, que mon oncle ne connaissait pas. Ce livre fut sans doute à l'origine de la décision du cardinal de me confier plus tard les conférences de Carême à Notre-Dame.

Philippe : Avec le recul, ce livre n'apparaît-il pas comme anticipant tout l'enseignement de Jean-Paul II sur les juifs ?

Fr. Jean-Miguel : Sans doute. En donnant au chrétien une doctrine théologique sur l'identité de grâce du peuple juif dans le dessein de Dieu, il préparait les chrétiens à un acte de repentance vis-à-vis du peuple juif, qu'il appelait de ses vœux. Mais il n'abordait pas de front le dossier historique de la persécution des juifs en chrétienté. Cela, je l'ai fait plus tard au cours d'une des conférences de mon premier Carême à Notre-Dame, dont j'ai déjà parlé. En fait le premier à avoir appelé l'Église catholique à une demande de pardon adressée aux juifs fut le cardinal Roger Etchegaray, alors encore archevêque de Marseille, dans son intervention prophétique à l'assemblée du synode des évêques sur la Réconciliation et la Pénitence qui se tint à Rome en 1983. Ce n'est sans doute pas un hasard si le cardinal Etchegaray devait se voir confier la préparation du Grand Jubilé de l'an 2000, au cours duquel le pape prononça les actes de repentance de l'Église pour les péchés historiques de ses enfants, puis porta celui qui concerne le peuple juif au Mur de Jérusalem. Pas un hasard non plus si moi-même, à mon modeste niveau, je fus chargé par le père Georges Cottier, dominicain suisse devenu théologien de la Maison pontificale et présidant la commission qui devait étudier ces actes de pénitence, des conférences théologiques finales des deux symposiums, sur l'antijudaïsme en chrétienté et sur l'Inquisition, qui se tinrent au Vatican en 1997 et 1998 et dont les actes ont été publiés respectivement par la Librairie éditrice vaticane et par la Bibliothèque apostolique vaticane.

Alexandre : Comment avez-vous connu le père Cottier ?

Fr. Jean-Miguel : Je le connaissais depuis mes jeunes années d'études au Saulchoir, où il était venu nous enseigner la doctrine sociale de l'Église. Je le retrouvai à Rome à la fin de l'été 1990, au moment de la rédaction du *Catéchisme de l'Église catholique*. À la demande du cardinal Lustiger, nous eûmes une petite rencontre d'experts pour étudier le sens et la possibilité pour l'Église de donner un évêque aux paroisses catholiques hébraïques en Israël. Ce n'est que bien des années après que le pape les confierait à Mgr Jean-Baptiste Gourion, prieur du monastère olivétain d'Abou Gosh en Israël, dont il ferait un des évêques auxiliaires du patriarche latin de Jérusalem. Mais notre modeste rencontre dans un couvent sur la voie Appienne avait sans doute préparé de loin cet heureux événement. Le lien avec le père Cottier, lui-même disciple de Maritain et surtout du cardinal Journet dont il prit la suite à la tête de la revue théologique *Nova et vetera*, ne fit que se renforcer par la suite au cours des ans à travers mes contributions à sa revue et ma collaboration avec lui aux symposiums sur l'antijudaïsme et sur l'Inquisition. Peu de temps avant sa mort, le pape Jean-Paul II l'a élevé au cardinalat. Mais cet homme, qui est la modestie même, reste pour ses amis « le père Cottier », comme son maître le cardinal Journet était resté pour les siens « l'abbé Journet ».

Philippe : Vous avez parlé des juifs messianiques à l'occasion de votre rencontre de Strasbourg. Qui sont les juifs messianiques ?

Fr. Jean-Miguel : Le courant juif messianique se développe depuis plus de trente ans, surtout aux États-Unis, en Israël et dans certains pays de l'ancienne Union soviétique. Les juifs messianiques croient en Jésus, non seulement comme Messie d'Israël, mais comme Fils de Dieu et Sauveur de tous les hommes. Ils reçoivent comme révélée la Bible avec le Nouveau Testament inclus et ils se baptisent les uns les autres « au Nom du Père et du Fils et du Saint-Esprit » (Mt 28, 19). Leur foi n'est donc pas substantiellement différente de celle des chrétiens, dont ils se considèrent les frères dans le Corps du Messie. Ils ne se déclarent néanmoins pas chrétiens mais juifs messianiques pour marquer qu'ils vivent leur foi messianique en Jésus du sein de leur appartenance au peuple juif, et pour ne pas assumer l'antijudaïsme historique de la chrétienté. Pour ces mêmes raisons, ils font preuve de loyalisme vis-à-vis de l'État d'Israël et ils observent, au moins en partie, les prescriptions de la Loi mosaïque. Cela fait qu'après avoir été rejetés par les rabbins, ils trouvent progressivement leur place au sein du peuple juif, non seulement dans l'État d'Israël mais aussi, même si c'est plus difficilement, par rapport au judaïsme synagogal.

Alexandre : Leur présence dans le peuple juif peut-elle être identifiable autrement que par eux-mêmes ?

Fr. Jean-Miguel : Oui, aux États-Unis ils se regroupent en deux fédérations de communautés et leur existence est parfaitement repérable par tous. En Israël, où leur présence s'entoure de plus de précautions, ils ont aussi des communautés assez nombreuses et je me souviens d'avoir assisté à un de leurs offices de shabbat dans la cathédrale anglicane de Christ Church à Jérusalem, qui leur est prêtée. L'église était comble et on y voyait beaucoup de familles avec des enfants. L'arrivée en Israël des juifs de l'ex-URSS leur a amené certainement un nombre considérable de fidèles. Mais je suis persuadé que ce qui se voit du courant messianique dans le peuple juif n'est que la partie émergée d'un iceberg dont la plus grande part demeure cachée. À côté des juifs messianiques de type « paulinien », qui ont pris beaucoup de libertés avec les prescriptions mosaïques, et de ceux qui rééditent le judéo-christianisme observant de saint Jacques le Mineur, il y a certainement un grand nombre de juifs messianiques à la Nicodème, qui vivent leur foi en Jésus dans la synagogue sans se faire remarquer.

J'ai rencontré moi-même un de ces messianiques discrets lors de mon premier voyage en Israël en la personne d'un jeune universitaire. Il me fit lire un article de lui sur le corps dans la tradition juive, qui se terminait par un exposé sur le Corps du Christ ressuscité chez saint Paul, à la fois dans sa dimension eucharistique et mystique. Ce texte montrait non seulement une parfaite connaissance de la doctrine paulinienne mais laissait pressentir à un lecteur attentif une profonde assimilation personnelle. En effet, je le retrouvai à une messe que le cardinal Lustiger célébra à la paroisse catholique-hébraïque de Jérusalem. Comme je feignais de m'étonner de sa présence, il me dit qu'il ne pouvait pas nous quitter, Lustiger et moi, après nous avoir entendus à l'université au cours d'échanges académiques, sans prier avec nous. Je sus plus tard qu'il fréquentait aussi régulièrement que discrètement un monastère de contemplatives en Israël, où il trouvait le recueillement et le silence qui lui manquaient, disait-il, dans les offices de sa synagogue. Ces religieuses étaient des adoratrices et, quand il arrivait dans leur chapelle et que le tabernacle n'était pas ouvert, il demandait qu'on lui ouvrît « l'arche sainte », comme il l'appelait en utilisant le terme qui désigne l'armoire sacrée dans laquelle on garde dans les synagogues le rouleau de la Thora porteur de la divine Présence. Je compris alors tout ce que comportait son article sur le Corps du Christ.

J'ai eu de nombreux témoignages qui montrent qu'il ne s'agit pas du tout d'un cas isolé en Israël. Un prêtre ami voyageait dans un car entre deux villes israéliennes quand, à un arrêt, des juifs religieux barbus et habillés en noir montèrent et s'assirent près de lui. Celui qui était à ses côtés lui demanda s'il était bien un prêtre catholique. À sa réponse positive il lui dit que lui et ses compagnons étaient ses frères dans la foi. Comme le prêtre s'étonnait, il lui raconta qu'ils faisaient partie d'une communauté de juifs orthodoxes et que lui était leur rabbin : ils menaient tous la vie juive observante mais certains croyaient en Jésus. Ils s'arrangeaient pour partir de temps en temps en un lieu désert pour prier de manière messianique et pour baptiser les nouveaux croyants. Il ajouta qu'il connaissait d'autres rabbins qui croyaient en Jésus, mais qui estimaient que le temps n'était pas encore venu de se manifester. Cette affirmation semble confirmée par le témoignage que j'ai reçu dans un autre monastère de contemplatives en Israël. Elles avaient organisé une journée portes ouvertes pour accueillir la visite amicale d'un village de juifs orthodoxes situé tout près de chez elles. Comme la visite se terminait, plusieurs femmes s'approchèrent de différentes sœurs et leur révélèrent que leurs visiteurs étaient leurs frères et sœurs dans la foi en Jésus.

L'illumination des juifs est une œuvre divine. Pendant des siècles, les chrétiens ont essayé de convertir les juifs par le prosélytisme ou la contrainte sans obtenir autre chose de leur part qu'un endurcissement envers Jésus. Depuis que l'Église a commencé à remettre en lumière, avec Vatican II, le mystère d'Israël, surtout depuis que Jean-Paul II a porté son acte de repentance au Mur de Jérusalem, de plus en plus de juifs s'intéressent à Jésus, lisent le Nouveau Testament et certains, sans doute nombreux, en viennent à croire en lui, qu'ils le manifestent publiquement ou non.

Philippe : Comment les juifs messianiques se situent-ils par rapport à l'Église ?

Fr. Jean-Miguel : Les juifs messianiques se considèrent avant tout comme étant la partie du peuple juif qui croit en Jésus. En effet ils voient leur adhésion de foi à Jésus comme constituant le commencement de l'« adjonction » (Rm 11, 15) finale de « tout Israël » (Rm 11, 26) à son Messie prophétisée par saint Paul. En conséquence, ils veulent garder avec le peuple juif la communauté d'identité dans son « Élection » (Rm 11, 28) divine, qui est « sans repentance » (Rm 11, 29). Cette communion, qui prend diverses modalités selon leurs communautés, passe par la médiation de la Loi de Moïse et de la Terre de la Promesse selon la forme originale (cf. Jc 2, 12 ; Mt 5, 17-19) que celles-ci acquièrent pour le juif dans l'Alliance Nouvelle en Jésus : l'héritage de la Terre est promis aux « doux » (Mt 5, 4) et la Loi est vécue comme une « Loi de liberté » (Jc 2, 12) sous un « joug facile et un fardeau léger » (Mt 11, 30). Cette communion passe aussi par la tradition de la liturgie et des préceptes israélites, reçue à la lumière de l'interprétation de Jésus, qui demande qu'on n'accomplisse pas les observances « après avoir négligé les points les plus graves de la Loi, la justice, la miséricorde et la bonne foi » et qui conclut : « c'est ceci qu'il fallait pratiquer sans négliger cela [les observances] » (Mt 23, 23). En effet Jésus est reconnu par eux inséparablement comme l'accomplissement parfait de la Loi et comme l'unique médiateur dans la rémission des péchés.

Alexandre : Quelle est l'attitude des juifs messianiques à l'égard de l'Église catholique ? Quels pourraient être les chemins conduisant à une communion plus étroite avec eux ?

Fr. Jean-Miguel : Ce courant a été soutenu dans ses commencements par des chrétiens protestants anglo-saxons. Même s'il en reste toujours proche, il garde surtout de lui la rectitude morale, la ferveur spirituelle et l'élan missionnaire habituels dans le courant évangélique. Ainsi, certains des leaders messianiques n'hésitent plus à considérer avec une attention spirituelle bienveillante les éléments de la Tradition catholique qui font habituellement problème aux protestants : sacrements, succession apostolique, communion des saints et rôle de la Vierge Marie. Ils semblent aussi avoir une conscience croissante de l'unité et de la structure apostolique de l'Église comme Corps du Christ visible en ce monde.

Certes, ils demandent à être reconnus par l'Église catholique comme appelés à constituer l'Église de la Circoncision pour y vivre en juifs leur foi en Jésus ; mais c'est à la manière dont le pape Jean-Paul II disait que l'Église doit apprendre à « respirer de ses deux poumons (les deux traditions de l'Orient et de l'Occident) ». Ils reconnaissent en effet que l'Église du Christ *provient* et de la Circoncision (*Ecclesia* ***ex*** *Circumcisione* et non ***de*** *Circumcisione*) et de la Gentilité (*Ecclesia* ***ex*** *Gentibus* et non ***de*** *Gentibus*), comme l'expriment les deux figures ecclésiales *identiques* représentées encore sur les mosaïques du Ve siècle de Sainte-Sabine à Rome, mais qu'elle constitue substantiellement « un seul troupeau [sous] un seul pasteur » (Jn 10, 16), ou « un seul Corps » (1 Co 10, 16-17 ; 12, 13 ; Rm 12, 5), et non deux.

Au terme d'un processus de croissance vers la pleine communion ecclésiale, les messianiques pourraient constituer une Église de rite judéo-chrétien, dont les membres seraient canoniquement tenus par leur tradition propre à signifier l'accomplissement en Jésus de la Promesse messianique en vivant comme juifs leur foi au Christ Jésus au milieu du peuple d'Israël. Cette Église signifierait à la fois l'immanence réciproque du peuple d'Israël et de l'Église du Christ dans la même Promesse et le même dessein divin, tout en préfigurant leur unité finale comme Épouse eschatologique.

Philippe : Mais donner une telle possibilité aux juifs dans l'Église, n'est-ce pas être infidèle à la liberté que saint Paul nous a enseignée par rapport aux observances légales de Moïse ?

Fr. Jean-Miguel : La voie paulinienne a été depuis de longs siècles et est toujours celle suivie par les juifs qui entrent dans l'Église depuis la disparition des primitives Églises judéo-chrétiennes. Nous, chrétiens venus de la gentilité, nous croyons depuis deux mille ans au Christ Jésus par cette voie d'accès paulinienne, au point que nous n'imaginons pas qu'il puisse y en avoir une autre pour les juifs. Nous oublions ainsi que ce que saint Paul a écrit visait à justifier le statut dans l'Église des chrétiens venus de la gentilité, dont les judaïsants voulaient faire des juifs, ainsi que les libertés que les apôtres juifs envoyés aux gentils pouvaient prendre avec certaines observances de la Loi en raison de leur ministère auprès des païens : « Je me suis fait un sans-Loi avec les sans-Loi [...] afin de gagner les sans-Loi » (1 Co 9, 21). En aucun cas saint Paul ne prétendait décrire par là le statut normal des juifs dans l'Église.

Or les communautés judéo-chrétiennes de l'Église apostolique ont suivi la « Voie » (Ac 9, 2) messianique de Jésus tout en menant la vie religieuse juive au sein du peuple d'Israël, comme en témoignent les Actes des Apôtres, l'Épître de saint Jacques et indirectement l'Évangile de saint Matthieu. Le fait que cette expression de la foi messianique en Jésus ait eu sa place dans l'Église à ses débuts oblige celle-ci à ne pas écarter *a priori* la question que représente pour elle aujourd'hui l'existence des juifs messianiques. Elle doit se demander si l'incompréhension des rites judéo-chrétiens, que les chrétiens ont manifestée progressivement au cours de l'histoire, n'est pas, de fait, la conséquence de cet antijudaïsme pour lequel elle fait aujourd'hui acte de repentance. Ne pourrait-elle pas, dès maintenant, au moins autoriser ces pratiques, comme elle le faisait encore au milieu du IIe siècle d'après le témoignage de saint Justin de Rome ?

Alexandre : N'est-ce pas là comme une révolution dans la manière dont nous comprenons habituellement l'Église ?

Fr. Jean-Miguel : Sans doute. Il arrive parfois qu'une remise en lumière d'un élément quelque peu oublié du dépôt de la foi paraisse révolutionnaire par rapport à la manière habituelle de voir les choses à un moment donné. Mais il ne faut pas confondre un conformisme paresseux avec la Tradition authentique de l'Église, laquelle est sans cesse maintenue vivante par l'Esprit, qui tire du donné révélé « du neuf et de l'ancien », « *nova et vetera* » (Mt 13, 52). Le cardinal Ratzinger, recevant il y a peu d'années des juifs messianiques leur disait : « Vous êtes pour l'Église un signe eschatologique. » Laissons Dieu nous surprendre par sa manière toujours inattendue d'accomplir sa Promesse.

Là-dessus je préfère laisser la parole à saint Thomas d'Aquin, un docteur qui n'est pas porté habituellement à scruter les prophéties concernant ce qui est encore à venir. Voici comment il interprète dans son *Commentaire de l'Épître aux Romains* la parole eschatologique de saint Paul au sujet des juifs : « "Que sera leur assomption sinon une vie d'entre les morts ?" (Rm 11, 15). Que fera une telle assomption, sinon ressusciter les nations (*gentes*) à la vie ? Car les nations sont les fidèles qui s'attiédissent : "Parce que l'iniquité aura abondé, la charité d'un grand nombre se refroidira" (Mt 24, 12). Ou encore, parce que ceux qui tomberont entièrement, trompés par l'Antéchrist, seront, après la conversion des juifs, rétablis dans leur première ferveur. Et encore, de même qu'après la chute des juifs, les nations ont été réconciliées de leurs anciennes inimitiés [à l'égard de Dieu], ainsi, après la conversion des juifs, la fin du monde étant alors imminente, la résurrection générale aura lieu, et par elle les hommes, de morts qu'ils étaient, reviendront à la vie immortelle. »

Épilogue

De commencement en commencement

En juin 1995, je rentrai à Lyon pour une année que je savais devoir être la dernière de notre fraternité monastique de Saint-Nizier. Notre plus jeune frère, qui n'avait jamais voulu être ordonné, retournait à la vie laïque. Nous savions désormais que, même si des jeunes devaient encore frapper à notre porte, nous ne pourrions en conscience les accueillir. En effet, les dimensions trop restreintes de notre vie communautaire, mais aussi désormais notre âge ne nous permettraient pas de les former durablement à la vie religieuse. Je rejoignais donc mes frères, non pour chercher avec eux un avenir communautaire que Dieu ne nous offrait plus, puisque nous n'étions maintenant que trois, mais pour porter dignement avec eux le poids de cette dernière année dans la paroisse et la tristesse de la dissolution. Dieu nous demandait en quelque sorte le sacrifice d'Abraham : lui remettre cette fraternité qu'il nous avait donnée pour le servir pendant seize ans en Avignon et à Lyon. Il nous demandait à présent de passer dans la nuit, comme le père des croyants, de la foi en la Promesse à la foi en l'Auteur de la Promesse.

Une parole de l'Écriture me revenait sans cesse, m'apportant la paix sinon la consolation : « Abaissez-vous sous la main puissante de Dieu pour qu'il vous relève au moment favorable » (1 P 5, 6). Il n'y avait que cela à faire et, au fond, c'était tout simple. Autour de nous, la plupart de nos paroissiens étaient scandalisés de voir que Dieu n'assurait pas un avenir à notre fraternité et que nous-mêmes étions livrés à des lendemains incertains. C'est nous qui devions les secouer : non, il n'y avait rien d'anormal à ce que nous portions notre part de la précarité qui s'abattait sur tant d'entre eux sous la forme du chômage, sans même avoir à connaître l'angoisse des pères de famille. L'état consacré n'est pas une garantie contre les aléas de la vie humaine. Quant à l'espérance théologale, elle porte exclusivement sur l'assurance que, quelles que puissent être les vicissitudes de notre vie en ce monde, Dieu nous donnera la grâce pour atteindre à travers elles le Royaume des cieux. Mais, sous la révolte injustifiée de ces laïcs, se cachait souvent la blessure que leur causait un départ qui signifiait pour eux aussi une forme de mort. Pour moi, c'était le plus difficile à accepter.

Notre prieur décida de retourner chez les dominicains. Il avait été fils de la province de Toulouse et celle-ci nous semblait être remise d'aplomb depuis vingt ans grâce, entre autres, à l'arrivée de nouvelles générations. Pour moi, on me fit comprendre que c'était plus compliqué : le fait que je n'aie pas été fils de cette province, ainsi que mon personnage, réel ou supposé, ne facilitaient pas mon intégration. Le moment de Dieu n'était pas encore venu. Après avoir hésité à opter pour une vie monastique purement contemplative, je répondis à une proposition des Frères de Saint-Jean et j'entrai chez eux. Je devais y rester cinq ans comme professeur de théologie dans leur prieuré d'études de Rimont, en Saône-et-Loire.

Ces années d'enseignement furent aussi des années de recherche théologique personnelle. Celle-ci m'amena à éditer avec une introduction les catéchèses de Jean-Paul II sur la Sainte Vierge : *Marie dans le mystère du Christ et de l'Église*. Je fis suivre ce volume d'une étude théologique, intitulée *L'épouse du Dieu vivant : Marie plénitude trinitaire de l'Église*, sur le développement en cours du dogme marial à propos de l'association de la Vierge à la mission du Christ comme unique Rédempteur. En cette même année 2000, je fis aussi paraître en livre des conférences sur la mort, que j'avais données lorsque j'étais encore à Saint-Nizier, sous le titre *À l'heure de notre mort : accueillir la vie éternelle*. Je me liai par le cœur et par l'intelligence à certains de mes jeunes confrères professeurs au studium de Rimont, au cours des vicissitudes et des combats que nous eûmes à traverser ensemble en ces années, en des amitiés analogues à celles des tranchées. Je les retrouve avec bonheur aujourd'hui, pour la plupart d'entre eux dans l'ordre de Saint-Dominique où nous avons abouti les uns et les autres. En effet, mon parcours dans la congrégation Saint-Jean, fondée par un dominicain, me rapprochait à mon insu, par des voies bien paradoxales, de mon ordre d'origine. Un impératif de conscience incontournable devait m'amener en 2002 à frapper en urgence à la porte de celui-ci pour demander la miséricorde des Frères dominicains de la province de Toulouse. Ils m'ouvrirent leur cœur avec beaucoup de générosité et c'est avec la reconnaissance émue d'un accidenté de la route que je retrouvai au couvent de Bordeaux la vieille maison dominicaine qui m'avait jadis formé à la vie religieuse.

Ma longue odyssée à travers plusieurs générations religieusement et culturellement sinistrées se termine-t-elle, comme pour Ulysse, par un retour à Ithaque ? Pas seulement, car la vie chrétienne va toujours, comme le dit saint Grégoire de Nysse, de « commencement en commencement ». Les deux amis qui ont été les interlocuteurs de ces Mémoires me disent, avec l'espoir que leur inspire pour moi la bienveillance, que je suis revenu pour rebondir vers une grande mission d'Église. Je suis certes heureux d'assumer jusqu'au bout les tâches que je peux encore accomplir au service de l'Église, en particulier la formation de futurs prêtres qui occupe désormais le meilleur de mon temps, mais je sais que les cimetières sont pleins de gens qui se sont crus indispensables en leur temps, sans doute parce qu'on le leur a dit avec conviction. Pour ma part, je ne suis pas prêt à gommer de la Bible la sagesse, décapante mais libératrice par rapport à ce genre d'illusions, que formule le vieux sage Qohélet dans le livre de l'Ecclésiaste. Je suis donc plutôt porté à croire que ce retour est surtout destiné à me préparer au grand départ, celui du passage de ce monde vers Dieu. Maintenant que j'ai atteint la soixantaine, ma vie m'apparaît comme étant, pour le meilleur et pour le pire, derrière moi et, en la racontant à des amis, j'aspire du même coup à rentrer en moi-même pour me tourner davantage vers Dieu dans la pénitence et l'action de grâces, avant de retourner vers Lui de manière définitive. Sa grâce, en effet, ne m'a jamais manqué, même au milieu des tribulations qui ont jalonné mon histoire personnelle. Il est toujours là, en cet automne de ma vie où les jours raccourcissent inexorablement. Mon espérance repose en Lui. Ne nous a-t-Il pas invités à nous reconnaître, à la fin de notre journée de labeur, comme des « serviteurs inutiles » ?

En revanche, je n'arrive pas à croire ceux qui, avec les meilleures intentions du monde, me disent que je suis encore « en pleine forme », car je vois trop à quelle fébrilité dérisoire, quand ce n'est pas à quelles gesticulations grotesques, le vain espoir de ne pas vieillir conduit à mon âge tant d'hommes qui ne se résignent pas à quitter le bout de scène publique que la vie leur a imparti dans la comédie humaine. Pour ma part, j'accepte d'avoir fait mon temps, comme le tout-venant des retraités de ma génération, de n'être plus qu'un *has been*, par conséquent de commencer à perdre pied dans le monde qui m'entoure, et tout d'abord dans le milieu clérical au sein duquel je me suis toujours senti plutôt comme un canard dans une couvée de poussins. En mourant, ma mère m'a tiré plus près de Dieu, sans doute par la meilleure partie de moi-même. D'ailleurs, Lui-même est déjà venu frapper en 2003 à la porte de mon cœur, au sens propre et, de ce fait, aussi au sens figuré. « Voici que je me tiens à la porte et que je frappe. Si quelqu'un entend ma voix et m'ouvre la porte, j'entrerai chez lui pour souper, moi près de lui et lui près de moi » (Ap 3, 20).

Mais est-ce seulement à ma porte personnelle que Dieu frappe ? Dois-je seulement me préparer à ma propre pâque, ou n'ai-je pas inséparablement à entrer dans celle de quelqu'un d'autre ? Est-ce seulement pour moi que je me dis avec Jérémie : « Il est bon d'attendre en silence le salut du Seigneur » (Lm 3, 26) ? Notre humanité donne elle-même aujourd'hui des signes éloquents d'usure et de vieillissement. La civilisation occidentale semble épuisée parce que coupée de ses racines religieuses et culturelles, lesquelles plongeaient dans la sagesse antique et dans la Révélation biblique. En même temps, son hégémonie a atteint à travers l'économie et les moyens de communication une telle « mondialisation » qu'on ne voit pas qu'une autre civilisation puisse la remplacer. Le monde n'a plus en réserve des barbares avides de civilisation, donc susceptibles de le renouveler, comme ceux qui au Ve siècle envahissaient l'Empire romain ; ce qui en tient lieu, ce sont des masses déculturées à la fois par les déracinements migratoires et par l'effondrement de l'éducation occidentale. Ce n'est pas la « barbarisation » qui nous menace, c'est une dégénérescence mondialisée. D'où l'impression confuse d'avoir achevé le tour des possibles : voilà sans doute le sens ultime de ce que l'on a appelé récemment « la fin de l'histoire ». Décadence des élites, ensauvagement des masses, terrorisme en expansion, esprit capitulard d'un âge qui se déclare post-héroïque, tous ces signes pourraient bien indiquer qu'un monde touche à sa fin.

Je dis bien un monde et non le monde, car la portée du regard historique ne va pas si loin et, au surplus, nous ne savons même pas, de science certaine, ce qui se passe dans ce temps qui est le nôtre. L'histoire à toute époque a été un mystère pour ceux qui étaient pris dans ses événements, et ceux qui croyaient pouvoir le pénétrer se sont souvent lourdement trompés. La louange du temps passé, la déploration du temps présent, le sentiment que nous approchons de la fin des temps ont toujours existé. La sagesse consiste à considérer qu'il existe, comme l'affirmait Maritain sur la base de la parabole de l'ivraie et du bon grain, un progrès simultané du bien et du mal, dont nous ne connaissons pas les proportions, mais dont nous pouvons présumer qu'il atteindra un point de rupture. Ce n'est donc pas un quelconque « déclin de l'Occident » que je déplore ici par passéisme, alors que la civilisation occidentale triomphe dans le monde entier. Ce qui me frappe et me paraît singulier, c'est l'épuisement spirituel et culturel, ainsi que l'absence d'une relève possible de cette civilisation, en raison même de sa « mondialisation ».

Quant à l'Église, contrairement à ces pasteurs qui nous annoncent périodiquement qu'elle connaît un « printemps », je la vois plutôt comme entrée en agonie. En Europe, le catholicisme rétrécit dans la population comme une peau de chagrin ; dans les Amériques, il tend à se désagréger dans une religiosité émotionnelle d'un évangélisme tantôt sincère dans sa ferveur, tantôt manipulateur et sectaire, mais toujours sans contenu de vérité pour l'intelligence ; en Afrique, il recule devant l'islam ; en Asie, il n'entame guère des cultures réfractaires. Mais, par-delà ces constatations globales d'ordre socioreligieux, le phénomène le plus expressif de cette entrée en agonie de l'Église est que la masse des chrétiens, et même des catholiques, malgré l'excellent enseignement des documents pontificaux et du *Catéchisme de l'Église catholique*, ne sait plus bien à quoi elle croit, ni pourquoi elle croit. Cela est certes dû à l'ignorance consécutive à la déculturation religieuse, mais plus encore au relativisme éthique et religieux qui est devenu connaturel à notre civilisation mondialisée.

Certes l'Église a les promesses de la vie éternelle. Elle ne meurt pas dans son âme, bien au contraire. Le XXe siècle a donné à Dieu plus de martyrs que l'ensemble des siècles précédents. En ce début de XXIe siècle, chaque année une centaine de chrétiens sont tués dans le monde en haine de leur foi. L'agonie de l'Église, état terminal de celle du « Christ en agonie jusqu'à la fin du monde », dont parlait Pascal, est portée par les saints dans une offrande plus totale d'eux-mêmes. Les saints modernes atteignent des sommets de charité et cette sainteté resplendit davantage, parfois jusqu'en haut de la hiérarchie ecclésiastique. Par ailleurs, jamais auparavant l'Église n'a enseigné une doctrine de la foi aussi riche, jamais les sources de la Révélation auxquelles elle puise n'ont été aussi accessibles. Le vrai et le bien croissent donc dans le cœur de l'Épouse du Christ et la portent plus que jamais à la rencontre de son Époux.

Pourtant, la vitalité communicative du corps visible de l'Église s'essouffle et sa mission sur cette terre n'arrive même plus à suivre le rythme de la croissance de la population mondiale. Les courants spirituels qui s'efforcent aujourd'hui de la renouveler sont eux-mêmes souvent, hélas, parasités par les forces de mort d'un monde privé des fondements métaphysiques et des repères éthiques que transmettaient la culture et les traditions. Certes, la « Nouvelle Évangélisation » est excellente dans le but qui lui a été assigné, et il est normal qu'elle mobilise en conséquence de nombreuses bonnes volontés dans l'Église, surtout chez les jeunes, spontanément généreux. En outre, l'âme humaine possédant une capacité naturelle à trouver Dieu qu'aucun conditionnement défavorable ne saurait anéantir, le salut des hommes est un combat spirituel que nous ne pouvons déserter, car son issue reste en suspens jusqu'au bout. Néanmoins, dans le contexte historique qui est le nôtre, cette « Nouvelle Évangélisation » est de fait souvent mise en œuvre sous la forme d'une agitation utilisant toutes les recettes pastorales, jusqu'aux gadgets les plus suspects : goût pour le sensationnel et le spectaculaire, pour les figures spirituelles médiatiques drainant des foules à l'enthousiasme creux, recherche des moyens du monde (argent, prestige, pouvoir) pour conditionner les fidèles et les embrigader, culte de la personnalité envers ceux qui exercent l'autorité, opportunisme pratique et démagogie, le tout au nom d'une efficacité à tout prix… Utilitarisme à court terme qui ne peut pas être porteur d'une vraie et durable fécondité. Le simple silence intérieur de l'homme qui connaît la vérité première et en vit tout en accomplissant modestement sa mission ne donne-t-il pas souvent, à ceux qui en sont éloignés, l'envie de la connaître et de la partager plus que ne peuvent le faire le bruit et l'activisme ?

Le plus grave, c'est que, par son relativisme éthique et culturel, notre civilisation semble avoir éteint chez la plupart de nos contemporains le *désir de sagesse* connaturel à l'homme, qui a été, depuis l'origine de l'Église, la pierre d'attente pour la mission chrétienne. Le sentiment religieux qui renaît en notre siècle ne réveille pas ce désir, car il consiste en une religiosité confuse, qui tend à régresser vers une émotion sans contenu ni intériorité, vers l'efficacité superstitieuse, vers la magie quand ce n'est pas vers la sorcellerie, voire le satanisme.

Ces multiples signes convergents d'une « grande apostasie » (2 Th 2, 3) m'inclinent à penser que nous approchons de la « fin du temps des nations » (Lc 21, 24), c'est-à-dire de la fin de la mission de l'Église auprès des païens. Certes, la date du temps de la fin, nul ne la connaît, et le Fils lui-même n'a pas eu mission de nous la révéler (cf. Ac 1, 7). En effet, on ne sait jamais quand les choses doivent en finir de finir. Il serait donc téméraire de faire état d'une certitude, et illuministe de se réclamer d'une prétendue révélation particulière. J'avance en l'occurrence seulement une conjecture vraisemblable, que les événements peuvent conduire à réviser, à la façon dont saint Paul lui-même a été amené à modifier sa conviction sur la venue du Christ en gloire de son vivant (1 Th 4, 15). Quoi qu'il en puisse être, à travers la fin d'un monde, comme ce fut le cas pour la fin de l'Empire romain, Dieu dit à l'homme quelque chose de la fin du monde ; il est donc légitime de discerner les signes des temps aussi dans cette perspective. Ce n'est pas là une manière déguisée de fixer une échéance : dans le discours apocalyptique de l'Évangile de saint Mathieu, le Christ annonce de graves catastrophes, qui seront des signes. Mais il ajoute : « ce ne sera pas encore la fin » (Mt 24, 6). Encore une fois, en faisant cela je ne crois pas manquer d'espérance, car cette vertu théologale n'a rien à voir avec un quelconque regard optimiste sur l'avenir terrestre de l'Église, puisque « le Royaume ne s'accomplira pas par un triomphe historique de l'Église[1] », mais elle repose sur la « certitude que Dieu nous donnera sa grâce en ce monde et le bonheur éternel dans l'autre » (*Acte d'espérance*).

Or, de bien des manières, comme Newman et Soloviev l'ont dit au seuil de notre époque dans des œuvres sans doute prophétiques[2], sur notre monde se profile déjà l'ombre de l'Antéchrist. L'entrée spontanée de tant de juifs messianiques dans la Nouvelle Alliance me semble être aujourd'hui un signe qui le confirme en positif[3]. Elle nous rappelle que même à travers les suprêmes détresses, « les miséricordes du Seigneur ne sont pas finies, ni ses compassions épuisées » (Lm 3, 22). Si nous en étions là et que le Seigneur commençât à frapper en ce temps à la porte de son Église les coups annonçant sa visite définitive, ce qu'Il nous demanderait désormais, ce n'est pas de nous agiter encore plus dans l'activisme apostolique – même s'il est vrai que chacun de nous doit aussi terminer consciencieusement sa « partie de balle », selon la formule

1. *Catéchisme de l'Église catholique*, n° 677.
2. *Sermons sur l'Antéchrist* ; *Trois entretiens.*
3. Cf. *Catéchisme de l'Église catholique*, n°s 673-674.

de saint Louis de Gonzague – mais de nous préparer à endurer le dernier assaut de l'Adversaire et à donner notre vie en entrant dans « l'ultime Pâque de l'Église où elle suivra son Seigneur dans sa mort et sa Résurrection[1] » : « Celui qui aura tenu bon jusqu'à la fin sera sauvé » (Mt 24, 13).

1. *Catéchisme de l'Église catholique*, n° 677.

Bibliographie

Le frère Jean-Miguel Garrigues est l'auteur de nombreux livres (voir page « Du même auteur ») et des textes suivants :

Ouvrages collectifs :

« Renouveau charismatique et insertion dans la communauté ecclésiale », dans *Présence du Renouveau charismatique*, Éditions Pneumathèque/Chalet, coll. « Du Chemin Neuf », 1979, p. 15-30.

« Point de vue catholique sur la situation actuelle du problème du *Filioque* », actes du colloque œcuménique tenu à Klingenthal en 1978, dans *La théologie du Saint-Esprit dans le dialogue entre l'Orient et l'Occident*, sous la dir. de Lukas Vischer, Presses de Taizé, coll. « Document Foi et Constitution », 1981.

« Le Christ mort au tombeau, source de la Résurrection », dans *Le Christ notre vie*, colloque de l'institut Notre-Dame de Vie tenu à Vénasque, Éditions du Carmel, 1984.

« La nécessité des dons du Saint-Esprit pour toute vie chrétienne », dans *Viens Esprit-Saint*, colloque de l'institut Notre-Dame de Vie tenu à Vénasque, Éditions du Carmel, 1988.

« Du "Dieu présent" au "Dieu plus médiat d'un Apôtre" », dans *Hölderlin*, *Cahiers de l'Herne*, 1989, p. 370-398.

« Le synode romain sur le sacerdoce et *Le mystère du Père* », dans *Un homme pris par le mystère de Dieu : le père Le Guillou*, Mame, 1992.

Pour une théologie du sacerdoce, en collaboration avec le père Marie-Joseph Le Guillou et le père Patrick Chauvet, Mame, coll. « Cahiers de l'École cathédrale » n°3, 1992.

« Il nous a fait connaître le mystère de son dessein bienveillant », dans *Pour une lecture du Catéchisme de l'Église catholique*, Mame, coll. « Cahiers de l'École cathédrale » n° 5, 1992.

« The Christian Religious Conscience and the Shoah », actes du colloque tenu à l'université de Tel-Aviv en 1995, dans *Philosophia, Philosophical Quarterly of Israel*, vol. 30, n°1-4, mars 2003.

« La reciprocidad trinitaria del Espiritu Santo con respecto al Padre y al Hijo », en los Actos del XIX Simposio Internacional de Teologia de la Universidad de Navarra, *Scripta theologica* XXX, 3, septembre-décembre 1998.

« Antijudaïsme et théologie d'Israël », dans *Radici dell'antijudaismo in ambiente cristiano : atti del Simposio teologico-storico, Città del Vaticano dal 30 ottobre al 1 novembre 1997*, Cité du Vatican, Libreria editrice vaticana, coll. « Atti e documenti » n° 8, 2000.

« L'Église pénitente pour le consentement donné par ses enfants à l'intolérance et à la violence religieuse », dans *L'Inquisizione : Atti del Simposio internazionale, Città del Vaticano, 29-31 ottobre 1998*, Cité du Vatican, Biblioteca apostolica vaticana, coll. « Studi e testi » n°417, 2003.

« Autonomie spécifique et ouverture personnelle de la raison à la foi », dans *Foi et raison : lectures de l'encyclique* Fides et ratio, Saint-Maur, Parole et Silence, coll. « Cahiers de l'École cathédrale », 1998.

« Le Père plein de compassion », dans *Le sacrement du pardon*, colloque du sanctuaire d'Ars, Saint-Maur, Parole et Silence, 1999.

« La maternité de Marie dans l'offrande sacerdotale de l'Église », dans *L'eucharistie et le prêtre*, colloque du sanctuaire d'Ars, Saint-Maur, Parole et Silence, 2000.

« La grâce, ou le don de se donner », dans *Le don : théologie, philosophie, psychologie, sociologie*, Actes du colloque interdisciplinaire, Lyon 24-25 novembre 2000, Lyon, Éditions de L'Emmanuel/Le Collège supérieur, 2001.

« La paroisse, présence de la communauté eucharistique de l'Église particulière, dans *Regards sur la paroisse*, *vocation et mission*, colloque du sanctuaire d'Ars, Saint-Maur, Parole et Silence, 2002.

« La repentance de l'Église pour les fautes passées des catholiques », dans *Histoire et Justice : peut-on juger l'histoire ?*, Actes du colloque interdisciplinaire, Lyon 16-17 novembre 2001 ; Lyon, Éditions de L'Emmanuel/Le Collège supérieur, 2002.

« La personne humaine dans sa réalité intégrale selon saint Thomas », dans *Thomistes, ou de l'actualité de saint Thomas d'Aquin*, préface du cardinal Christoph Schönborn o.p., postface du père Georges Cottier o.p., Saint-Maur, Parole et Silence, 2003.

« La crise herméneutique du platonisme chrétien par rapport à la foi de l'Église », dans *La vérité vous rendra libres : hommage au cardinal Georges Cottier*, Saint-Maur, Parole et Silence, 2004.

« Religion chrétienne et démocratie libérale », dans *Raymond Aron et la démocratie au XXIe siècle : actes du colloque international, Paris 11-12 mars 2005*, Éditions de Fallois, 2007.

Postface et préfaces :

Postface à Georgette Blaquière, *La grâce d'être femme*, Saint-Paul, 1981.

Préface à Ephraïm, *Jésus, juif pratiquant*, Le Sarment/Fayard, 1987 [1998].

Préface à la réédition de Jean de Saint-Thomas, *Les dons du Saint-Esprit*, trad. Raïssa Maritain, Téqui, 1997.

Préface à Maria Besançon, *« L'affaire » de David et Bethsabée et la généalogie du Christ*, Saint-Maur, Parole et Silence, 1997.

Préface à Jean-Pierre Batut, *Dieu le Père tout-puissant*, Saint-Maur, Parole et Silence, 1998.

Préface à l'édition française des catéchèses du pape Jean-Paul II sur *Marie dans le mystère du Christ et de l'Église*, Saint-Maur, Parole et Silence, 1998.

Préface à Mgr Émile Guerry, *Vers le Père*, Saint-Maur, rééd. Parole et Silence, 1999.

Préface à l'édition française des catéchèses de Jean-Paul II sur la Trinité, *Père, Fils et Esprit-Saint*, Saint-Maur, Parole et Silence, 2000.

Préface à Benoît Domergue, *Culture jeune et ésotérisme*, Éditions Bénédictines, 2005.

Articles :

De nombreux articles publiés, entre autres, dans la *Revue thomiste*, la *Nouvelle Revue théologique*, *Nova et vetera*, *Istina*, *Irenikon*, *Contact*, *Communio*, *Scripta theologica*, *La Vie spirituelle*, *Aletheia*, *Commentaire*, *Liberté politique, Bulletin de littérature ecclésiastique, Cahiers Jacques Maritain.*

Table

Achevé d'imprimer sur les presses de

BUSSIÈRE

GROUPE CPI

à Saint-Amand-Montrond (Cher)
en janvier 2008

Composé par Nord Compo
à Villeneuve-d'Ascq

N° d'édition : 350. — N° d'impression : 080121/1.
Dépôt légal : novembre 2007.

Imprimé en France